또다른 미래를 향하여

—국정관리를 위한 미래예측과 미래전략—

김 성 태

法 文 社

Letter of Recommendation

저자와 마이클 키난 박사

We can never be certain about future developments, yet strategy and planning processes, whether in the public or private sectors, demand that we confront the future somehow. The futures that are articulated in such processes are often singular, are based upon a set of unquestioned assumptions, and are typically the preserve of relatively closed groups. Yet, in a world of growing uncertainties and distributed knowledge, such approaches to futures thinking are inadequate. New processes are required that take a more informed and sophisticated approach to the future. Over the last decade or so, a new set of tools – commonly termed as "foresight" – have grown in popularity in leading economies. Foresight is a set of future-oriented, deliberative activities that draw upon state-of-the-art analyses to guide decision-making processes. The skills required to organise foresight can be acquired through learning and practice. This volume, authored by Seong-Tae Kim, will prove to be essential reading for those who want to learn these skills and to conduct their own foresight studies.

DR. MICHAEL P. KEENAN
PREST, UNIVERSITY OF MANCHESTER.

추 천 사

We can never be certain about future development, yet strategy and planning processes, whethers in the public or private sectors, demand that we confront the future somehow. The futures that are articulated in such processes are often singular, are based upon a set of unquestioned assumptions, and are typically the preserve of relatively closed groups. Let, in a world of growing uncertainties and distributed knowledge, much approaches to futures thinking are inadequate. New processes are required about that a more informed and sophisticated approach to the future. Over the last decade so, a new set of tools — commonly termed as "foresight" — have grown in popularity in leading economics. Foresight is a set of future — oriented, deliberative activities that draw upon state-of-the-art analysis to guide decision — noting processes. The skills required to foresight can be acquired through learning and practice. This volume, authored by Seang-Tae Kim, will prove to be essential needing for those who want to learn, these skills and to conduct their own foresight studies.

공공부문이나 민간부문을 막론하고 미래의 발전 방향에 대하여 결코 확신할 수는 없지만, 미래전략과 기획과정을 통하여 미래에 대하여 어떻게든 대처하여야 할 것을 요구하고 있다. 그러한 전략과 기획 과정은 대부분 연계성이 부족하고, 확인되지 않은 가정에 바탕을 두고 진행되었으며, 그리고 대부분 폐쇄적인 집단에 의해서 수행되어 왔다. 현실세계는 불확실성이 점점 커지고 있고, 지식의 광범위성이 점점 증가하고 있다. 이러한 과정에서 현재 진행되는 대부분의 미래에 대한 사고와 접근은 부적합한 것으로 나타나고 있다. 이에 풍부한 지식과 정보, 세련된 접근법에 근거한 미래에 대한 새로운 방법과 과정이 요구되고 있다. 최근, 미래예측이라고 이름지어지는 새로운 기법과 수단들이 주요 국가를 중심으로 개발되어 발전하여 왔다. 미래예측은 미래 지향적인 심도 깊은 활동과 의사결정을 위한 다양한 기법과 분석을 끌어낼 수 있는 다양한 사고와 활동을 포함한 미래를 향한 과정이다. 미래예측에서 요구되어지는 기법들은 학습과 실행을 통하여 습득될 수 있다. 김성태 교수의 저서, 「또 다른 미래를 향하여: 국정관리를 위한 미래예측과 미래전략」은 이러한 기법을 익히고 미래예측 연구를 수행하고자 하는 모든 사람들이 필요로 하는 기본적인 욕구를 만족시켜 줄 것이다.

2007년 10월

Dr. MICHAEL P. KEENAN

- PREST, UNIVERSITY OF MANCHESTER

추 천 사

현 시점에서 미래예측에 근거한 국가의 미래비전의 마련과 정책 수립은 우리나라가 맞고 있는 다양한 갈등과 한계를 극복하는데 핵심적인 역할을 한다. 이러한 역할을 수행할 국가미래전략기구의 마련은 향후 우리나라의 발전을 위하여 필수적이며 이 저서는 우리나라 국가미래전략 기구의 설계 방향을 제시하고 있는 매우 시의 적절한 저서이다.

오 명
건국대 총장, 사단법인 국가미래정책포럼 이사장,
전 부총리 겸 과학기술부 장관

추 천 사

지방자치단체의 경쟁력이 국가의 경쟁력이다. 급변하는 국내외 환경 변화 속에서 우리나라 지방자치단체의 경쟁력 향상을 위해서 지도자들과 공직자들이 장기적 관점의 미래를 통찰하여 정책 수립을 할 수 있도록 역량을 갖추는 것은 매우 중요하다. 즉 미래예측에 기반한 미래전략의 수립은 필수적이다. 이 책은 이러한 기본적인 역량을 갖추는데 큰 도움을 줄 것이다. 지식정보사회를 열고 들어갈 Password! 도전과 창조를 통해 꿈을 이루거나 빛의 속도로 변화하는 세상에서 살아남기 위해서도 이 책은 필요하다.

이 원 종
성균관대학교 국정관리대학원 석좌교수
전 충청북도지사

추 천 사

국가의 미래는 인재양성에 달려 있다. 교육정책은 국가의 흥망성쇠를 좌우하는 장기적인 국가투자이다. 미래예측에 기반한 국가전략 수립은 교육을 포함한 다양한 국가 중요정책 수립의 기본이 되어야 한다. 이 책은 교육정책을 포함한 다양한 국가정책 방향을 제시 할 수 있는 미래예측 관련 기본적인 내용을 담고 있다. 공공분야와 민간분야의 전문가들이 미래예측과 미래전략 역량과 지식을 함양하는 데 도움을 줄 수 있는 기본적인 저서이다.

조 규 향
전 교육부차관, 청와대 교육문화수석,
한국방송통신대학교 총장

추 천 사

분단이라는 특수한 역사적 상황과 강대국에 둘러싸인 지정학적 특성, 높은 대외 에너지 의존도 등 불확실성이 높은 우리나라의 현실에 비추어 미래예측에 기반한 장기적 관점의 국가전략 수립과 이를 가능하게 하는 국가미래전략기구의 마련은 우리나라 글로벌 경쟁력 마련과 국가생존의 필수 조건이다. 이 책은 이러한 내용을 현실화 시킬 수 있는 답을 제시하고 있다.

이 환 균
인천경제자유구역청장,
전 건설교통부장관, 국무조정실장

머 리 말

미래와 글로벌은 우리 민족이 추구해 나갈 생존과 번영의 표현이다.

자유, 민주 그리고 보다 나은 삶을 향한 지난 건국 이후부터 오늘에 이르기까지의 국정운영체제에 바탕을 둔 노력과 성과가 이제 한계에 직면하고 있다. 국가와 사회 전반에 걸친 새로운 총체적 패러다임 전환과 이를 뒷받침할 수 있는 국가 미래를 위한 새로운 국정운영시스템의 정비가 없이는 우리나라의 생존과 발전전망은 근본적인 한계에 부딪힐 수밖에 없다. '미래'가 우리 민족이 추구하는 진취적 시간을 의미한다면, '글로벌'은 우리 민족이 뻗어 나갈 공간적 확장을 의미한다. 우리는 미래와 글로벌을 화두로 '또 다른 미래'로 나아가야 하고, 이를 위한 새로운 준비가 필요하다.

우리는 세계의 역사 속에서 이러한 교훈을 발견할 수 있다. 고대 그리스, 켈트, 카르타고 등 주변국보다 열등한 조건을 가졌던 로마가 융성할 수 있었던 요인을 분석한 '로마인 이야기'의 저자 '시오노 나나미'는 "3명의 그리스인 — 디오니시오스, 플루타르코스, 폴리비우스 — 의 기록을 주목하여야 한다"고 강조한다. 그 당시 로마는 그들의 미래와 글로벌로 나아갈 수 있는 포용력과 개방성의 시대정신을 지속적으로 발현시킬 수 있는 국정운영추진체제를 마련하였고, 이를 바탕으로 오랜 기간 동안 팍스 로마Pax Rome를 구가할 수 있었다. 국가와 사회체제가 변화에 대한 적응성을 갖고, 주변으로부터의 끊임없는 도전과 내부의 갈등을 극복하고 미래와 글로벌을 지향할 수 있도록, 유연성과 융통성을 발휘할 수 있는 국정운영추진체제의 중요성을 인식하고 미리 준비하였기에 그 시대의 강국으로 발전할 수 있었던 것이다.

현대는, 미래사회로부터의 엄청난 속도의 변화와 도전으로 상상하기 어려운 국가 과제를 제시하고 있고, 그에 대한 해결 능력을 요구하고 있다. 지식기반사회로의 패러다임 변화, 고령화 사회 도래, 기후 변화와 자연재해의 급증, 에너지 부족과 자원고갈 증대, 지역 · 계층 간 격차 심화와 갈등 증대 등의 글로벌 환경변화와, 국가적으로는 남북분단의 위기, 주변강대국들의 견제와 도전이 지속되고 있다. 또한 국내적으로는 사회 각 분야의 상호 연계성과 의존성이 증대하는 가운데 교육, 실업, 복지, 환경 문제 등의 과제들이 난마처럼 얽혀 있는 것이 현실이다.

우리는 그 동안 과거와 현재의 문제와 해결에 함몰되어 대부분의 국가 예산과 노력을 투입하였으며, 미래를 준비하는 데 소홀히 하였다. 미래 예측에 근거한 국가적 미래 비전의 마련과 이에 바탕을 둔 정책수립과 추진에 대한 관심을 소홀히 하였다. 그 결과 무수한 사회적 갈등과 분열이 우리 국정의 발목을 잡아왔다. 빠른 환경의 변화에 대응하고 갈등과 분열을 해결하기 위한 국가적 대비와 국정운영 추진체제를 우리는 마련하지 못하였다. 그 결과 우리는 짧은 기간 동안 부분적인 성공을 거두었지만 미래와 글로벌을 향한 도전은 근본적인 한계에 부딪히고 있다.

이미 선진국들은 국가 미래정책의 중요성을 인식하고, 이를 대비한 국정운영추진체제를 마련하고, 이를 적극적으로 국정운영에 활용하고 있음을 주목하여야 한다. 영국의 미래전략처Prime Strategy Unit, 미국의 정보위원회National Intelligence Council, 핀란드의 미래상임위원회Committee for the Future 등이 그 일부 예들이다. 이와 함께 선진국들은 이러한 기관들을 중심으로 중장기적 국가미래 비전과 정책을 주기적으로 수립하고 국민들을 대상으로 이러한 비전을 공유하게 함과 동시에 공무원들에 대한 미래예측교육을 필수화하고 있다.

우리는 미래의 우리나라에 대한 국내외 도전들을 예측하여 분석하고 이를 정책으로 반영할 수 있는 국정운영추진체제 마련을 국가 어젠다 중 가장 높은 우선순위에 놓고 준비하여야 한다. 이 추진체제를 중심으로 각 부처가 미래의 비전을 공유하고 정책들을 연계하고 조정할 수 있도록 하여야 하며, 우리나라가 유연성과 개방성을 바탕으로 미래와 글로벌을 향하여 나갈 수 있도록 하여야 한다. 국가와 국정 전체에 걸친 새로운 발상의 전환 없이는 우리에게 '또 다른 밝은 미래another future'는 다가오지 않을 것이다.

이 책은 우리나라의 또 다른 밝은 미래로 가기 위한 방향을 제시하기 위하여 집필되었다. 이 책을 바탕으로 미래예측과 미래전략에 관심을 가지고 있는 다양한 분야의 전문가들에게 실질적인 도움이 되었으면 한다. 특히 국정에 몸 담고 있는 중앙과 지방의 공직자들에게는 이제 미래예측과 미래전략에 대한 지식습득은 본인의 발전을 위해서, 나아가 국정운영의 질적 수준 제고를 위하여 이제 필수적이라 할 수 있다. 영국 맨체스터대학교의 이안 마일즈 교수님, 마이클 키난 박사님을 포함한 PREST 교수진들과의 공동연구, 세미나, 토론 등이 이 책의 집필에 많은 도움이 되었다. 이 글을 빌어 이 분들에게 감사의 뜻을 전하고자 한다. 이 저서는 평소 필자가 디지털 타임스, 전자신문, 시사저널 등에 기고한 내용과 한국정보사회진흥원의 지원으로 연구한 "유비쿼터스사회 미래예측 방법론 및 적용연구" 등을 바탕으로 집필되었다. 이 책의 출간을 기점으로 사단법인 국가미래정책포럼을 중심으로 각 분야의 전문가들이 공동 작업을 통하여 미래예측과 미래전략에 대한 책들을 연속적으로 발간할 계획이다.

이 책이 완성되기까지 많은 분들의 격려와 지원이 있었다. 사단법인 국가미래정책포럼 이사장이신 오명 건국대 총장님, 이원종 전 충청북도지사님, 이환균 인천경제자유구역청장님, 조규향 전 방송통신대학교 총장님께 이 글을 통하여 감사의 마음을 전하고자 한다. 그리고 사단법인 국가미래정책포럼을 설립하면서 항상 함께 한 권기헌 교수님과 여러 전문가 분들의 조언과 도움에 감사드린다.

필자가 정진할 수 있도록 항상 따뜻한 마음으로 격려와 지원을 아끼지 않으시는 허범 명예교수님, 한원택 명예교수님, 김광식 교수님, 김현구 교수님을 비롯한 성균관대학교 국정관리대학원 선배 · 동료 교수님들께 이 글을 통하여 감사를 표하고자 한다.

그리고 이 책이 완성되기까지 원고수집과 자료정리 등으로 많은 연구원들의 노고가 있었다. 성균관대학교 국정관리 대학원 박사과정 진상기

선생, 성균관대학교 국정관리대학원 국가미래예측정책센터의 이동규 선임 연구원, 서민석 연구원, 이정민 연구원, 최기욱 연구원, 배우리 연구원이 많은 고생을 하였다.

끝으로 법문사 배효선 사장님, 편집부의 송병량 차장님, 영업부의 유지훈 차장님을 위시하여 많은 분들이 이 책의 출간을 위해 애써 주셨다. 이 분들에게 다시 한번 진심으로 감사드린다.

2007년 10월

노란 은행잎이 쌓여가는 명륜동 캠퍼스 연구실에서

Contents ●●● Toward Another Future

제3장 ●● 미래예측을 위한 방법론 및 적용사례

제4장 국가미래전략기구

제5장 ●● 국가미래를 위한 전략과 정책

부 록 ●● 유비쿼터스 사회 국가전략수립을 위한 미래예측기법

1

미래예측과 국정관리

Toward Another Future : Foresight and Future Strategy

“미래를 만들어 나가기 위해서는 용기와 노력, 신념이 필요하며 임시방편적인 일에 매달려서는 미래를 만들어 나갈 수 없다. 무엇보다도 미래를 예측하는 가장 최선의 방법은 그것을 창조하는 것이다.”

– 피터 드러커

01 ●●●
속도의 충돌과 미래예측

미래와 국정운영체계

영국 등 다른 선진국들은 이미 수년 전에 완료한 방송통신융합에 대비한 법제와 추진체계 정비에 대한 논의가 우리나라에서는 아직도 해결의 전망이 불투명한 가운데 표류하고 있다.

이러한 기회손실로 비롯되는 국민이 누려야할 삶의 질과 관련 산업분야 국가경쟁력의 상실이 엄청나다는 것을 누구나 공감하고 있다. 이것은 미래예측foresight에 기반한 규제와 추진체계 등의 정책적 측면의 준비가 되지 않아서 발생하는 문제이다. 더 큰 문제는 우리나라에 이와 유사한 정책 사례들이 수없이 많으며 일반화되어 있다는 점이다.

관료주의와 속도의 충돌

우리는 미래의 비전을 마련하고 그것의 실현을 위한 국정을 펴기보다는 과거의 문제를 해결하는 데 예산과 국정노력의 대부분을 쏟고 있다. 앨빈 토플러가 최근의 저서 '부의 미래'(2006)에서 '속도의 충돌'의 중요성을 부각시킨 바 있다. 여기서 강조하는 내용은 '산업사회시대 패러다임에 머물러 있는 관료주의'가 지식기반사회 발전의 장애물이 되고 있다는 점이다. 이는 우리나라의 현실을 너무나 잘 설명하고 있는 대목이다. 산업사회 모형의 관료주의가 안고 있는 가장 큰 맹점은 미래의 변화에 대한 중·장기적 비전을 마련하고 이에 대한 실행과 대비를 하지 못한다는 점이다.

미래예측과 정책수립

우리나라 현재의 국정운영시스템으로는 미래예측에 기반한 정책대안 개발과 이를 뒷받침하는 미래지향적 전략 수립을 준비할 수 없다. 정책수립이 미래예측에 근거하지 않을 때 방송통신 융합정책사례와 같이 기술발전에 발맞춘 법·제도가 정비되지 못하고, 상용화 될 수 있는 많은 민간 분야의 혁신에 기반한 창의적 노력들이 수포로 돌아가게 된다.

네덜란드의 혁신네트워크 사례

대표적인 농업국으로 잘 알려진 네덜란드의 최근 사례를 보면 이러한 '속도의 충돌'을 피하기 위하여 국가적 노력을 어떻게 하고 있는가를 잘 알 수 있다. 네덜란드는 도전에 직면하고 있는 농업 분야가 글로벌 경쟁력을 갖기 위해서는 미래 지향적인 패러다임 속에서 비전과 발전 전략을 마련하여야 함을 인식하였다. 문제의 원천을 기술적인 변화에 대한 적응뿐만이 아니라 국가 제도적 뒷받침과 문화적 적응과 관련된 부분임을 직시하고 우선적으로 정부의 관련 추진체계부터 개편하였음을 주목하여야 한다. 이 역할을 위하여 '혁신네트워크'라는 새로운 조직을 2000년 설립하여 수행하게 하였다. 이 조직은 24개의 혁신적 정책을 개발하였고, 얼마 전까지 7개 이상 정책을 성공적으로 집행했으며, 나머지는 추진과정에 있다. 이 조직은 철저히 미래예측에 기반하여 창조성을 강조하고 관련 민간 분야의 미래지향적 계획 수립과 투자가 용이한 환경을 조성하게 함으로써, 국가의 새로운 지평을 열고 관련 산업의 활성화를 촉진시켰다.

그 중 하나의 구체적인 정책을 예로 들어보자. 미래예측을 바탕으로 산업단지와 농업단지를 융합하는 첨단농축산이 가능한 친환경농업모델로서 아그로파크Agropark사업이 제안되었다. 이 사업에서 가축과 농작물 등이 로테르담 항구의 도심빌딩에서 생명산업의 일환으로 생산이 될 수 있도록 추진되고 있다. 이 사업은 미래를 향한 다양한 효과를 겨냥하고 있다. 첫째, 준도시 친환경 농업의 가능성. 둘째, 농업의 기업화. 셋째, 식량 · 에너지 자원의 이동경로 단축과 자급자족 등이 그것이다.

미래를 향한 국가전략 방향

네덜란드에서는 이러한 창의적인 정책이 가능하도록 미래 지향적으로 제도적 변화가 선행되고 있다는 점을 주목할 필요가 있다. 네덜란드 '혁신네트워크'가 강조하는 전략은 첫째, 미래의 도전과 이에 맞는 전략과 패러다임의 변화 개척. 둘째, 새로운 창의적 전략의 협력 네트워크 구축. 셋째, 창의적 변화를 위하여 기술은 물론 제도 · 문화의 변화 준비뿐만이 아니라 본질적인 하부구조까지도 변화를 염두에 둔 준비. 그리고 넷째, 사회 내에 새로운 혁신이 일반 시민들에게 향유되고 관련 사업 분야로 파급되어 새로운 경쟁력을 창출할 수 있도록 단계적 전략에 바탕을 두고 있다는 점이다.

이제 미래예측은 단순히 미래에 발생했으면 하는 소망이나 가능한 일들에 대한 논의에 국한되지 않는다는 점이다. 과거와 현재의 문제들을 극복하고 바람직한 미래를 현실화하기 위하여 창의적인 혁신을 할 수 있는 방안을 찾는 일이다. 이를 위해서 우리나라 정부가 우선적으로 하여야 할 일은 산업사회 패러다임의 관료주의를 극복하고, 지식기반사회에 걸맞는 미래지향적 정부로 거듭나야 할 것이고, 이에 맞게 국정운영시스템을 재정립하는 것이다.

02

미래예측과 국가경쟁력

미래예측과 국가전략의 관계

정부가 2007년 상반기 비전2030을 "한 세대를 미리 준비하는 최초의 국가 장기종합전략"으로 발표한 이후 이에 대한 후속 논의가 뜨겁게 달아오르고 있다. 다양한 논란들이 있었지만 특히 향후 20년 이후의 이상적인 비전을 실현시킬 재원 마련에 대한 회의론이 대부분을 차지하고 있다. 이러한 논의의 중심에는 미래 국가의 성장 동력을 어떻게 마련할 것인가와 관련된 미래예측의 핵심 논의가 결여되어 있기 때문에 설득력과 지지를 잃고 있는 것이다.

우리나라가 20년 이후의 세계 중심 국가로 가기 위하여, 새로운 성장 동력을 확보하기 위한 구체적 방안을 과학적 미래예측을 통하여 마련하는 것이 우선되어야 한다. 이를 위하여 우리나라에 적합한 과학적 미래예측의 방법론 개발과 이를 위한 추진체계 마련이 선행되어야 한다.

과학적 · 체계적 미래예측의 중요성

과학기술분야의 발전과 산업화를 통한 부가가치 창출이 성장 동력의 근간이 된다는 것은 누구나 동의하고 있는 사항이다. 그렇다면 급격한 환경 변화를 예측하고 대비할 수 있는 준비를 우리는 얼마나 하고 있는

가를 점검하여야 할 것이다. 과학적이고 체계적인 미래예측 연구는 단순하고 쉬운 일이 아니다. OECD 국가 중 국가경쟁력이 높은 나라들 대부분은 미래예측에 대한 중요성을 인식하고 미리 잘 대비하여 온 국가들이다. 미래예측 연구와 적용을 잘해온 국가들은 공통적으로 선진국의 지위와 위상을 유지하고 있다는 점은 미래예측이 국가의 다양한 정책분야에 큰 파급효과를 가지며 그만큼 미래예측의 중요성을 대변하여 준다고 하겠다. 미국은 1960년대 후반부터 국방부를 중심으로 미래예측을 준비하고 본격화하기 시작하였다. 일본은 1970년대 초부터 미래예측의 중요성을 강조하고 방법연구와 함께 미래예측활동을 시작하였고 이를 국가전략 수립의 기초 자료로 활용하기 시작하였다. 1990년대 초 독일에서의 연구를 시작으로 영국을 포함한 유럽 전 지역으로 미래예측에 대한 관심과 연구가 확산되었다. 특히 영국은 자국에 적합한 미래예측 방법을 구상하고 실제 이 분야의 활동에 적용하고 있으며, 이것이 유럽 전 지역에 걸쳐 국가전략사업 육성을 위한 방안으로 확산되고 있다. 최근 우리나라에서도 과학기술분야에 있어 미래예측에 대한 연구의 필요성이 일부 제기되어 이에 대한 연구가 이루어져 왔다. 올해 정보통신부에 미래전략본부가 마련되었지만 국가차원의 관련 정책과 전략 수립 측면에서의 노력은 아직 초기단계라고 할 수 있다.

미래예측의 구성요소

공급적 측면에서 디지털 컨버전스digital convergence, 유비쿼터스 컨버전스ubiquitous convergence, 몰레큘러 컨버전스molecular convergence 등 기술의 진화와 융합으로 이어지는 새로운 응용서비스 탄생과 관련 산업의 다양화는 미래의 경제환경의 급격한 변화를 예고한다. 이와 함께 수요적 측면에서 민주화, 개성화, 다원화 등의 사회 구성원들의 가치관과 다양한 요구의 변화는 공급적 측면의 변화와 연계하여 미래의 변화를 더욱 촉진시키게 된다. 이러한 변화를 국가정책적 측면에서 준비하고 뒷받침하는 것이 매우 중요하다. 즉, 공급적 측면과 수요적 측면의 미래 변화를 국가의 경쟁력으로 발현될 수 있도록 정책체계와 제도체계의 미래 지향적인 준비와 대책이 마련되어야 한다. 이를 위하여 국가 차원의 미래 지향적인 국가전략을 마련하여야 한다. 우리나라는 정보통신 강국으로서 세계적 명성을 얻고 있다. 그러나 급격하게 변화하는 기술환경, 사회문화 환경 등을 예측하고 국가 정책적으로 대처하여 나가지 아니하면 이러한 지위는 곧 위협을 받게 될 것이 분명하다. 이미 그러한 사태는 벌어지고 있다. 현재 IPTV, DMB 등 디지털 컨버전스 패러다임에서 기술수준과 이의 상용화는 우리나라가 앞서가고 있음에도 불구하고 이를 뒷받침하는 추진체계와 규제체계 마련이 늦어짐으로써 발생하는 국익 손실은 엄청난 수준이다. 영국 등 선진국들이 이미 수년 전부터 관련 체계 정비를 완료해 나가고 있는 것을 눈여겨 보아야 할 것이다.

바람직한 미래창출과 미래예측

이제 기술의 진화 속도는 더욱 가속화되고 융합의 범위도 넓어질 것이다. 이러한 변화와 사회 전반적인 파급 수준을 예측하고 중장기 국가전략을 수립할 수 있도록 국가전략과 추진체계를 마련하여야 한다. 이에 관련 산업이 창의성을 바탕으로 미래의 투자를 계획하고 관련 서비스를 국민이 향유할 수 있도록 하여 국민 삶의 질을 높임과 동시에 미래의 국가경쟁력을 보장할 수 있도록 하여야 할 것이다. 우리나라의 환경과 실정에 맞는 국가전략 수립을 위한 미래예측 활동이 필요하고 매우 중요하다. 국가적인 차원의 미래예측 추진체계의 정립과 우리나라의 환경과 실정에 적합한 미래예측 방법론의 개발이 이루어져야 한다. 미래예측은 예측에 한정되지 않고 미래에 대한 공유된 비전, 즉 이해관계자들이 현재 정책들에 대한 지지와 관련 비전 창출을 위해 노력하는 과정이다. 미래예측은 예측에 국한되지 않고 오히려 '바람직한 미래'를 창출하는 과정으로 이해하여야 할 것이다.

2 미래예측의 개념적 논의

Toward Another Future : Foresight and Future Strategy

우리는 과거를 분석할 수 있다. 그러나 미래는 설계할 필요가 있다. 미래를 고생하는 것과 그것을 즐기는 것은 다른 것이다.

– Edward de Bono

(인간사고 분야에서의 권위자), 2003

01 ●●●

미래예측의 개념[1)]

1. 미래예측의 등장배경

BC 600년 경 그리스 델피Delphi에 있는 아폴론 신전에 피티아Phythia라는 여제priestess가 방문자에게 미래 예언을 하는 델피오라클Delphi Oracle에서 보듯이 미래를 미리 알고자 하는 인간의 욕구는 그 역사가 길다(Kerstin Cuhls, 2004). 작게는 개인의 운명에서 크게는 세계 인류의 정보기술, 산업 및 사회, 재난 등의 다양한 분야에 대한 미래 모습과 흐름에 대한 예측활동은 이미 우리 일상생활의 '중심'이 되어 있다. 휴렛패커드의 CEO였던 루이스 플랫Lewis Platt은 "5년이나 10년의 계획을 가지고 있다고 말하는 사람은 아마도 제정신이 아닐 것이다"라고 언급한 것처럼 미래를 1년이나 3년, 아니 5년 후로 인식하던 시대는 지나가고 있고, 예측과 미래에 대한 계획이 없이는 더 이상 급변하는 일상생활 자체에서 살아남는다는 것이 불가능하기 때문이다(Peter Coy, 1999). 지금 이 시간에도 유비쿼터스 사회로의 이행과 디지털 컨버전스에 따른 방송통신융합 진전 등 정보통신기술의 급속한 진화와 응용범위의 확대로, 사회 각 분야에서의 변화가 빠르게 일어나고 있다.

---

1) Michael Keenan, "Technology Foresight: An Introduction," FREST, 2004.

그림 2-1
미래를 보는 다양한 시각[2]

피터 드러커는 "미래를 만들어나가기 위해서는 용기와 노력, 신념이 필요하며 임시방편적인 일에 매달려서는 미래를 만들어 나갈 수 없다. 무엇보다 미래를 예측하는 가장 최선의 방법은 그것을 창조하는 것이다"라고 주장하며 미래를 개척하기 위한 미래예측 활동은 인간의 고유한 능력 안에 있음을 주장했다. 신경생물학자 윌리엄 캘빈 박사와 데이비드 잉바르 박사에 의하면 "인간은 미래를 내다볼 수 있는 능력을 선천적으로 가지고 태어났다"고 주장했으며, 미래학자 피터 슈와츠는 "진정 자유로운 사회란 사람들이 제각기 미래를 꿈꿀 수 있는 사회를 말한다"고 주장했다.

이와 같이 무엇보다도 한 국가나 집단이 조직적으로 수행하는 예측활동의 목적은 중요하며, 국가는 국정과제를 구현하는 정책집행을 위해서는 선행 미래연구를 바탕으로 미래비전을 도출하고, 이를 바탕으로 국민들 사이의 공감대를 형성하여야만 추진력을 얻게 되는 것이다. 1990년대에 우리는 전 세계에 걸쳐 미래예측이 급증하는 것을 지켜보았고, 선진 국가들은 현재 어떤 한 분야 또는 다른 분야에 있어서 국가적 미래예측 활동을 수행하고 있는 것이다. 1990년대 후반까지, 이러한 미래예측 활동의 물결은 EU 및 UNIDO와 같은 국제기관으로부터 지방 및 시에 이르기까

2) 이주헌, "정보통신정책에 의한 미래국가 건설 방향 ppt," 정보통신정책연구원, 2004.

지 다른 차원의 정부로 밀려들기 시작했다. 이러한 활동 증가에 대한 요인은 방대하고 지식 생산에 대한 새로운 체제, 정부는 R&D 지출에 목표 설정을 더 잘해야 한다는 믿음, 심지어 한 영역으로부터 다른 영역으로의 단순한 정책 이전Bandwagon Effects을 포함하고 있다(Michael Keenan, 2004).

2. 미래예측의 개념

미래예측의 개념은 전문가의 관점에 따라 다양하게 접근할 수 있다. 특히 미래예측의 추상성 때문에 개념정의의 합의에 어려움이 있다.

우리는 미래를 직접적으로, 보거나 이해할 수 없으나, 모형화하고, 구성하고, 혹은 상상할 수 있다. 명확한 미래예측을 위해 우리는 과거, 현재, 미래에서의 상황context의 개요overview를 알 수 있는 광범위한 접근법, 기법, 방법론, 개념에 대해 생각할 수 있어야 한다.

미래예측Foresight은 미래학 분야에서 기원한다. 1940년대로 거슬러 올라가, de Jouvenel과 같은 사람들이 미래를 예측하기 위한 방법론과 관점을 다루던 때가 미래에 대한 연구의 현대적 양식의 시작이라 할 수 있다.

역사적으로 세상을 바라보는 관점point of overview은 현재가 있고, 단 하나의 가능한 미래만이 도래할 것이라 가정하는 입장이었다.

그림 2-2
미래의 단순 관점a single view of the future

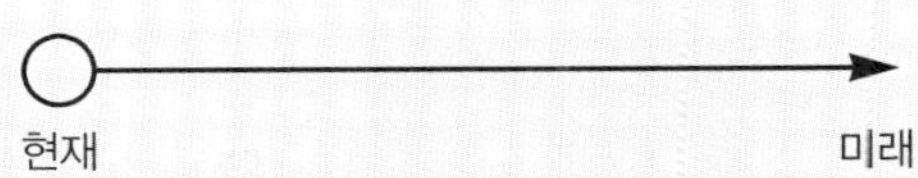

제2차 세계대전 이후 미래기획자practitioners of future planning들은 그들이 실제 미래를 설명할 수 없음을 깨닫기 시작하였다. 그래서 현재의 시점에서 한 가지 이상의 다른 미래들이 항상 생길 수 있었다. 많은 방법론이 개발되었고, 대부분 예언하는 것predictions과 예측하는 것forecasting에서 사용되었다.

그림 2-3

Forecasting

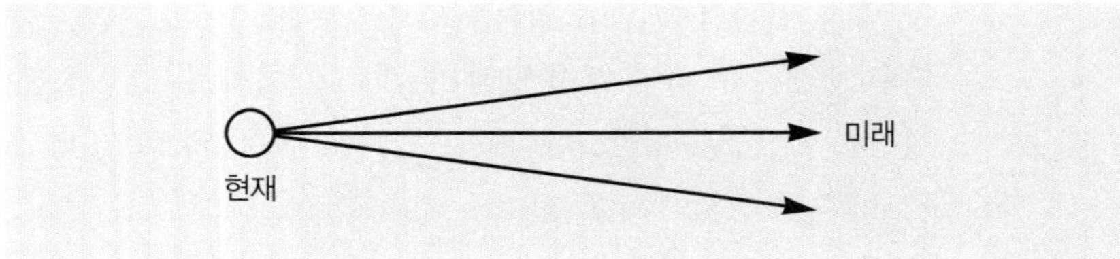

• 예시: 국가비전 적용시 단순예측forecasting

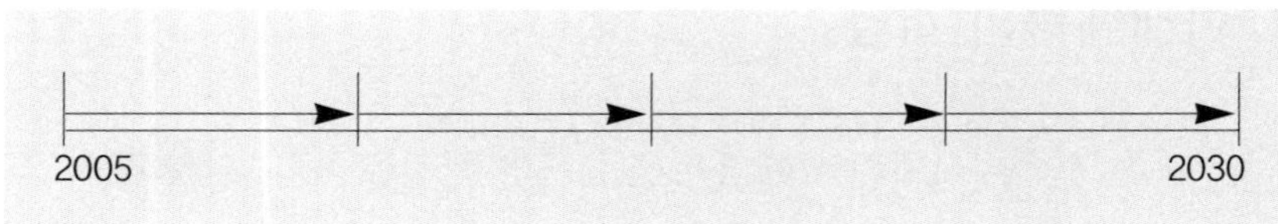

예측Forecasting은 특정 연구분야에서의 단기-중기-장기 미래를 평가estimation하는 것으로 정의할 수 있다. 예측은 하나의 미래에 대한 관점view이 될 수도 있으나, 여러 가지 미래에 대한 관점이 될 수도 있다.

예측은 이후에 미래예측Foresight으로 발전되어졌다. 즉, 예측보다 한단계 더 나아간 개념이 미래예측이라고 할 수 있다. 미래에 대한 체계적인 관점이며, 또한 전략적 함의를 확인할 것을 목표로 하는 것이 바로 미래예측이다. 그래서 미래예측은 현재의 모습에서부터 미래의 변화상을 미리 그려봄으로써, 의사결정자들에게 미래의 수요needs와 기회가 조화될 수 있도록 준비하는 데 목표를 둔다. 그래서 미래예측은 광범위한 정책수단적 의미를 가진다.

그림 2-4

Foresight

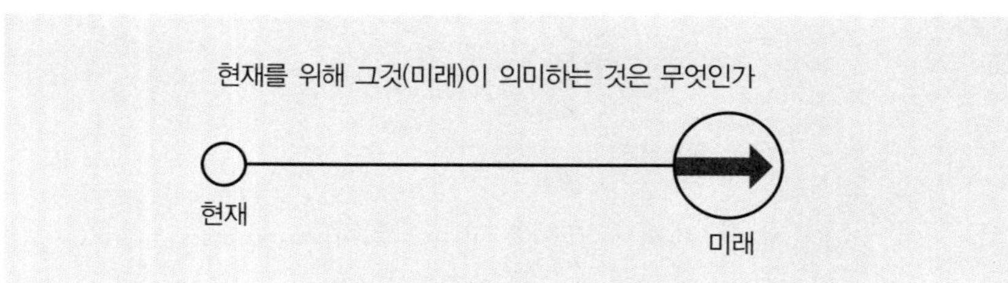

• 예시: 국가비전 적용시 미래예측foresight

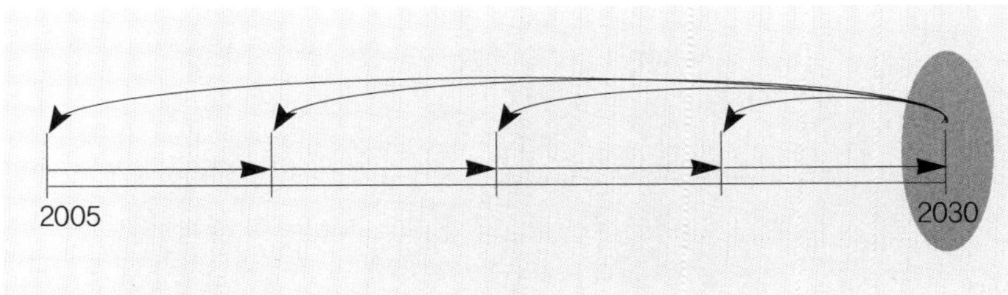

1990년대 후반, 미래예측분야는 3가지 접근법으로 개발되었다. 전통적인 예측, 미래예측, 그리고 이들과 Planning기획과의 결합을 위한 시도가 바로 그것이다(T. Karp, 2004).

지금까지 살펴본 미래예측에 대한 학문적 개념 이전에, 일반적인 미래예측에 대한 개념을 살펴보면 다음과 같다.

웹스터 사전Webster's Dictionary에 따르면 미래예측은 첫째, 예지하는 행위 또는 파워, 둘째, 앞을 향한 관점미래예측의 행위, 셋째, 미래신중에 관한 행위로 정의하고 있다.[3)]

일반적으로 미래예측은 광의의 의미로 "선견지명, 미래에 대한 통찰, 미래에 필요하고 혹은 일어날 수 있는 무언가를 예측하는 행위 또는 예측하기 위한 능력"이라고 폭 넓게 정의된다.

이 같은 사전적이고 일반적인 미래예측의 의미와는 달리 과학기술예측을 포함한 미래예측과 정책예측policy forecasting 그리고 혁신정책 및 행정기획 연구와의 유용성 면에서 다음과 같은 정의가 제시될 수 있다.

3. 미래예측의 정의

각각의 다양한 관점에서 제기되고 있는 미래예측과 관련된 정의를 살펴보면 다음과 같다.

---

3) Richard A. Slaughter, "The Foresight Principle," Preface, 1993
 1. an act or the power of foreseeing, prescience
 2. an act of looking forward, a view forward
 3. action in reference to the future, prudence

첫째, Lenz(1961)는 미래예측을 "사회적으로 유용하게 활용되는 발명, 기술적 특성 및 차원 또는 성능을 예측하는 것"이라고 하였다.

둘째, Schon(1966)은 기술예측을 '발명, 혁신 또는 기술확산에 대한 예측'이라고 정의하였다.

셋째, Jantsch(1967)는 기술예측에서 미래예측을 "미래에 일어날 기술이전 과정에 대한 확률적 평가assessment"라고 정의하고, 이런 개념을 바탕으로 기술예측의 기본이론을 정립하기 위해 기술이전공간Technology Transfer Space이란 개념을 도입하였다.

넷째, Bright(1978)는 "특정한 논리체계에 따른 설계, 생산, 기계, 재료 및 공정의 이용과 관련된 기술특성의 변화 정도, 기술속성과 시기에 관한 정량화된 미래예측"으로 정의하였다.

다섯째, SPRU의 Ben Martin(1993)은 기술예측 교과서에서 기술예측을 "유용한 기계, 공정, 테크닉 등의 미래특성에 관한 미래예측"으로 정의하고 있다. 뒤이어 1995년에는 연구 미래예측Research Foresight에서 미래예측을

그림 2-5 Ben Martin과 Georghiou의 미래예측의 5가지 주요 특징[4)]

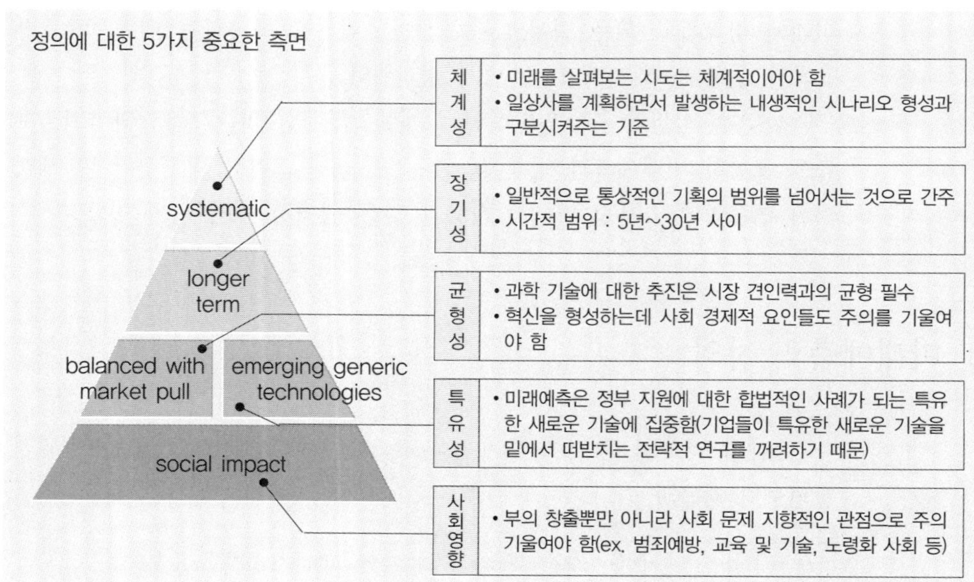

4) Michael Keenan, "Technology Foresight: An Introduction," PREST, 2004.

"전략적 연구 부문을 파악하기identifying 위한 목적으로 과학, 기술, 경제 및 사회에 대한 장기적인 미래를 체계적으로systematically 살펴보기 위한 프로세스 및 가장 위대한 경제 및 사회적 혜택을 가져올 새로운 특유의 기술들"로 묘사하고 있다(Martin. B, 1996; Michael Keenan, 2004).

여섯째, PREST의 Georghiou(1996)는 기술 미래예측technology foresight에서 미래예측을 "산업 경쟁력, 부 창출 및 삶의 질에 강력한 영향력을 미칠 수 있는 그러한 과학적 및 기술적 발전을 평가하는assessing 체계적인systematic 수단"으로 정의하고 있다(Georghiou. L, 1996).

일곱째, OECD에 의하면 미래예측은 "최대의 경제사회적 이익을 창출할 것으로 기대되는 미래기반기술 및 전략적 연구영역의 선정을 위해 장기적인 입장에서 과학기술 및 경제사회의 미래를 통합적으로 검토하는 과정"으로 정의된다(안두현, 신태영, 엄미정, 김형수, 과학기술정책연구원, 2003).

여덟째, FOREN '지역 미래예측에 대한 실무 가이드'에 의하면 최근 들어 시스템 구축 및 프로세스 혜택을 강조하는 미래예측의 정의들로 대체되고 있음을 알 수 있다.

표 2-1 OECD 미래예측의 중요한 요소에 대한 함의[5]

중요한 요소	함 의 내 용
1) 체계성	미래를 예측하는 시도는 체계적이어야 함
2) 장기성	이 시도는 5~30년 정도로 장기적이어야 함
3) 협의성	일련의 기법이라기보다 과학기술자 사회와 정책입안자 사이에 협의와 상호작용을 포함하는 과정임
4) 미래의 기반 기술성	미래의 기반기술, 즉 미래의 경제사회의 여러 부문에 이익을 줄 수 있는 기술에 초점을 맞추어야 함(이러한 미래기술은 경쟁 이전단계이고 선택적인 지원대상일 수 있음)
5) 전략적연구	현재 또는 미래의 실질적인 문제해결에 기초가 되는 광범위한 지식의 기반이 되는 기초연구인 전략적 연구에도 초점
6) 사회적이익	새로운 기술이 가져다 줄 사회적 이익에도 주의를 기울여야 함

5) 안두현, 신태영, 엄미정, 김형수, "과학기술예측을 위한 미래 사회의 이슈 및 니즈 도출," 과학기술정책연구원, 2003.

그림 2-6 FOREN '지역 미래예측에 대한 실무 가이드'에서의 5가지 요소[6]

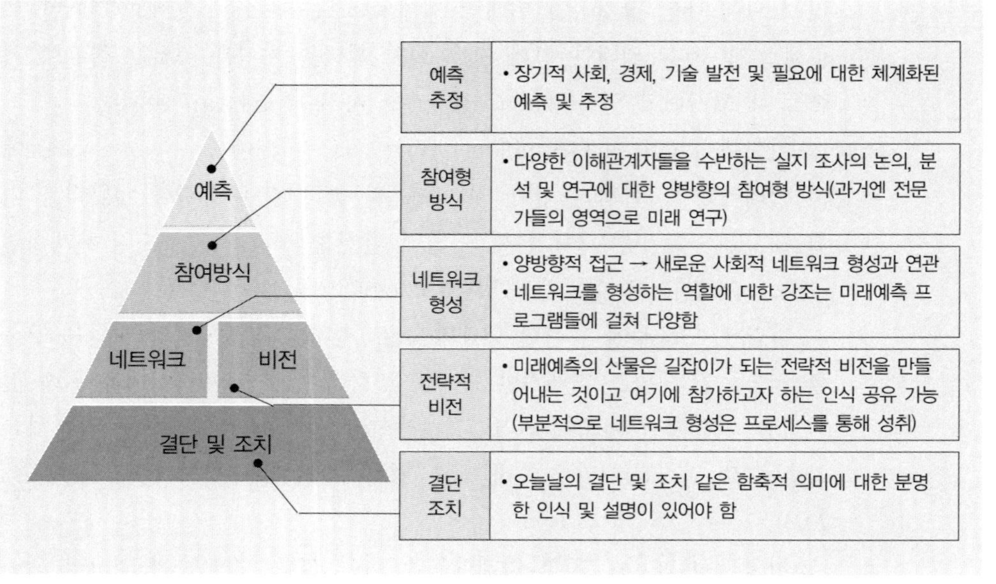

아홉째, Renn(2002)은 기술예측은 미래를 예측forecasting하는 과정이라기보다는 미래를 형성하려는 인간의 행위와 간여를 위한 공간을 탐색하려는 시도라고 할 수 있고, 예언prediction보다는 모든 행위자들에게 불확실성을 감소시키는 방향성orientations을 만들어내려는 것이고, 다양한 관점과 다양한 행위자, 상이한 통치단계에 대한 다양한 규율을 포함하는 것이고, 기회와 위험을 동일하게 강조하는 것이며, 마지막으로 기술적 · 경제적 · 사회적 · 정치적 · 문화적 부문 간의 상호 관련성을 강조하는 것으로 기술예측활동을 중심적인 특징으로 기술예측을 정의하였다(안두현, 신태영, 엄미정, 김형수, 과학기술정책연구원, 2003).

마지막으로 2005년 한국의 미래국가유망기술위원회에서 발간된 '미래사회 미래예측과 한국의 과학기술'에서 기술예측조사를 예측foresight의 특수한 예로 과학기술의 관점에서 미래를 조망한 것이라고 정의하고 있다. 즉, 과학기술예측조사의 기본적인 목적은 전략적 과학기술기획을 위한 다양한 정보가 포함된 가치 자료를 제공하는 것이다(한국과학기술평가원, 2005).

6) FOREN, "Practical Guide to Regional Foresight," 2001.

이러한 기존의 논의를 종합하여, 미래예측의 개념을 "과학, 기술, 사회의 관계가 매우 복잡해지고 있다는 인식을 기초로 하서 미래가 어떻게 될 것인지를 예측하는 단순한 예측forecasting을 넘어 미래가 어떻게 되어야 할지, 그리고 어떻게 그렇게 만들 수 있을지에 대한 전략적 사고를 갖고 미래를 예측하는 기법"이라고 정의할 수 있다.[7)]

표 2-2
Foresight 시대별 정의 정리

연 도	Foresight(미래예측) 시대별 정의	관심의 초점
60~70 년대	• Lenz(1961) : 사회적으로 유용하게 활용되는 발명, 기술적 특성 및 차원 또는 성능을 예측하는 것 • Schon(1966) : 기술예측을 "발명, 혁신 또는 기술확산에 대한 예측"이라고 정의 • Jantsch(1967) : '미래에 일어날 기술이전 과정에 대한 확률적 평가'라고 정의 • Bright(1978) : "특정한 논리체계에 따른 설계, 생산, 기계, 재로 및 공정의 이용과 관련된 기술 특성의 변화 정도, 기술속성과 시기에 관한 정량화된 미래예측"	예측의 정확성에 초점을 두고 미래예측 관심을 가짐
80~90 년대	• SPRU의 Ben Martin(1993년) : "유용한 기계, 공정, 테크닉 등의 미래 특성에 관한 미래예측"으로 정의 "전략적 연구 부문을 파악하기 위한 목적으로 장기적인 미래를 체계적으로 살펴보기 위한 프로세스 및 가장 위대한 경제 및 사회적 혜택을 가져올 새로운 특유의 기술들"으로 정의 • PREST의 Georghiou(1996) : "산업 경쟁력, 부 창출 및 삶의 질에 강력한 영향력을 미칠 수 있는 그러한 과학적 및 기술적 발전을 평가하는 체계적인 수단"으로 정의.	국가의 경쟁력 있는 기술과 산업 등을 개발하는 측면에서 제대로 제시했는지 여부에 초점
~ 현대	• FOREN "지역 미래예측에 대한 실무 가이드"(2001년) : 최근 들어 시스템 구축 및 프로세스 혜택을 강조하는 미래예측의 정의들로 대체되고 있음을 강조 • Renn(2002) : 미래를 예측(forecasting)하는 과정이라기보다는 미래를 형성하려는 인간의 행위와 간여를 위한 공간을 탐색하려는 시도 • OECD(2003) : "최대의 경제사회적 이익을 창출할 것으로 기대되는 미래기반기술 및 전략적 연구영역의 선정을 위해 장기적인 입장에서 과학기술 및 경제사회의 미래를 통합적으로 검토하는 과정" • 한국의 미래국가유망기술위원회에서 발간된 "미래사회 미래예측과 한국의 과학기술"(2005년) : "과학기술예측조사의 기본적인 목적은 전략적 과학기술기획을 위한 다양한 정보가 포함된 가치 자료를 제공하는 것"	다양한 이해관계자들의 미래예측활동참여 여부와 예측활동의 확산범위 수준 여부와 미래예측활동이 국가의사결정과정과의 연계성 여부에 초점

7) http://www.cordis.lu/rtd2002/foresight/home.html

4. 미래예측의 자리매김

미래예측은 예측, 미래 연구Futures Studies 및 전략 기획Strategic Planning과 같은 다른 미래지향 활동Future-oriented Activities들과 혼동되기도 한다. 미래예측은 미래가 어떻게 전개될지에 대한 자신의 가정에 좀 더 많이 고정되는 경향을 보이는 예측과 혼동해서는 안 된다.

그림 2-7 미래예측의 자리매김Positioning Foresight[8)]

미래예측 자리매김

• **전략기획(Strategic Planning)**
설계와 '합리적'(rational) 기획에 있어서 안정적인 구조 내 양적 변화에 기초해서 사회 및 경제적 생활의 역동성을 파악할 수 있다고 가정되었음 → 장기간 기획을 신뢰하기 위한 방안을 기획자들이 추구

• **네트워크 형성(Networking)**
과학이 진보할수록 의사결정자들은 지식은 널리 배포되어야 한다는 사실을 받아들여야 함(따라서 정보 수집과 네트워크를 형성하는 방법 진화해야 함)

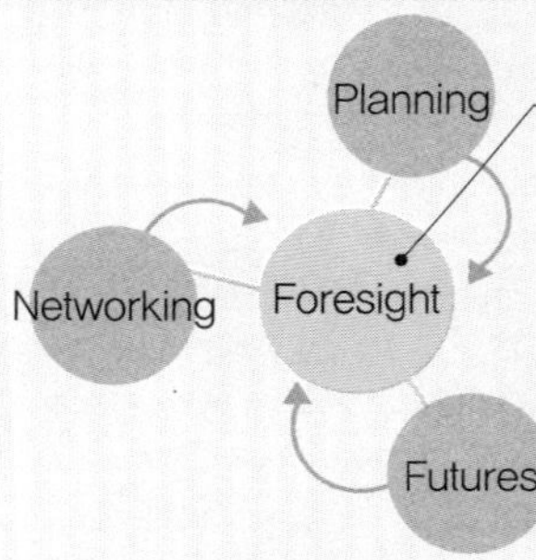

• **미래예측(Foresight)**
미래에 대한 학문적 또는 컨설팅에 기초한 예상을 넘어서는 것(기존 의사결정과 기획프로세스를 보완하고 효율성 증가)

• **미래연구(Future)**
이용자들에게 높은 곳에서 내려오는 미래의 비전을 제시하는 것보다 연구 프로세스에 있어서 이용자들(USER)을 관여시킬 필요에 대한 인식증대 → 체계적이고 계속적으로 정책 결정을 흡수하는 데 필수적임을 인식

미래예측 시사점

- 미래예측은 예측, 미래 연구 및 전략 기획 등 미래 지향 활동들과 혼동되기 쉬움
  - 미래예측은 미래에 대해 공유하려 하고 지지할 비전을 창출하기 위해 노력하는 프로세스인 것
  - 미래예측은 미래를 예측하는 것과 관련되지 아니하고 오히려 미래예측은 미래를 창출하는 데 관련있는 것
- 미래예측이 예측, 미래 연구 및 전략 기획을 대체하지 않음
- 각각의 행위는 자신의 역할을 가지고 상호보완적
- 정책 발전은 과거의 엘리트 주도형과 top-down방식에서 좀 더 넓은 참여형 접근방식으로 변화하고 있음
  →정치적 프로세스에 있어 민주화 및 합법성 증대에 대한 압력을 반영하는 것임(미래예측 필요성 대두)

---

8) Michael Keenan, "Technology Foresight : An Introduction," PREST, 2004.

사실, 예측하는 사람들은 미래의 어느 시점에 세계가 어떻게 보일지를 예측하기 위한 자신의 시도에 있어서 정확성을 갈망한다. 대조적으로, 미래예측은 예측하려 들지 않는다. 그 대신 미래예측은 미래에 대한 공유된 비전, 즉 이해관계자들이 오늘날 취한 조치들에 의해 기꺼이 지지하려고 할 그러한 비전을 창출하기 위해 노력하는 프로세스인 것이다. 이런 식으로, 미래예측은 미래를 예측하는 것과 관련되지 않고, 오히려 이것은 이를 적극적으로 창출하는 데 관련이 있는 것이다.

미래연구 및 전략적 기획과 관련해서 앞의 [그림 2-7]은 미래예측과의 관계를 나타내고 있다. 중요하게 고려해야 할 점은 미래예측이 예측, 미래 연구 또는 전략 기획을 대체하지 않는다는 점이다. 각각의 행위는 자신의 역할을 가지며, 각각의 활동은 상호보완적인 것이다.

5. 미래예측의 범위

급속한 IT의 진전에도 불구하고 여전히 과학기술 정책방향에서 단기적인 정책적 이슈나 이미 발생한 문제의 해결에 대한 연구에만 치중되어 있는 것에 대한 문제를 해결하기 위해 과학기술에 대한 국민들의 참여와 과학기술자들의 참여를 보장하는 것을 시작으로 지역 주민의 직접적인 이해관계, 지역의 환경, 문화를 염두에 둔 과제가 무엇인지를 선정하고, 그것이 그 지역의 지속 가능한 개발과 어떻게 조화를 이룰 수 있고, 궁극적으로 가치를 북돋을 수 있을지에 대한 미래예측활동이 장려되어야 한다는 인식들이 시민단체와 과학기술자들, 산업체, 정부, 대학으로부터 새로운 관심을 불러일으키고 있다. 이와 함께 미래예측은 향후 점점 더 거세질 것으로 예상되는 세계의 국가경쟁구도 속에서 민간과 공공부문이 당면한 새로운 도전에 대응해야 하는 위치에 직면하게 되었다.

이러한 이유를 반영하여 과거의 기술예측조사Technology forecasting는 과거 과학기술 전문가에 의해 이루어지거나 혹은 시장이 함께 검토되던 시기를 지나 현재에는 광범위한 사회의 이해관계자를 포함해 사회적 요소까지도 포함하는 문제해결형의 개념으로 이행하고 있다(Georghiou. L,

그림 2-8 과학기술정책과정에서의 미래예측 범위9)

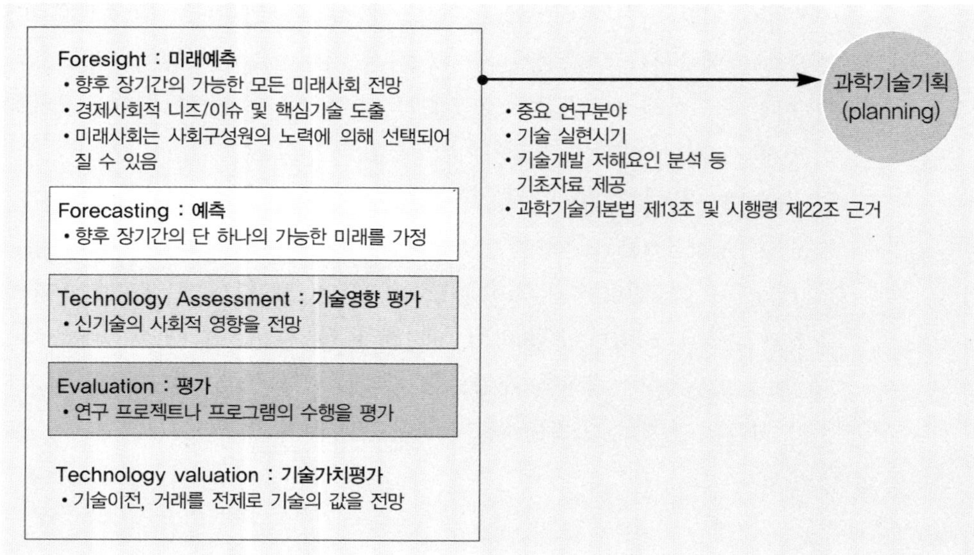

1996). 이전에 통용되던 과학기술예측조사Technology forecasting가 오늘날 미래예측, 즉 기술의 발전에 따른 미래모습의 다양한 변화가능성을 인정하고 오늘날의 미래예측 개념이 기술과 사회, 현재와 미래 사이의 상호작용을 포함하는 것으로써 기존의 개념보다 훨씬 동적인 과정으로의 이동을 의미하는 것이다.

즉, 다음 [그림 2-9] 4세대 미래예측에서도 잘 나타나 있듯이 Zhouying Jin(2003)은 종합적 기술 예측Comprehensive Technology Foresight이 곧 4세대 미래예측이 등장한 것으로 간주하고 있다. 3세대 미래예측이 사회, 경제, 환경의 넓은 틀 내에서 Hard Technology를 강조했다고 한다면, 4세대는 'Soft Technology'라는 새로운 개념을 도입하여, 시장, 사회, 경제, 환경 등의 다차원을 이용한, 넓게 정의된 기술혁신의 체제틀 내에서 지속 가능한 개발의 수요를 고려하여 수행되는 것이라는 것이다. 4세대 미래예측은 자연과학자, 기술학자, 사회과학자, 산업학자 커뮤니티와의 협력 작업

9) 한국과학기술평가원," 미래사회 미래예측과 한국의 과학기술-미래사회 미래예측과 우리사회 니즈," 2005; Georghiou L, "The UK Technology Foresight Programme," Future, 1996.

그림 2-9 4세대 미래예측[10)]

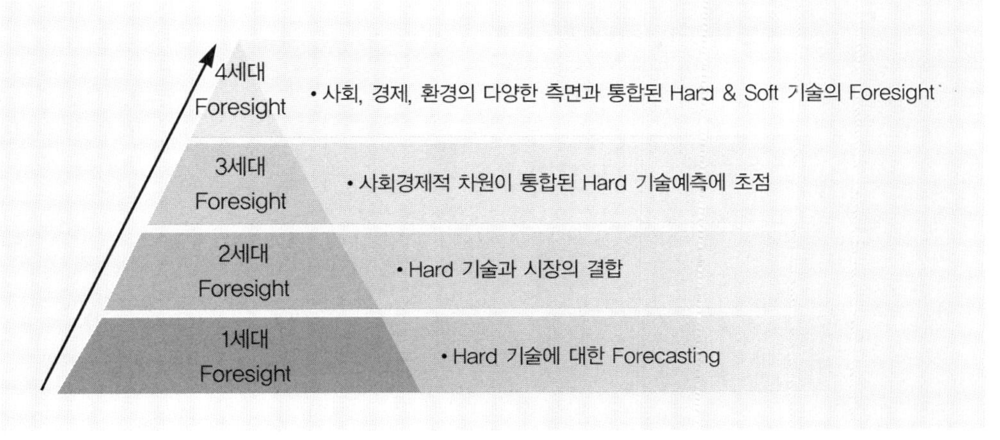

뿐만 아니라 참여자로서의 제도, 정책, 규제를 만드는 관련 사회공동체와 정부부처의 참여를 강조한다. 여기서 Soft Technology는 사회과학지식, 비과학적이고 전통적인 지식, 문제해결을 위해 이용된 지식들을 말한다. 즉 지적 기술로, 이는 Hard Technology 혁신 도구를 구성하고, 제도적 혁신의 내용과 기초를 구성한다.

10) Zhouying Jin, "The Fourth generation of Technology Foresight and Soft Technology," Futures Research Quarterly-Summer, 2003.

표 2-3 과학기술정책과정에서 '미래예측' 용어의 비교 및 종합정리[11]

구 분	용어의 정의	사용 대상	대상기술	비 고
Technology planning	전략 기획	기업체, 정부	어떤 목표 기술을 설정하여 연구개발 투자 및 활동을 기획[12]	기술기획은 좀 더 예측조사 중에서 가장 실질적인 작업이라 할 수 있으며 forecasting & foresight의 결과가 필요하며 때론 assessment를 참고하기도 함
Technology forecasting	기술 예측	기업체, 정부 기술제 조업체	어떠한 한 가지 기술의 미래를 예측하는 것	1) 예측의 범위와 규모는 다양하며 에너지 fore-casting 같은 큰 규모와 장기예측도 가능 2) 실용성과 경제성 그리고 목표도달 기간을 예측하는 것이며 무엇보다 '한 가지 기술 혹은 한 가지 기술체계만을 한 번에 예측하는 것' 3) 인터뷰, 설문, 패널토론, 델파이, 시나리오 등 전문가를 중심으로 한 정성적인 것과 시뮬레이션 등의 정량적인 방법을 사용 4) 국방기술, 산업, 경제 등의 예측에 주로 적용 5) 특히 일본의 경우 과학기술 비전 수립시 자주 활용 그러나 영국 등 그 외의 나라들은 정부 주도의 연구개발보다는 민간(PWC 등) 또는 준정부 싱크탱크(RAND 연구소, PREST 연구소 등)의 활동이 활성화되어 있기에 정부 차원에서 잘 사용하지 않음 6) 미국의 경우는 국방기술 분야에서 활용함 7) 전문가들만 참여 가능
Technology foresight	미래 예측	정부, 컨설팅 기관	가능한 미래기술	1) forecasting의 방법과 거의 유사하나 기술범위, 작업규모 그리고 의뢰주체가 다름을 알 수 있음 2) "모든 가능한 미래기술을 대상으로 한 번에 예측함" 미래에 어떤 기술이 현실화되고 각광받을 것인지 예측하는 것 3) 결과에 따라 투자 우선순위 결정 등 정부정책에 영향을 주는 것이기에 작업기간이 길고 정책반영에도 상당한 영향을 줌[13] 4) 2003년 정부가 '10대 차세대 성장동력'이라는 선택과 집중기술 선정시 foresight 작업이 유용 5) 비전문가들(일반시민대표 등)의 참여 유도 추세
Technology assessment	기술 영향 평가	국회, 정부	한 가지 기술체계 평가	1) 신기술의 사회적 영향을 알아보는 데 주안 2) 미국의 경우 forecasting 안에 사회적 영향평가까지 포함되어 있기에 굳이 독립적으로 수행하려 하지 않음. 실제로 OTA라는 독자적인 기술영향평가 조직이 없어진 것으로 알 수 있음 3) 최근에는 foresight 작업에도 사회적 영향을 포함하여 다루어야 한다고 주장하는 추세
Evaluation	연구 수행 평가	과기부, 국회산하기구	planning되어 수행된 연구개발 활동에 대한 평가	1) 우리나라 말로 '평가' 2) 연구 프로젝트나 프로그램의 수행을 평가하는 것
Technology valuation	기술 가치 평가	공공 부문 각급 TLO	기술이전, 거래를 전제로 기술의 값을 매기는 것	1) 우리나라 말로 역시 '평가' 2) 각 단위의 기술 가치가 아니라 그 기술이 '일부 포함된' 모든 종류의 상품 및 서비스에 대한 전세계 전체 시장규모를 뜻하는 것이며 여기서 기술은 일종의 거래 가능한 상품으로 간주 3) 공공부문에서 기술거래소, 기술신용보증기금, 민간가치평가업체, 유관협회에서 주로 수행

11) http://sopark.ehomp.com; http://www.scieng.net 재구성.
12) 우리나라 정부차원의 경우 KISTEP한국과학기술평가원에서 기획을 담당하며 어떤 과제에 대한 기간과 인원, 이루고자 하는 목표를 기획하는 일이라고 할 수 있음.
13) 우리나라의 경우 KISTEP한국과학기술평가원에서 미래예측 보고서를 내는데, 시나리오를 전문가별로 나누어 원고를 쓰는 정도임.

02 ●●●

미래예측의 중요성

국가적 차원의 미래예측 이용을 주장했던 몇몇 초창기 저술 중 가장 유명한 것은 Ben Martin과 John Irvine이 1980년대에 출간한 연구 미래예측에 관한 저서이다(Irvine & Martin, 1984; Martin &Irvine, 1989). 이들이 제시한 연구 미래예측에 대한 논리적 근거는 다음과 같다.

"연구 미래예측은 커져가는 실험 비용, 한정된 자원, 과학적 의사결정에 있어서의 복잡함 그리고 '돈에 대한 가치'를 달성해야 하는 압력 그리고 사회 경제적 연관성으로 인해 야기된 우선순위설정에 대한 분쟁을 해결하는 데 있어서 하나의 방안이라고 볼 수 있다. (…) 미래예측은 연구에 대한 장기적 결정, 특히 여러 분야에 걸쳐 있는 활동들에 대한 통합이 중요한 곳에서 정책결정을 촉진시키는데 있어서 영향을 미치기 때문에, 적어도 원칙적으로는 그러한 복잡성과 상호의존성에 잘 대처해 나가기 위한 체계적인 메커니즘을 제공한다"(Martin. B & Irvine. J, 1989).

좀 더 최근 저술에서 기술 미래예측을 언급하면서, Martin은 1990년대에 걸친 국가적 미래예측의 급속한 확산을 설명하고자 노력했는데, [표 2-4]의 세 가지 동인動因을 파악했다(Martin. B & Johnston. R, 1999).

미래예측 프로세스 그 자체는 시스템 내에서 행위자들 간의 의사소통을 향상시켜주고, 행동에 대한 조화 및 참가를 발생시키는 수단을 제공하는 것으로 알려져 있다. 따라서 Martin과 Johnston(1999)은 다음과 같이 주장한다.

표 2-4 국가적 미래예측의 확산의 3가지 동인[14)]

미래예측 동인	동인에 대한 논리적 근거
산업 및 경제적 경쟁 확대 (Escalating industrial and economic competition)	1) 공업국가들이 세계 경제 속에서 경쟁하기 위해서는, 지식기반산업과 서비스가 더욱더 중요해져가고 있음 2) 새로운 기술혁신과 개발에 의존하고 있고, 이러한 혁신과 개발은 전략적 연구(strategic research)에 의해 떠받쳐지고 있는 것임. Martin(1996)에 의하면, "미래예측을 하는 데 있어서 주요 논리적 근거는 새로운 특유한 기술들이 산업, 경제, 사회 그리고 환경에 다가오는 몇 십년 동안 혁명적인 영향력을 가지게 될 것이라는 인식에 있다. 이러한 기술은 과학적 진보 위에서의 발전에 매우 의존하고 있다. 만일 어떤 이가 초기 단계에 새로운 기술을 분간할 수 있다면, 정부 및 기타 기관들은 빠르고 효과적인 발전을 보장하기 위해 필요한 전략적 연구 분야에 자원을 배치할 수 있을 것이다."
정부 지출에 대한 압력 증가 (Increasing pressure on governmental spending)	1) 기술 미래예측은 한정된 재정지원 우선순위를 파악하는 데 도움을 주는 프로세스로 제시되는 것. 과학과 기술에 대한 공적 재원 의존도와 함께 증가하는 비용은 정부가 그들의 과학자들과 산업자본가들이 정부로 하여금 지원토록 원하는 연구 및 기술의 모든 부문에 재정 지원할 여력이 없다는 것을 의미함 2) 미래예측을 행해져야만 하는 선택을 체계적으로 평가하기 위한 프로세스로 보면서 선택을 요구함
지식 생산의 변화하는 성격 (Changing nature of knowledge production)	1) Gibbons 등(1994)은 훨씬 더 넓은 범위의 지식 생산자들이 이제는 혁신 프로세스에 연루되어 있다고 주장 – 이러한 소위 '모드 2' (Mode 2)양식의 지식 생산은 적용 지향성 및 증가하는 학제간 연구의 특성을 지님[15)] Martin & Johnston (1999)에 따르면, "이러한 발전은 연구자들 가운데서 뿐만 아니라 연구자들과 산업, 정부 및 기타 부문에서의 연구 '이용자들' (users) 간의 통신, 네트워크, 파트너십 그리고 연구에 있어서의 협동을 향하게 된다. (…) 미래예측은 이러한 연결고리를 발전시키고 강화시키는 수단을 제공한다."

14) Michael Keenan, "Technology Foresight : An Introduction," PREST, 2004.

15) Martin과 Johnston는 기술 미래예측이 국가적 혁신시스템NSI : national systems of innovation을 강화시키는 데 있어서 유용한 수단임을 주장함으로써 이러한 테마를 발전시킨다. 혁신시스템의 개념은 지난 10년간에 걸쳐 학자들 및 국가정책수립자들 모두에게 인기가 있었던 것으로 판명되었고, 현재도 역시 지역 및 부문 종사자들에게 선택되고 있다. NSI의 접근방식의 강점은 행위자들 간의 관계 및 연결고리를 강조하는 데 있다고 알려져 있다. 만일 우리가 모드 2Mode 2명제를 받아들인다면, 연결고리와 네트워크에 대한 이러한 강조는 중요한 것이다. 그러므로 "특히 강하지는 않고, 행위자들 간의 고리가 잘 발달되어 있는 곳에서, 행위자들에 의해 특징지어지는 NSI는 행위자들이 더 강하지만 그들간의 고리는 약한 다른 시스템보다 혁신을 배우고 발생시키는 데 있어 더 효과적으로 작동할 수도 있는 것이다"(Martin, 2001) 재구성.

"기술 미래예측은 국가적 혁신시스템 내에서의 연결을 강화시키는 수단을 제공함으로써, 지식이 구성 행위자들 간에 좀 더 자유롭게 순환할 수 있고, 전체로서의 시스템은 배우고 혁신시키는 데 있어서 더 효과적일 수 있다"(Martin. B and Johnston. R, 1999).

지식 흐름과 시스템 차원의 학습은 여기에서 강조할 만큼 중요한 것이다. 예를 들어 다른 행위자들의 전략에 대한 지식과 주어진 이슈에 관한 자리매김은(예를 들어 미래예측을 통해) 불확실성을 감소시킬 수 있고, 이에 따라 시스템의 혁신역량을 향상시킬 수 있다. 시스템의 혁신역량을 향상시키는 것으로 알려진 시스템 차원의 학습에 대한 잠재성은 다양한 시스템 행위자들 간의 상호의존성 수준과 관련이 있다. 상호의존성 수준은 행위자들 간의 상호 작용을 자극하고, 양육하고, 장려하고, 강화시키는 프로세스에 의존하고 있으며, 따라서 이들은 기술 미래예측과 같이 더 영구적인 프로세스가 되는 것이다.

03 ●●●
미래예측의 역사적 전개

미국이나 영국은 이미 90년대 초반부터 미래예측 관련 연구를 진행해 왔으며, 특히 영국은 94년부터 통상산업부 산하 과학기술국OST[16] 주관으로 'Foresight Programme'을 만들어 10~20년을 내다보고 향후 가능한 발전의 경향들을 시나리오 기법으로 찾아내는 노력을 하고 있다(강홍렬, 2004). 영국에서는 1992년 이후부터 시작된 기술수요예측 사업Technology Foresight Program을 통해 시민들이 자기 분야에서 예상되는 과학기술 수요와 문제점을 제기하도록 하고 그것을 연구개발 과정에 접목시키기도 한다. 지역 과학기술 정책에 주민들의 의견이 반영될 때 긍정적인 효과가 커지는 것으로 나타났으며 이를 수행하는 영국의 패널들은 국가기술 미래예측 활동의 '중심'으로 묘사되어 왔다(Michael Keenan, 2004). 2001년 유럽연합의 유럽집행위원회가 승인한 '과학과 사회' 실행계획을 보면 유

16) 현재 영국 문화원British Council이 발간한 '영국의 과학 공학 기술관련 조직 편람'(Guide to the Organization of Science, Engineering and Technology in the United Kingdom, GOST)에서 보면 과학기술국Office of Science and Technology: OST 1992년 4월, 교육과학부에서 과학부문을 떼어내어 과학기술정책의 집중적인 담당조직으로서 내각부에 과학기술국OST을 신설하였다. 1995년 7월에 무역산업부로 이관되었다. OST의 주요임무는
- 국내적 · 국제적인 과학기술정책에 대하여 기획입안 · 조정기관으로서 행동한다.
- 첨단적인 과학적 지식의 향상을 위해 영국이 가진 능력을 유지하고 더욱 발전시킨다.
- 과학기술기반과 경제계 일반에게 충분히 훈련되고 기능수준이 높은 과학기술자를 적절하게 공급할 수 있도록 한다.
- 과학기술에 관련되는 정부지출이 영국의 경제와 생활의 질 향상을 위해 확실하게 최대한의 공헌을 하는 것을 목표로 한다.

럽 시민들이 바라고 있는 평화, 고용, 안전, 지구의 지속 가능한 발전과 과학기술이 조화를 이루도록 과학과 사회 사이의 관계를 밀접하게 하기 위한 새로운 노력이다. 여기서는 다양한 참여제도를 통한 시민사회의 참여 과학기술에서의 양성 평등, 기술수요예측 사업 등등 유럽연합은 장기적으로 추진될 이 계획을 구체적인 실천 프로그램을 통해 이미 시행해오고 있고, 평가도 2004년에 끝난 상태이다(과학기술정책연구원 기술사회팀 편역 조사자료, 2002).

이처럼 다양한 분야에 대한 미래 모습을 연구하고 구체적인 시나리오를 작성함으로써 앞으로의 미래사회를 예측하고, 대응하기 위한 노력을 하고 있으며, 이러한 미래예측의 중요성은 글로벌 IT 강대국과 정보정책 리더로서의 세계 우위를 지켜나가기 위한 정책 및 전략 수립에 있어 더욱 강조되고 있다.

미래예측에 있어서 현대의 관심은 1970년에 시작된 '일본의 30년 기술미래예측(Japanese 30-year Technology Forecast)으로 거슬러 올라간다. 일본 정부는 미래 일본의 경쟁력에 중요한 개발 분야를 파악하기 위해 미래의 기술 및 사회 발달에 대한 미래예측을 얻는 데 관심이 있었고, 이들은 1960년대 후반 미국에서 현지조사를 시작했다. 당시 미국에서는 일부 정부 기관들(예를 들어 국방부)과 많은 대기업들(예를 들어 Honeywell)이 그들의 기획에 도움을 주고자 다양한 기술예측도구들을 이용하고 있었다. 이러한 도구들 가운데 델파이기법이 있었는데, 이는 미래에 대한 불확실성이 큰 경우에 이용된다. 이것은 일단의 전문가들의 견해를 끌어내는 데 달려 있다. 이 방법은 또한 전문가들에게 그룹 결과를 고려해서 그들의 의견을 변경할 수 있는 기회를 제공하는 특징을 갖고 있다. 왜냐하면 이것은 델파이가 또한 시스템의 전문가들(다수는 산업계 출신)에게 미래의 발전에 대한 어떤 합의consensus를 알려준다는 것을 의미하기 때문이다. 사실상 그러한 합의는 회사, 은행, 관료 등의 전략적 기획에 있어서 이들에게 지표역할을 한다. 만일 이러한 행위자들이 이러한 합의를 고려해서 행동한다면, 어떤 의미에서는 전문가들의 예측을 스스로의 힘으로 이루는 예언과 같은 것이 되게 하는, 시스템에 대한 일종의 결집이 달성될 수 있는 것이다.

유럽에서는 미래예측 활동들이 다소 느리게 시작되었다. 1980년대, 프랑스와 네덜란드는 한정된 기술미래예측 활동을 개시했다. 실질적인 관심이 쇄도하기 시작한 것은 1990년대 초반부터였다. 이 때 독일 다음에는 영국이 기술 미래예측을 이용하기 시작했다. 독일은 델파이를 이용하기로 선택하고 처음에는 일본의 설문지를 번역하기로 결정했다. 1990년대 이후 델파이활동에 있어서, 독일은 국가적 델파이 연구 개발 및 실행에 있어

그림 2-10 미래예측 발전경화 1[17)]

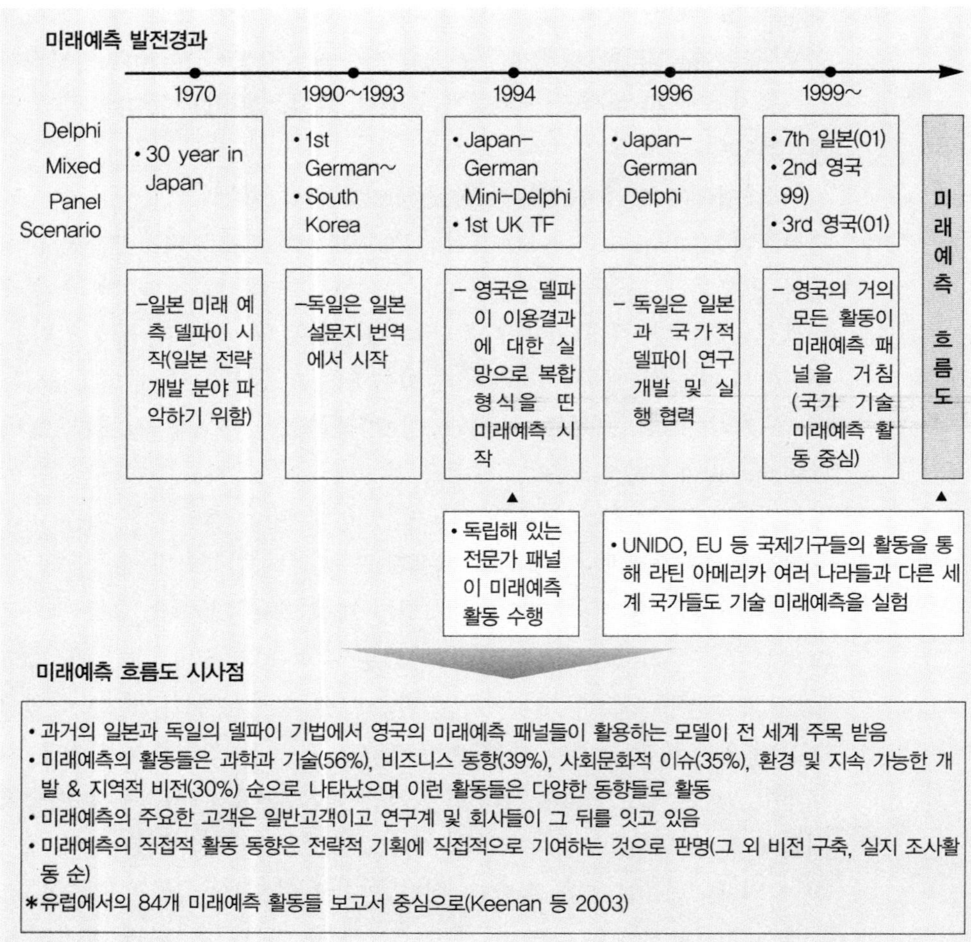

17) Michael Keenan, "Technology Foresight : An Introduction," PREST, 2004.

서 일본과 협력했다. 영국 역시 그들의 최초 기술 미래예측 활동에 있어 델파이를 이용했지만, 결과에 대해 대체로 실망해서 그 다음부터는 이용하지 않았다.

표 2-5 미래예측 발전 경과 2[18)]

연 도	델파이(Delphi)	복합 (Mixed)	패널/시나리오(Panel/Scenario)
1970년대~	30years in Japan		
1989			Ministry of economic Affairs Netherlands
1990	1st German		
1991			Critical Technologies USA
1992			New Zealand
1993	1st South Korea		Technologies at Threshold of 21st century Germany
1994	France Japan/Germany Mini Delphi	1st UK TF Programme	
1995			100 Key Technologies France
1996	Japan-Germany Delphi		Australia Foresight Steering Committee Netherlands 1st Italy Industry Foresight
1997		OPTI Spain	Ireland
1998	Austria	Hungry	South Africa New Zealand Sweden
1999	2nd South Korea Spain		2nd UK TF Programme FUTUR Germany
2000			2nd French 100 Key Technologies Portugal Industrial Association 2nd Italy Industry Foresight
2001	7th Japanese		Czech Republic Malta, Cyprus, Estonia
2002~2004	3rd South Korea 8th Japanese China		Bulgaria Romania 3rd UK TF programme Germany UN, OECD, EU

18) Michael Keenan, "Technology Foresight : An Introduction," PREST, 2004.

일본과 독일은 전문가그룹을 이용해서 델파이의 중심적인 주제를 결정토록 했으나, 이후 이들 그룹들을 해체하고 델파이를 중앙 차원에서 수행했다. 그러나 영국의 접근방식은 미래예측활동을 수행하기 위한 독립해있는 전문가 패널을 설치하는 방식이었기에 꽤 다른 것이었다. 다시 말하면, 전문가 그룹들은 독일과 일본의 델파이 연구를 보조하기 위해 이용되었고, 영국의 경우에서는 델파이는 전문가 패널을 보조하기 위해 이용되었다. 사실 영국의 미래예측 패널들은 국가기술 미래예측 활동의 '중심' 으로 묘사되어 왔다. 왜냐하면 거의 모든 미래예측활동들이 이들을 거쳐갔기 때문이다. 이 모델은 나중에 전 세계 많은 국가들이 따라하게 되었다. 밀레니엄이 전개될 때까지, 몇몇 후보 국가들과 더불어 거의 모든 EU회원국들은 국가적 기술 미래예측 활동에 착수했다. 이들 중 핀란드 등과 같이 국가적 실행을 하지 않은 국가들에서조차도, 미래예측은 부문 또는 지역에서 광범위하게 이용되고 있다. 더욱이 UNIDO와 국제기구들의 활동을 통해, 라틴 아메리카 여러 나라들과 다른 세계의 국가들도 기술미래예측을 실험해오고 있다.

Keenan 교수의 연구결과와 같이, 비록 유럽에서의 84개 미래예측 활동들(Keenan 등, 2003)에 대한 최근 검토로 과학과 기술S&T이 우세하다는 것을 보여주고 있긴 하지만, 모든 미래예측활동들이 S&T에 집중하는 것은 아니라는 것이 확인되었다.

그림 2-11

미래예측의 동향[19)]

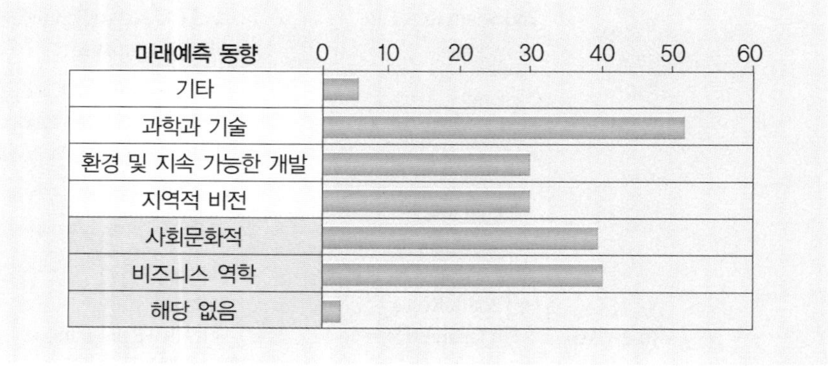

19) Michael Keenan, "Technology Foresight : An Introduction," PREST, 2004.

이 검토의 결과는 그 다음으로 가장 인기 있는 동향은 비즈니스이고, 그 다음으로는 사회 문화적 이슈들이 근소한 차이로 따라옴을 보여준다. 지역적 비전과 환경 및 지속 가능한 개발은 모두 각각 30개 활동에서 관찰되었다. 그러므로 우리는 다양한 동향들이 뚜렷이 보인다고 결론 내릴 수 있다. 또한 대부분의 미래예측활동들은 하나 이상의 동향을 가짐을 주목해야만 한다. 이것은 84개의 검토된 활동들에 걸쳐 동향의 유형을 분석함으로써 실증된다. 아래 차트가 보여주듯이, 검토된 활동들의 21%만이 단일 동향을 가지고 있었고대부분 과학과 기술, 나머지 80% 정도는 두 가지 또는 그 이상의 동향을 가지고 있었다. 비록 3~5가지 동향을 가진 활동들이 검토된 전체의 거의 50%를 차지하긴 하지만 두 가지 동향을 가진 활동들이 가장 많았다.

그림 2-12

동향의 다양성[20]

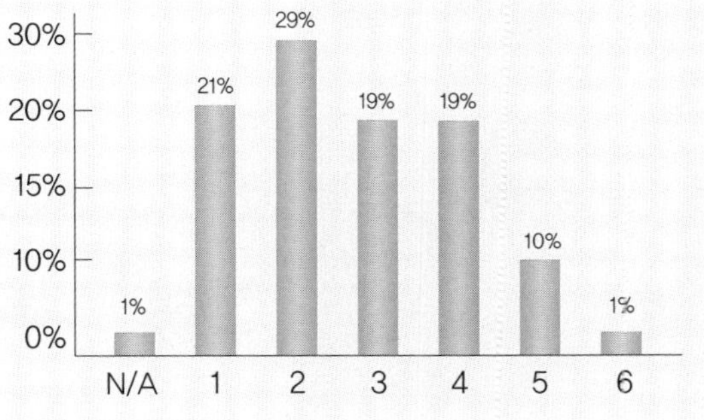

미래예측의 고객들과 관련해서, 정부기관들이 가장 인기 있는 주요 대상고객이고, 연구기관 및 회사들이 그 뒤를 잇고 있다. 다시 한번 이것은 84개 미래예측활동에 대한 유럽의 검토 결과에 의해 실증되었다.

Keenan 교수의 연구결과는 이미 미래예측활동에 결부되어 있는 중요성을 강조했으며, 이러한 활동의 동향은 검토 결과에 반영되어 있다. 아래 차트는 검토된 활동들 가운데 40% 이상에서, 미래예측이 전략적 기획에 직접적으로 기여하는 것으로 판명되었음을 보여주고 있다. 4분의 1 정도의 사례에서, 이것은 비전 구축에 대한 기초로 이용되었다. 사례들

20) Michael Keenan, "Technology Foresight : An Introduction," PREST, 2004.

그림 2-13
주요 대상 고객[21)]

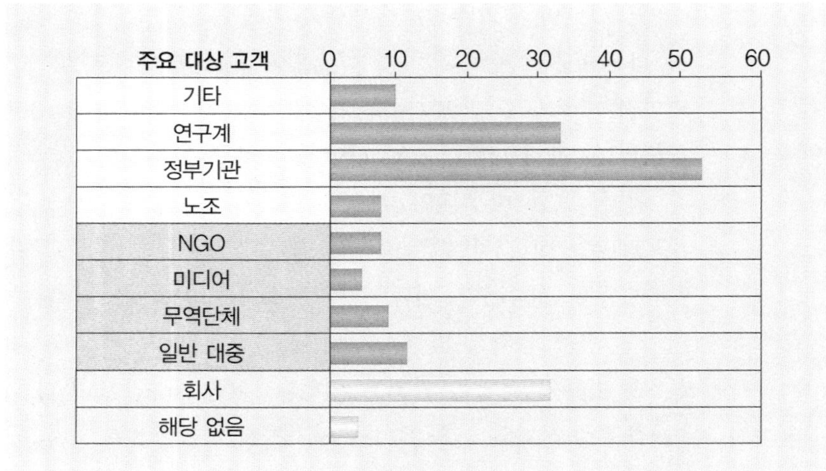

가운데 18%만이 실지조사로 판명된, 즉 의사결정 프로세스와 정식으로 연결되지 않은 활동으로 판명되었다.

그림 2-14
직접적 활동 동향[22)]

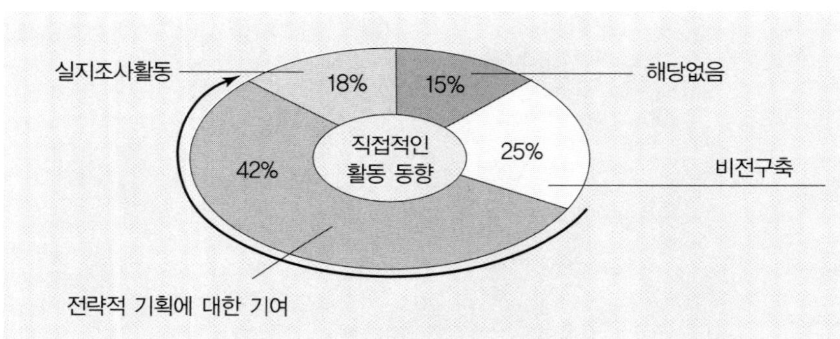

21) Michael Keenan, "Technology Foresight : An Introduction," PREST, 2004.
22) Michael Keenan, "Technology Foresight : An Introduction," PREST, 2004.

04 ●●●

미래예측활동의 확산

미래예측의 중요성은 점점 강조되고 있으며, 이러한 미래예측활동은 계속 진화되어 발전하고 있다. 미래 예측활동에 있어 나타나는 새로운 동향들은 다음과 같다.

첫 번째는 미래예측활동의 지역적 확산이다. 현재 많은 서구 유럽 국가들에서 미래예측이 국가적, 지역적, 시, 조직, 그리고 부문별로 다양한 장소에서 실행되고 있다. 이들이 서로 어떻게 관련되는지는 분명하지 않다. 그러나 일부 사람들은 이들이 상호 지원 및 협동의 역할을 할 수 있다고 본다. 또한 국제기구로부터의 추가 '차원'의 활동 또한 지난 수년간에 걸쳐 나타났다. 이러한 초국가적 미래예측은 다른 활동들에 비해 아직 상대적으로 새로운 것이다. 그러나 EU와 UNIDO 등의 활동을 통한 초국가적 미래예측활동은 향후 2~3년간에 걸쳐 증가가 예상된다.

두 번째 발전은 우리가 현재 미래예측활동을 보는 방식에 있다. 지출의 우선순위를 가리킬 수도 있는 단발성 활동으로 비춰지기보다는 오히려 미래예측은 점점 더 정책 및 혁신 조망에 삽입되어 있는 더 광범위한 전략적 정보 및 미래지향적 참여실행SIFOP: Strategic Intelligence & Future Oriented Participative으로 작용한다. 다른 유형의 SIFOP 활동들은 평가 및 기술 감정을 포함한다.[23)]

---

23) Kuhlmann et al, "Improving Distributed intelligence in Complex Innovation Systems," www.isi.fhg.de/ti/Final.pdf.

그림 2-15 미래예측활동의 증가

미래예측 분포성

- **미래예측의 분포성 증가**
  - 서구 많은 유럽국가들에서 미래예측이 국가적, 지역적 시, 조직, 부문별로 다양한 장소에서 실행되고 있음
  - 어떤 관련이 있는지는 분명하게 증명된 것은 없지만 일부 사람들은 이런 활동들이 상호 지원 및 협동의 역할을 할 수 있다고 추정 가능
- EU와 UNIDO 같은 국제기구의 초국가적 미래예측 활동들은 향후 2~3년간 걸쳐 증가할 것으로 보여짐

미래예측 활동 증가

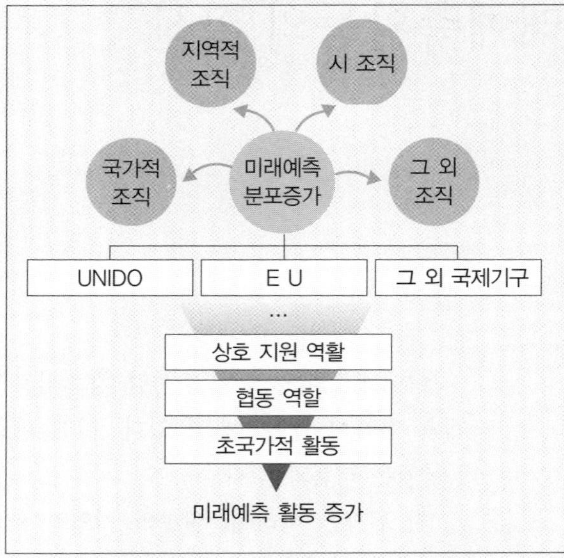

그림 2-16 미래예측에 대한 시각의 변화

미래예측 시각

- **미래예측의 보는 방식 변화**
  - 지출의 우선순위를 가리키는 단발성 활동에서 정책 및 혁신 관점에서의 광범위한 전략적 정보 및 미래지향적 참여적 (SIFOP) 실행 내에 있는 것으로 비춰짐
  - SIFOP (Strategic Intelligence & Future Oriented Participative)
  - SIFOP 활동들은 평가 및 기술 감정을 포함

미래예측의 올바른 시각

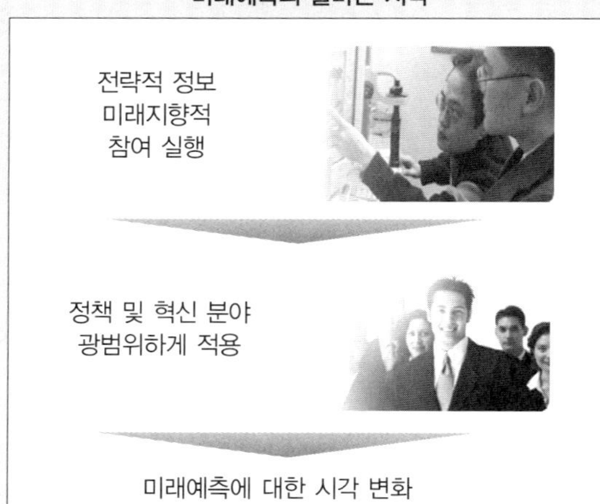

세 번째 새로운 발전은 미래예측에 있어서 정보통신기술ICT의 이용 증가와 관련된다. 이것은 최근 터키의 국가적 미래예측활동과 유럽재단의 4개국 Euforia 프로젝트에서 이루어진 온라인 델파이 도구의 이용으로부터 시나리오 워크숍 조성에 대한 온라인 도구 이용에까지 이른다(예를 들면 Web-COUNCIL).[24]

비전과 시나리오에 대한 전자도서관 또한 몇몇 활동들에 있어서 발전되어왔다. 그리고 온라인 토론 그룹과 포럼이 미래예측 연구에 있어서 중요한 수단으로 점점 더 인기를 얻어가고 있다.

그림 2-17 미래예측의 ICT 이용 증가

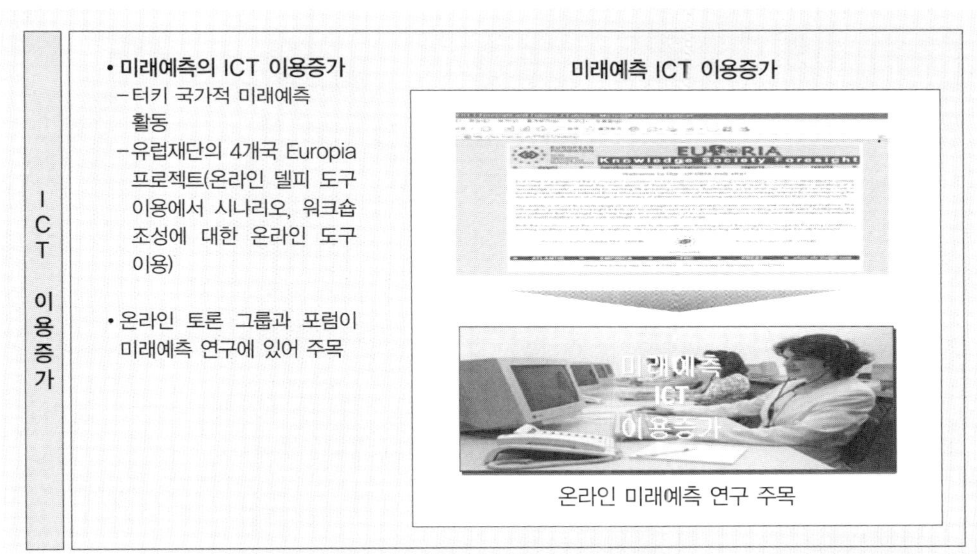

네 번째 발전은 미래예측 연구에 있어서 비전문지식의 활용de-reification과 관련이 있다. 미래예측은 이제 '대중'을 위한 것이고, 참여 확대는 주요 이해관계자 그룹과 몇몇 경우에 있어서는 시민들도 포함한다. 이러한 변화에는 서로 다른 기법들이 이용되는데, 델파이와 같은 전문가 기반형 도구와 상호 영향분석은 별로 인기가 없다. 그 대신 시나리오와 비전 구

24) http://les.man.ac.uk/PREST/euforia.

축 워크숍이 만일 적절하게 이용된다면, 비전문가들에 대한 접근성이 더 높기 때문에 더 인기가 높다.

그림 2-18 미래예측의 비전문지식의 활용

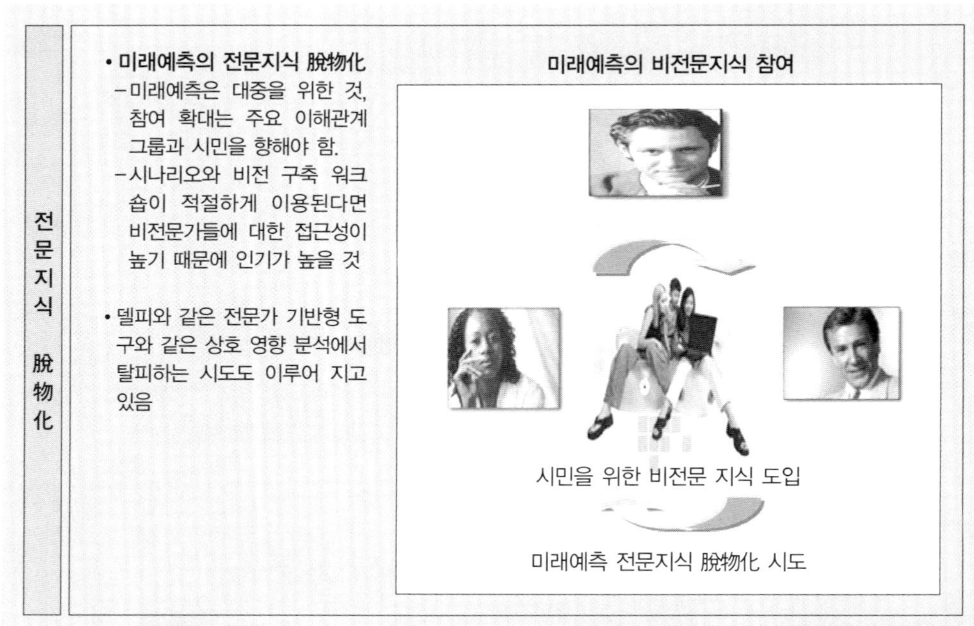

참고문헌

Australian Government. 2003. National Hydrogen Study. Commonwealth of Australia.

Barreto, L.; A. Makihira; K. Riahi. 2003. The hydrogen economy in the 21st century: a sustainable development scenario. Int. Jour. of Hydrogen Energy 28, pp. 267-284.

Bossel, U., Eliasson, B.,Taylor, G. 2003. The Future of the Hydrogen Economy: Bright or Bleak?, 15 April 2003. Available from www.efcf.com/reports/hydrogen_economy.pdf.

Bunger, U. 2004. Towards a European Hydrogen Energy Roadmap. www.HyNet.info.

Eriksson, E.A. 2003a. External Scenarios for Nordic H_2 Energy Introduction. Draft Report, www.h2foresight.info

Eriksson, E.A. 2003b. Scenarios Sketches for Nordic H_2 Energy Introduction. Draft Report, www.h2foresight.info

National Energy Technology Laboratory (NETL), 2000. Vision 21. Technology roadmap. Washington D.C.

Ramirez-Salgado, J. and Arquimedes Estrada-Martinez. 2004. Roadmap towards a sustainable economy of Mexico. Journal of Power Sources.

U.S. DoE. 2002. National Hydrogen Energy Roadmap Workshop. Proceedings. Washington D.C.

3 미래예측을 위한 방법론 및 적용사례

Toward Another Future : Foresight and Future Strategy

"행위자가 과거, 현재, 미래와 일관되게 연결된 방식으로 행동하는 경향을 가질 때 미래를 신중하게 계획하게 되는 것은 당연한 것이다."

– Tsoukas and Hatch, 2001

01 ●●●
미래예측을 위한 방법론

불확실한 미래를 최대한 정확하게 예측하는 것은 모든 사회의 주체들에게 중요한 의미를 가진다. 개인의 경우뿐만 아니라, 시장경제의 주도적 주체인 기업, 더 나아가 나라의 경제를 중추적으로 이끌어나가는 국가 또는 정부가 미래를 정확하게 예측하고 대비하는 것은, 불확실한 미래에 대한 위험을 감소시키며 불확실한 미래에서 기회를 찾아내서 더욱 발전해나갈 수 있는 계기를 찾아낼 수 있다는 의미에서 큰 의미를 가진다.

미래를 잘 예측한 사례로서 '로열더치셀' 이라는 영국과 네덜란드 합작법인회사를 생각해 볼 수 있다(장강일, 2005). '로열더치셀' 은 시나리오 기법 등을 활용한 미래예측으로 큰 성과를 얻었다. 1973년 제4차 중동전쟁 발발로 인한 석유가격의 급상승을 미리 예측함으로써, 에너지기업으로서 가질 수 있는 외부위협요인으로부터의 손실을 줄일 수 있었다. 또한 전쟁 종료 시점에서는 업계의 세계 2위 기업으로 발돋움할 수 있는 발판을 마련했다. 또한 구소련의 붕괴를 예측하고 경쟁사보다 미리 러시아의 자원개발권을 획득하는 등 불확실한 미래를 정확히 예측 · 대비함으로써 위협요소의 최소화에서 더 나아가 기회를 발판으로 더욱 발전할 수 있었다.

사례에서도 알 수 있듯이, 미래예측은 미래를 분석하여 특정한 결과, 위협요소를 최소화하거나 피하고 기회요소를 활용하는 것이라고 할 수 있다. 이러한 미래의 분석은 실현가능성이 높은 변화를 예측하고 이를 실제 변화상에 적용할 수 있어야 한다. 이러한 예측은 더 나은 의사결정을 내릴 수 있도록 도와줌으로써 변화과정에 적용이 가능하게 된다. 과학적인 방법을 통한 미래예측의 결과는 의사결정을 내려야 하는 관리자에게 단순한 직관력에 비해 보다 나은 미래에 대한 판단을 가능하게 해주는 것이다. 이러한 미래예측을 통한 긍정적 결과를 내기 위한 미래예측의 과정이 어떠한지 알아봐야 할 것이다.

그림 3-1

미래예측의 과정[1)]

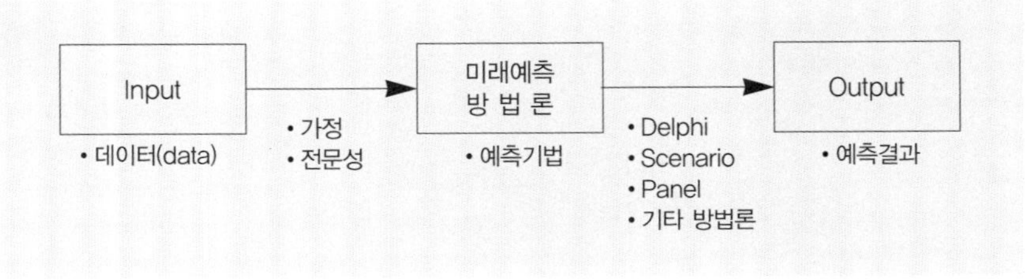

미래예측의 과정은 [그림 3-1]과 같이 간단한 과정을 통해 설명될 수 있지만, 다양한 예측기법들을 통해 정량적 혹은 비정량적인 요소들을 포함하는 예측결과를 도출할 수 있고, 예측결과를 통해 미래의 변화상을 미리 대비할 수 있다.

하지만 과거의 미래예측은 소수의 전문가들만이 참여해서 각자의 예측결과를 도출하고, 그 결과들 중에서 가장 정확하게 예측한 미래를 예측한 '승자 가려내기Picking the Winners'[2)]였다고 할 수 있다. 하지만 다양한 주체들의 참여가 강조되는 거버넌스Governance의 개념이 미래예측에도 포함되면서 '함께 참여하기Bring together'(기술혁신정책 지원을 위한 조사연구Ⅱ, 과학기술정책연구원, 2005)로 변화해가는 모습을 보이고 있다. 독일의 FUTUR 프로세스의 개념을 도출해 내는 데 많은 역할을 한 프라운호퍼 연구소의 Cuhls는 FUTUR 프로세스가 채택하고 있는 미래예측Foresight의 개념이 '함께 참여하기'를 지향하고 있음은 다음을 보면 확인할 수 있다.

미래예측은 승자를 결정하는 것에 관한 것뿐만 아니라 전략적으로 패자를 가려내야 하는 과정이다. 따라서 다양한 목적을 위하여 광범위한 정책수단을 사용하는 것이다.

---

1) 신태영 외, "기술예측방법론," 과학기술정책연구원, 1995.

2) Irvine. J & Martin. BR의 책 "Foresight in Science, Picking the Winners"의 책 제목에서 따온 말.

'함께 참여하기'를 강조하는 미래예측의 흐름은 Geoghiou, Luke가 제3세대 포사이트를 주장하며 새로운 미래예측의 경향을 보이고 있다. Geoghiou, Luke가 주장하는 제3세대 미래예측은 시대와 사회적 변화에 따라 순차적으로 제1세대에서부터 제2세대까지 미래예측의 경향이 진행되어왔음을 알 수 있다.

그림 3-2

제 3세대 미래예측

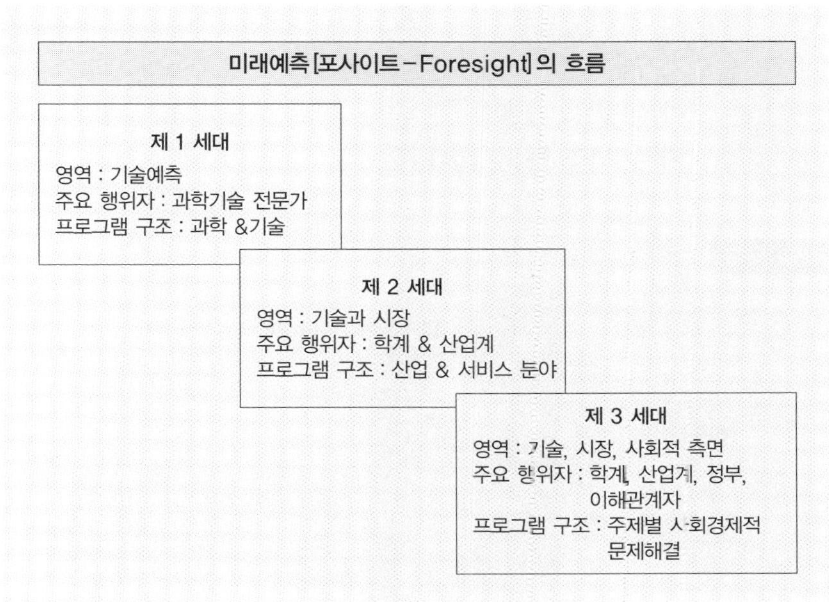

※ 출처: Georghiou, 2003 발췌

[그림 3-2]에서도 알 수 있듯이 미래예측의 흐름은 이제 과거 전문가들만이 모여서 과학기술과 같은 정량적인 데이터를 통해 실행하던 미래예측을 넘어서서, 정량적인 데이터뿐만 아니라 다양한 사회문제에 대해서 미래예측을 시도하며, 다양한 이해관계자가 참여하는 거버넌스Governance형 미래예측을 실시해나가고 있다.

미래에 대한 연구는 꾸준하게 발달해 왔으나, 미래예측 분야에서의 방법론에 대한 연구들은 이론적이기 보다는, 다양한 이슈를 강조하기 위한 적절한 프레임워크를 만들려는 실질적인 시도들이었다. 오늘날 미래연구자들은 전략과 정책설계, 조직발전에 있어서 어떻게 미래예측을 완전히 이용할 수 있겠는가에 대한 논의를 해왔다. 또한 미래예측의 원칙, 전략, 조직발전은 이슈에 대한 새로운 가능성들과 복잡성을 추가하여 수렴되고자 한다. 따라서 이론지향적 방법론적 접근은 이용역량, 채택가능성, 이용, 참여를 향상시킴으로써 미래예측의 잠재력을 어떻게 더 잘 이용할 수 있는가에 대하여 생각해볼 수 있게 해준다(T. Karp, 2004).

다음은 지금까지 이야기한 미래예측의 흐름과 그 방법론에 대한 개념적 고찰을 바탕으로, 다양한 사회문제를 예측할 수 있으며, 여러 이해관계자들이 참여하는 미래예측의 다양한 방법론에 대하여 자세히 알아보도록 하겠다. 미래예측의 주요 기법으로는 다음 그림의 델파이, 시나리오, 패널기법을 들 수 있다.

그림 3-3 미래예측의 주요 기법

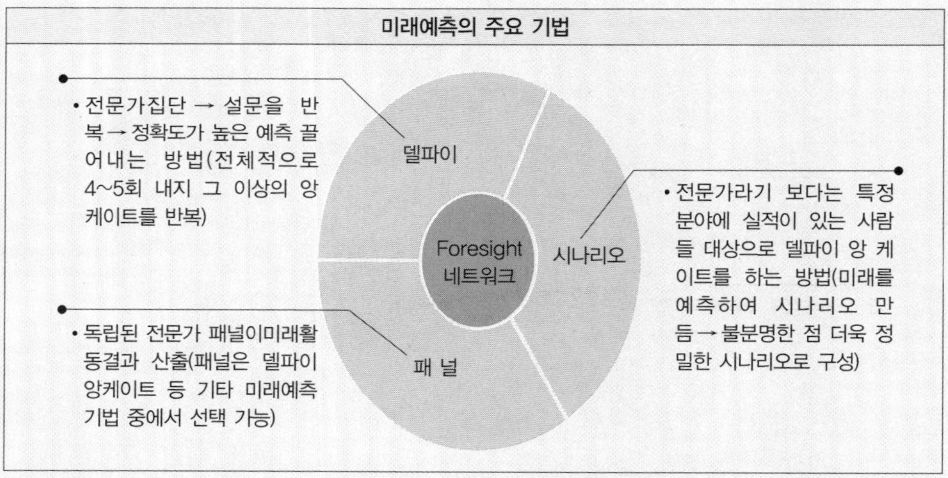

주요 특징		
• 델파이 기법의 특징 -특정분야의 전문가라는 점에서 응답자 선택 수월 -정확성과 좋은 예측결과 기대 -전문가들이 이론에 치우칠 수 있으며 현실을 무시하기 쉬움 -객관적 측면보다 주관적 요소 내포 될 가능성 있음	• 시나리오 기법의 특징 -장기예측에 탁월함 -다른 방법의 미래예측 결과를 삽입 가능 -이미지화하기 쉬워 설득력 강함 -과장된 망상에 빠지기 쉬움 -결과를 이용하는 사람에 따라 효과가 좌우됨	• 패널 기법의 특징 -전문가 집단이 아닌 독립된 패널들이 주도하는 미래예측 결과 산출 -패널들이 사용하는 기법 선정 시간 소요

02 ●●●
델파이 기법

1. 델파이 기법의 개념

델파이는 일련의 설문을 반복하여 특정 주제에 대해 체계적으로 전문가 집단의 합의를 도출해 내는 방법이다. 이는 정책문제 해결을 위한 여러 해결방안에 대한 의견수집과 대안도출을 위해 사용되거나, 전문가 의견 수렴이 필요한 경우에 많이 사용되어온 기법으로, 최근에는 미래예측을 위한 추정적 방법[3]으로서 유용한 방법론으로 활용되고 있다. 특히 시계열자료가 없거나, 광범위한 전문분야(특히 기술분야)에 대한 예측활동에 있어 활용되는 방법이다(과학기술정책관리연구소, 기술예측 방법론 TOC, 1995). 델파이는 미래예측에 있어 고려해야 할 이슈, 요인, 추세 등을 파악함에 있어 전문가 집단의 직관을 이용하여 미래예측을 한다. 이는 응답자 집단 간의 합의가 개인의 견해보다 더 나은 지침을 제공해 줄 것이라는 델파이의 가정(Denis Loveridge, 2004)에 따라 미래 이슈 등에 대한 전문가 집단의 합의를 도출함으로써 미래예측이 가능하다는 것이다. 이러한 델파이의 사용은 점점 감소되고 1990년에는 거의 사용되지 않을 것으로 예상되기도 하였으나(Millet & Honton, 1991), 최근 실제

3) Keenan은 미래예측을 위한 방법론을 이슈를 확인하기 위한 방법, 추정적 접근법 Extrapolative Approaches, 창의적 접근법Creative Approaches, 우선순위 결정Prioritisation을 위한 기법으로 구분하였고, 이 중 델파이는 추정적 접근법으로 분류하였다. 이때 추정적 접근법 Extrapolative Approaches에는 추세 추정, 시뮬레이션 모형, Genius forecasting, 델파이가 포함된다(M. Keenan, 2004).

미래예측기법에 대한 전문가 조사에서 델파이는 미래예측에 있어 가치있는 방법으로 평가되고 있다. William E. Halal & Gary Bojes(2005)는 미래예측 방법methods을 평가함으로써 미래예측기법에 대한 조사를 실시하였다. 이 조사에서 델파이는 합의도출을 위해 전문가들 사이에 질문응답의 반복적인iterative 과정을 이용하는 방법으로 정의되었고, 이는 미래예측활동에 있어 매우 가치있는 기법이며, 앞으로의 사용이 확산될 기법으로 평가되어졌다.[4)]

델파이는 전문가 집단패널을 구성하여 설문조사를 반복적으로 실시함으로써 의견수렴을 유도하는 방법이다. 이때 설문이 반복되는 횟수, 설문횟수를 round라고 칭한다. 따라서 델파이는 2번 이상의 설문반복에 따른 전문가 조사이다. 이런 델파이의 가장 중요한 속성은 익명성이다(Kerstin Cuhls, 2004). 델파이는 각 전문가들에 대한 익명성이 보장된 상태에서 전문가 집단내 서로 의견교환을 하게 한다. 이를 통해 특정 개인의 영향력 발생을 방지하고(Bandwagon효과 방지), 주제에 대한 자신의 의견을 자유롭게 제시하게 한다. 이때 전문가 선정이 중요하다. 설문대상자들은 질문에 대한 대답을 할 충분한 전문성을 가진 응답자이어야 하는데, 이러한 전문성 정도를 다음과 같은 기준으로 구분할 수 있다(Denis Loveridge, 2004).

표 3-1 Self-Ranking of Expertise[5)]

수준(LEVEL)	전문성의 기준
1	주제에 대해 익숙하지 않음(Unfamiliar with the Topic)
2	언론이나 다른 발표를 통해 해당 주제에 대해서 들은 적이 있음. (Casually Acquainted)
3	관련 주제와 관련된 이슈와 논쟁들을 알고 있으며, 자신만의 견해를 가지고 있음.(Familiar with the topic)
4	주제에 대한 전문지식을 가짐(Knowledgeable in the topic)
5	관련 주제의 전문가 그룹에 소속되어 있는 전문가(Expert)

4) 이 연구에서는 시나리오, 인터뷰, 델파이, 시뮬레이션, 과학적 문헌검토, econometrics, 시스템 다이내믹스, 회귀분석이 미래예측활동에 있어 매우 가치있는 방법으로 평가되었다.

5) Denis Loveridge, "UK Foresight Programme Delphi Survey," PREST, 2004.

그리고 델파이의 또 다른 특징은 수정응답이 가능하다는 것이다. 델파이를 진행하는 이들이[6] 전문가 집단에게 설문을 하고 설문결과를 종합하여 간단한 통계적 방법으로 집계하여 이 결과를 다시 전문가들에게 전해줌으로써 전문가들이 자신의 응답을 수정할 수 있는 기회를 제공한다. 이러한 수정 응답의 기회를 주는 과정을 거쳐 전문가 집단 내의 합의를

그림 3-4
미래예측 도구tools[7]

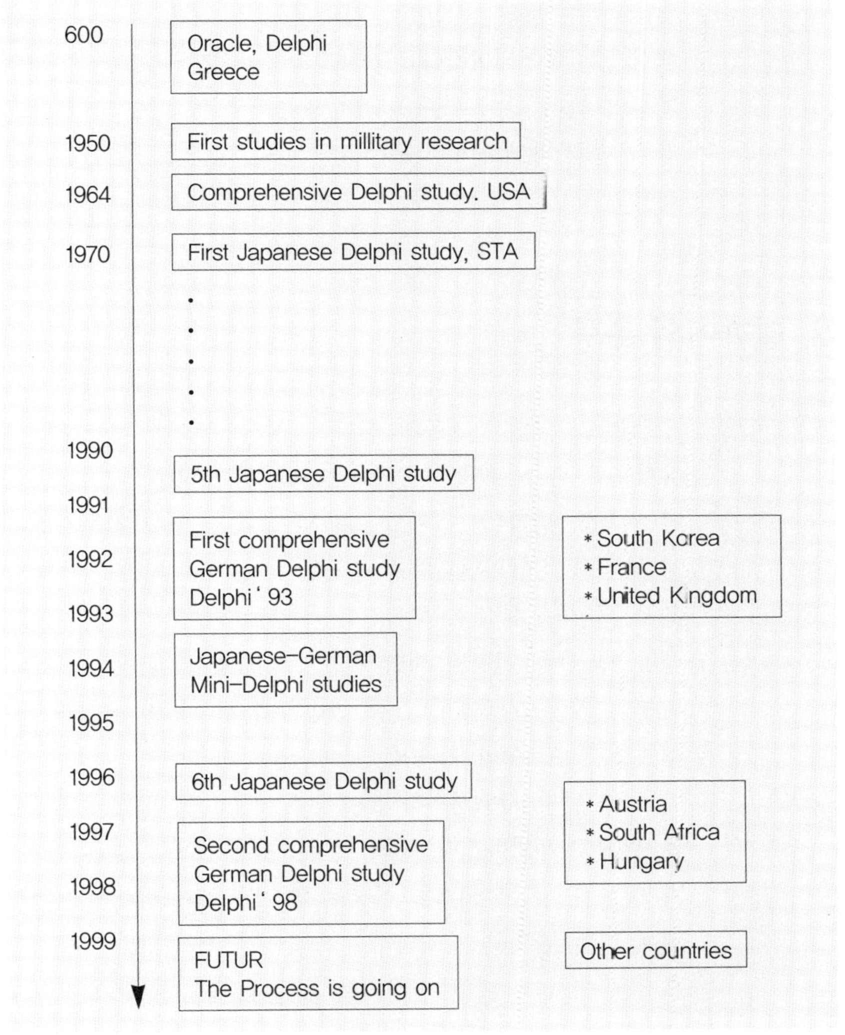

6) 델파이의 진행자들을 델파이 관리팀managing team 혹은 총괄수행자moderator라고 한다.
7) Kerstin Cuhls, "Delphi surveys," UNIDO, 2004.

도출하게 된다. 이외에 전문가 집단의 설문결과를 간단한 통계적 방법을 통해 분포적 특성을 제시해 준다는 점에 있어 계량화라는 특성을 지닌다는 지적도 있다(과학기술정책관리연구소, 기업의 연구개발 전략수립을 위한 기술예측기법의 활용방안 TOC, 1997).

1950년대 후반 미국의 Rand연구소에 의해 개발된 델파이 조사는 그 방법에 대한 비판도 있었으나, 지금까지 일본을 시작으로 독일, 우리나라, 영국, 호주 등의 국가에서 기술 분야의 많은 국가 미래예측 프로그램의 핵심으로 형성되어왔다. 또한 기술에 초점을 두었던 델파이를 통한 미래예측이 여러 분야로 확산되어 활용되고 있으며, 또한 새로운 상황에 따라 기법을 채택하여 사용하고자 한다. 앞으로 델파이기법은 더 많은 미래예측 방법의 핵심이 될 것으로 예상된다(Denis Loveridge, 2004).

2. 델파이의 유형

델파이 방법은 전통적 델파이, 정책 델파이, 의사결정 델파이의 3가지 유형으로 나눌 수 있다(Denis Loveridge, 2004).

전통적 델파이는 '패널유형'의 토론을 통해 전문가의 익명적 견해도출을 통한 집단의견획득을 추구한다. 실제로 패널은 매우 넓으며, 토론은 조사질문지를 통해 이루어진다. 전통적 델파이의 목적은 특정 주제의 발생할 것 같은 시기에 대한 전문가 의견을 도출하는 것이다. 전통적인 델파이는 기술 분야에서 가장 빈번하게 사용되어 왔으며, 대부분 국가 미래예측 프로그램의 기초적 방법이었다.

정책 델파이는 사회적 분야에서 적용되며, 또한 정책이슈에 대한 분석을 위해 이용되어졌다. 정책 델파이에서 중요한 것은 아이디어이며, 합의가 중요한 것은 아니다. 실제로 델파이 조사에서는 전문가들의 특정 주제에 대한 합의를 강조하나, 그 합의가 성공적인 델파이 조사의 필수적 요건은 아니다. 매번 실시되는 설문에 대한 결과가 분석되고, 합의점에 도달하지 못한 이들의 이유를 구체적으로 제시해줌으로써 풍부한 자료원으로 활용할 수 있다. 절차는 전통적 델파이와 동일하다.

의사결정델파이는 사회발전에 영향을 미치는 의사결정을 준비하기 위해 사용된다. 이는 전문가 혹은 사회 로비스트들에 의한 것이 아니라, 실제 의사결정자들에 의해 이루어진다. 의사결정델파이는 어떤 상황이 일어날 것이라는 전문가 견해가 아닌, 의사결정자가 실제로 인식하고 정의하는 것이 무엇인지를 고려한다는 것이 차이점이다.

이처럼 델파이 방법을 세분화하면 대상이나 강조되는 점에 따라 3가지로 분류될 수 있으나, 대부분의 연구들은 이 세 가지 형태의 요소들을 모두 고려하여 종합적으로 사용하여 델파이를 수행한다.

델파이기법은 세심하게 기획된 질문을 사용하고 그것들은 대부분 그 전의 결과의 순환을 통해서 변화를 겪는다. 전통적 델파이의 중요한 가정은 응답자 그룹의 의견일치가 개인의 견해브다는 나은 지침을 제공한다는 것이다. 그러나 이것이 반드시 옳은 것은 아니다. 의견이 일치된 견해가 완전히 잘못될 수도 있고, 개인의 견해가 좀 더 나은 지침이 될 때도 있다. 그러나 델파이기법은 여전히 유연한 도구로 남아 있으며, 그 결점의 대부분을 완화할 수 있다. 그렇지만 반드시 기억해야 할 것은 델파이기법은 과학이 아니며, 일부 반대견해와 섞인 예측은 큰 실수가 될 수도 있다는 것이다.

3. 델파이 수행 방법과 절차

델파이는 설문을 통해 전문가 합의를 도출하는 과정이다. 델파이에서 주요 주제(the variables in a Delphi survey)는 발생가능시기(the period of occurrence)의 예측이다. 이외에도 조사하고자 하는 주제에 대한 중요성the importance, 개연성probability, 실현가능성feasibility 등이다. 영국의 미래예측에 사용된 델파이에서는 해당 주제와 관련하여 발생할 것 같은 장애constraint에 대해서도 조사를 실시하였다. 예측하고자 하는 각 주제에 대해 그 발전에 있어 위협 혹은 장애가 될 것 같은 지표들을 제시하고 이들에 대해 조사하였다(Denis Loveridge).[8] 설문은 수집된 전문가들의 의견 분

8) 장애요인으로 사회적 수용가능성, 기술적 실현가능성, 산업적 요소, 재정부족, 경제적 생존능력, 규제와 정책, 교육과 기술기반을 제시한다.

포 및 반대의견에 대한 정보를 제공해주는 역할로 전문가들 간의 상호 의견교환의 매개체 역할을 한다. 이러한 델파이는 Rand연구소에서 실시한 고전적 방식과 변형방식으로 수행될 수 있다.

(1) 고전적 수행방법(Rand연구소의 4단계 방법)

고전적 수행 방법은 크게 4라운드로 이루어진다.

제1라운드는 브레인스토밍의 성격을 가지는 것으로, 브레인스토밍은 델파이에서 포함될 주제를 정의한다.[9] 브레인 스토밍은 델파이의 선구자의 역할을 한다. 전문가들에게 자율적으로 예측대상을 제안하게 하고, 그 발전추세를 예측하게 하여 주제를 정의한다. 그리고 델파이를 담당하는 관리팀은 이 결과에 대해 중복 또는 유사한 주제를 통합 및 삭제하여 종합함으로써, 본 델파이를 위한 주제를 명확히 한다. 성공적인 브레인스토밍을 위해서는 그 세션이 지적 '언쟁'이나 정치적 '투쟁'으로 번지지 않도록 잘 추진하는 것이 중요하다.

제2라운드에서 전문가들은 설문에 주어진 주제에 대한 발생가능시기(the period of occurrence)를 예측한다. 그리고 델파이 관리팀(혹은 총괄수행)자은 예측된 결과를 집계, 통계적 분포를 나타내 결과를 제시한다. 이 결과를 바탕으로 제3라운드에서 수행할 설문을 구성한다.[10]

제3라운드에서 전문가들은 예측시기에 대한 다른 전문가들의 의견을 받게 된다. 이를 통해 자신의 의견을 수정할 수정응답의 기회를 가진다. 자신의 의견이 다른 전문가들의 의견과 다를 때,[11] 자신의 답에 대한 이유를 서술한다. 델파이 관리팀(혹은 총괄수행)은 다시 의견을 종합하여, 통계적으로 응답 분포를 그리고 다른 전문가들과 합의되지 못한 이들의 의견을 정리한다.

제4라운드에서 전문가들은 다시 수정된 견해가 제시된 설문을 받아 다시 수정응답할 수 있는 기회를 가진다. 이때에도 다른 전문가들과 의견이 다른 경우 그 이유 등을 밝히게 된다. 이때 델파이 관리팀은 3차

9) Denis Loveridge은 델파이를 위한 주제topics를 선정하고 정의하기 위해 브레인스토밍이 이용된다고 하여 델파이의 한 과정으로 포함시키고 있다.
10) 결과 분포와 관련하여 IQR을 사용하여 결과를 정리한다.
11) 자신의 응답이 IOR범위 밖에 위치할 경우 이유를 설명하게 된다.

설문 답에 대한 추가 의견 제시를 요청할 수 있다. 이때의 전문가들의 설문 응답에 대한 추가의견들은 단순히 예측시기에 대한 정량적 결과에 대해 정성적 측면에서 보완해 줄 수 있다는 점에서 중요하다. 델파이 관리팀은 제4라운드 설문의 결과를 종합하여 델파이를 한 주제에 대한 예측시기를 종합적으로 발표한다.

지금까지의 고전적 델파이의 과정을 그림으로 나타내면 다음과 같다.

그림 3-5
고전적 델파이의 과정

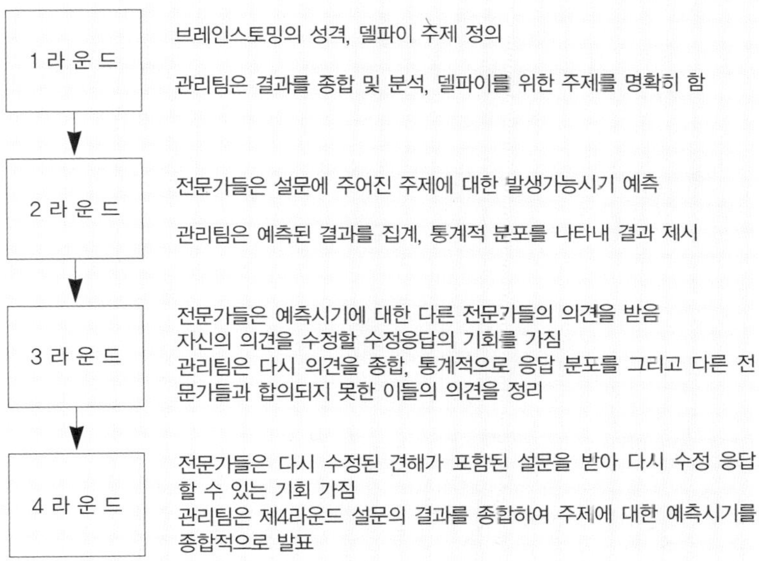

(2) 변형된 델파이 수행방법

고전적 델파이의 수행방법은 상황에 따라 조금씩 변형되어 활용될 수 있다. 우선 예측대상 주제를 사전에 결정한다 고전적 델파이 방법에서는 브레인스토밍을 통해 예측대상에 대한 아이디어를 수집한다. 브레인스토밍은 오늘날 추세와 미래에 영향을 미쳐 분석되어야 할 장기적 이슈를 확인하기 위해 사용된다. 그러나 브레인스토밍 외에 별도의 과정을 거쳐 미리 예측대상주제를 준비함으로써 효과적으로 델파이를 진행할 수 있다(과학기술정책관리연구소, 과학기술예측조사의 방법론과 활용방안, 1996).

영국에서 행해진 미래예측과 관련된 국가 프로그램에서는 전문가 위원회expert committes[12]와 델파이 서베이가 혼용되어 사용되었다. 설문을 하게 될 주제에 대해 전문가 위원회와 델파이 조사 관리팀이 함께 협의하여 델파이 질문을 형성함으로써 서베이가 필요한 주제의 선정 및 수행될 질문을 구성하고 활용하였다(Denis Loveridge, 2004).

둘째로 전문가 집단에게 사전정보를 제공한다. 기술예측의 경우 정치 및 사회적 요인의 영향을 받을 수 있는데, 이러한 외부적 요인에 대한 정보를 미리 전문가들에게 제공해줌으로써 보다 정확한 예측이 될 수 있도록 한다.

셋째는 델파이 설문 횟수의 조정이다. 델파이 설문횟수가 많을수록 응답결과의 안정성이 확보되지는 않는다.(Chaiffin & Talley, 1980; Dajani & Sincoff, 1979). 인력, 예산 등과 관련된 이용 가능한 자원이나 상황적 요인에 따라 적절하게 횟수를 조정할 수 있다. 보통 2번 정도의 설문을 통해서 수행된다(Kerstin Cuhls, 2004; 과학기술정책관리연구소, 과학기술예측조사의 방법론과 활용방안, 1996).

넷째, 온라인을 이용해서 델파이를 수행할 수 있다. 이는 델파이가 질문서를 우편이나 팩스등을 통해 전달하는 전통적 방법과는 달리, 전자메일을 통해 질문지를 송부하고 응답을 받거나, 인터넷을 통해 실시간으로 각 주제와 예측결과를 검토할 수 있고 직접 수정할 수 있게 한다. 온라인을 통한 실시간 델파이는 질문에 대한 결과의 빠른 분석과 피드백이 가능하여, 단시간에 결과를 도출할 수 있다는 장점이 있다.

다섯째, 부분적 익명성의 확보이다. 델파이를 대면상황에서 활용할 수 있다. 의견은 실명으로 발표되고 토론되나, 예측시기에 대한 응답은 비밀투표를 통해 수행한다.

---

12) 영국에서 이루어진 미래예측은 전문가위원회를 따로 마련하여 조정하게 하였다. 이들은 델파이 수행팀과도 협력하여 주제를 선정하고, 질문지 및 결과형성에 대한 협의뿐만 아니라 전문가 선정에 있어서도 역할을 하였다.(Denis Loveridge, 2004)

4. 델파이 기법의 적용사례

(1) 온라인 델파이 사례[13)]

UN미래포럼의 창립회장인 테드 고든은 다음과 같은 실시간 델파이 기법을 2005년부터 도입하였다.

'UN미래보고서2006'은 이 실시간 델파이기법을 활용하여서 출판되었다. 과거의 온라인 델파이 기법은 전문가들에게 일일이 메일을 보내서 그 사람들에게 설문조사를 하고 그 중에서 양극을 제거한 뒤, 1~3차례 조사를 하는 방법으로 진행되어왔다. 하지만 실시간 소프트웨어 델파이 기법을 쓰면 전문가들은 방문한 홈페이지에서 자신의 ID로 로그인 한 후, 전문가 자신들의 의견을 기록하고 점수화할 수 있다. 따라서 빠르고 정확하게 델파이 조사의 진행이 가능하게 된다. 이러한 테드 고든의 실시간 델파이기법은 미래예측의 신기법으로 각광받고 있다.

아래는 미래예측 방법 중 가장 많이 활용되고 있는 델파이기법의 설문지다. 문항은 대부분 10~12개 정도이며, 중요한 어휘 및 단어는 5개 이하로 줄이며, 긍정문의 물음으로 묻고 있다.

그림 3-6 Realtime Delphi Home Page[14)]

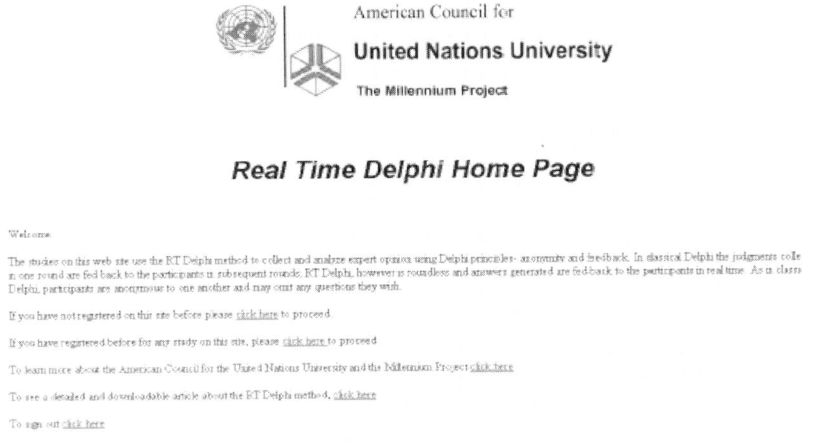

13) (사)유엔미래포럼, http://www.korea2050.net

14) www.realtimedelphi.com(리얼타임 델파이 방법, 테드고든, 셈플 테스트용).

그림 3-7

Real time Delphi Sample

A roundless Delphi study

	Question	What is your answer ?	Group Reasons
1	When will Israel be recognized as a nation by the Palestinian Authority? Link go	Your Estimate Average:2014.8 Number of Responses:14 Your Reasons:	I think the PLO already recognized Israel when it sighed several water treaties. A better question is when will Hamas recognize Israel in its new political capacity - that might be several years. Despite the current conformtations, I smell consiliation in the air Things are moving fast now The wall apparently helps but full recognition may take another generation
2	When will cell phones replace 75% of standard phones? Link go	Your Estimate Average:2022.3 Number of Responses:12 Your Reasons:	Because cell phones are becoming more reliable With new system on a chip and multi protocol transceivers, eg. wifi, cell, bluetooth, UWB etc combined with radical new pricing models for mobile. Accelerating technological change. I assume, by "cell phone" you mean "mobile phone" here; and that we are talking globally (because it will take longer for the industrialized countries, actually.)
3	When will a method be found to denature spent uranium rods? Link go	Your Estimate Average:2070.0 Number of Responses:7 Your Reasons:	Huge socioeconic value to this Is anyone working on this? Will take time and mistakes first No idea, but anything is possible at around 2050 and later! There is more physics to be done
4	When will the US elect a woman president? Link go	Your Estimate Average:2023.7 Number of Responses:15 Your Reasons:	Hilary in 2008 campaig gets swam in 2009 Hilary will get it; if not then Rice If Hilary does not make it and a Replican is elected, we will 'miss' her has to happen sooner or later Chelsea Clinton could follow the dinasty. Happens only when women are not discriminated against There is an unwarranted distrust of women's ability to lead
5	When will the Brooklyn Bridge be replaced? Link go	Your Estimate Average:2205.9 Number of Responses:7 Your Reasons:	No good reason for replacement. Will stand for centuries It will be obsolete before it needs replacement. pretty sturdy as is Cost of replacement is too high new materials may be used
6	When will the US troops completely leave Iraq? Link go	Your Estimate Average:2009.9 Number of Responses:11 Your Reasons:	My bet is in 2 years since that is what the insurgents seems to be negotiating US wants out and Iraqis want the US out after Bush is replaced Public outrage some will stay to protect our interests
7	When will hybrid cars represent most sales of new cars in the US? Link go	Your Estimate Average:2032.4 Number of Responses:13 Your Reasons:	alternative fuels first Assuming you mean gas-electric hybrids ... because that is only an interim solution. Non-gasoline cars may take over, but not hybrids. When the prices will be competitive and the government will give tax incentives--taxing the oil-only cars and giving tax-deductions for carbon-neutral solutions (but for that, democrats should be in power and majority gov. at least for 2 elections in a
8	When will China produce 1 million cars per year? Link go	Your Estimate Average:2017.9 Number of Responses:11 Your Reasons:	TOOOO soon. on their way now It really is part of their plan In less than 5 years. Cars are a major lifestyle change in China, 1 million is a small number in Chinese market. will be cheaper and better Sooner rather than later
9	When will the Hubbard peak be realized (the year in which more oil is being pumped than found! Link go	Your Estimate Average:2030.0 Number of Responses:8 Your Reasons:	It depends on the oil price - the higher the price, more oil to come. It's already passed Hard to validate- we will know it only is retrospect. bigger demands now 2040, but it will be irrelevant then, since there will be new energy sources. New discoveries of deposits are likely so the resource has a very
10	What percentage of the legislators of major countries are corrupt? Link go	Your Estimate Average:37.5 Number of Responses:11 Your Reasons:	Major countries? What kind of question is this! The question itself seems corrupted! Depends on your definition of corruption Depends on meaning of corruption. If we mean bribes, not just free lunches, then most are honest. Most bribery is under the table. Depends on the definition. This could be surveyed by Transparency International but at best
11	When will the education curricula in most countries be ammended to eliminate bias and racial slurs? Link go	Your Estimate Average:2037.0 Number of Responses:10 Your Reasons:	because there is no absolute measure to gauge this by This is needed and there is pressure to expedite it Public demand when developing nations will understand that they also have to change in order to fix their own problems, and when social injustice will be "accepted" as a fact OR eliminated
12	When will the next major terrorist attack occur in the Western Hemisphere? Link go	Your Estimate Average:2007.2 Number of Responses:13 Your Reasons:	Well maybe later if the US stays the course Any time. It can happen anytime Pretty soon, we keep finding out about new albeit foiled attempts like bombing the Holland Tunnel Tomorrow; there are plenty of targets

Additional comments?

(2) 북유럽의 수소(H_2) 미래예측 사례[15]

Nordic H_2 Energy Foresight
Nordic H_2 Energy Roadmaps

working paper

Per Dannemand Anderson & Ole Greve & Stefan Kruger Nielsen
Riso National Laboratory
December 2004

이 프로젝트는 북유럽 에너지 연구 프로그램(Nordic Energy Research Programme)과 북유럽 혁신센터(Nordic Innovation Centre)의 협력작업의 결과이다. 북유럽 에너지 연구 프로그램과 북유럽 혁신센터는 연구개발 프로젝트를 공동으로 시작하였고, 이것은 시너지 효과를 낳았다. 프로젝트의 목표는 북유럽 비즈니스 섹터의 경쟁력을 높이고 북유럽 지식시장의 창조를 통한 지속 가능한 개발을 촉진하는 것이다.

1) 서 론

북유럽 국가들은 수소 경제의 최전선에서 흥미있는 기회들을 제공하였다. 처음에는 북유럽의 대규모 연구와 개발 자원을 가진 5개 국가에서 고도로 발전하였다. 이 보고서는 또한 수소와 연료전지기술의 개발에 대한 사례이기도 하다. 또한 북유럽 국가들은 연구와 교육, 혁신에 있어서 오랜 협력의 전통을 갖고 있기도 하다.

이 보고서는 로드맵의 개발에 관한 주요한 아이디어와 기초에 관한 설명을 다음의 여러 가지 적용 영역에서 제공하려고 한다. 그것은 생산과 분배, 교통과 고정적인stationary 영역, 그리고 장애, 수요, 동인에 관한 것이다.

이 보고서는 다음의 내용을 따라 작성되었다.

- 로드맵의 이론적 배경과 프로세스
- 수소 기술의 중요한 비전

15) Riso National Laboratory, "Nordic H_2 Energy Foresight," 2004.

• 3가지 로드맵 만들기
• 장애, 수요, 동인

2) 로드맵의 이론적 배경과 프로세스

① 로드맵의 이론적 근거

에너지 기술은 장기적 기획의 층위에서 논의된다. 화력발전소, 원자력발전소 등은 약 30~40년 정도 가동된다. 그러나 대규모의 수력발전소는 보통 그 이상 사용할 수 있다. 그러므로 에너지 섹터에서 40~60년 정도의 층위에서 기획하는 것이 일반적이다. 그러한 장기적 관점과 불가피한 불확실성 때문에 에너지 섹터는 전통적으로 장기적 기획과 미래 연구의 대상이었다. 이와 같은 맥락에서 북유럽의 수소에너지 미래예측 프로젝트는 미래지향적이면서도 다음의 2가지의 이론적 및 방법론적 전통에서 기획되었다.

첫째, 최근의 10~20년을 통해 유럽의 전통은 전술한 기술 미래예측의 영역에서 확립되었다. 이것은 정책 지향적인 전통과 혁신적 국가시스템의 틀에 기반한 것이었다. 몇몇 유럽 국가에서 기술 미래예측 프로그램은 정부의 R&D 개발의 우선순위 도출에 효과적인 도구였다. 그러나 기술 미래예측 프로그램은 장기적 관점의 산업과 정부 그리고 과학에 대한 가이드를 제공하기에는 미흡하였다.

그러한 이유 때문에 비즈니스 지향적인 로드맵핑이 최근 10년 동안 흥미를 끌었다. 로드맵핑의 연습은 산업계와 과학분야에서 적용 지향적인 부분에서 사용된다. 로드맵핑은 또한 에너지 섹터에 있어서 전략적인 도구로서 효율적임이 증명되었다.

북유럽 수소에너지 미래예측은 기술 미래예측 훈련의 통합된 부분이면서 총체적이고 자문의 역할을 하는 프로세스이다.

② 로드맵의 구축

레이캬비크 대학교에서 있었던 시나리오 워크숍에서는 수소 사회를 둘러싼 외부 조건을 논의하였다. 이것은 북유럽의 수소에너지 시스템의 도입에 영향을 미치려는 것이었다. 시나리오 워크샵은 북유럽 수소에너지의 도입을 위해 3가지의 시나리오를 기획하였다.

그림 3-8 시나리오 워크숍

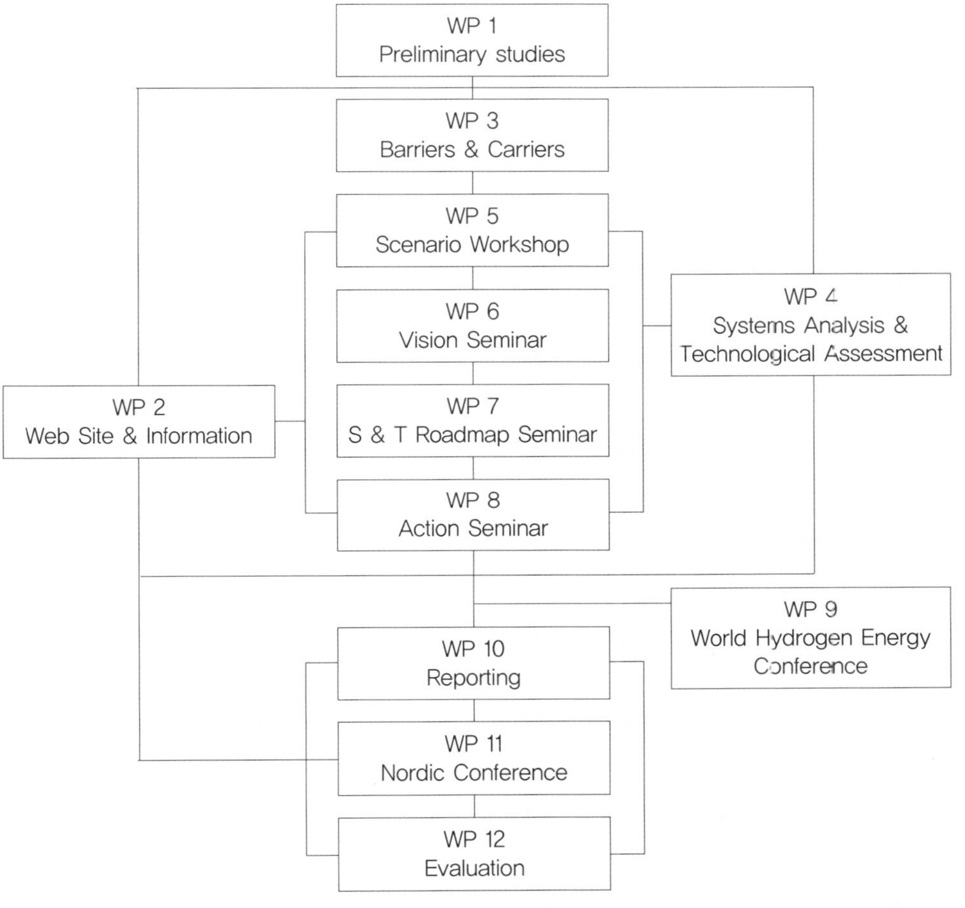

스톡홀름의 FRI(Forces Research Institute)에서 있었던 비전 워크숍에서 전문가들이 모여 수소경제를 위한 기술에 대하여 논의하였다. 시나리오 워크숍과는 달리 비전 워크숍에서는 정책적인 면과 가장 중요한 이슈들에 초점을 맞췄다. 이것은 오늘날 가장 실현 가능성이 높은 기술들과 시장에서의 잠재력이 높은 것들이었다.

일본 리소Riso에서 열린 로드맵 워크숍에서는 현재부터 2030년까지의 수소 기술의 집행과 상호의존성의 비전의 연속성상에서 기획되었다. 그

외에도 과학과 교육, 정부 영역에서의 비전을 현실화하기 위한 동인과 수요, 장애에 대한 논의가 있었다.

미국과 같은 다른 나라의 로드맵 보고서는 기술과 경제적 성취에 대해 매우 상세히 서술한다. 그러나 우리의 프로젝트에서의 가장 중요한 목적은 북유럽 맥락에서의 목표와 시장의 규모를 아우르는 기술적 경제적 성과 데이터를 연결하려는 것이었다. 그러므로 로드맵 워크샵에서는 수소경제의 세부적인 면보다는 북유럽국가 수소에너지를 위한 현실적 비전과 경로를 탐색하고 산업계, 과학계, 정책결정자들을 위한 조언을 제시하려고 하였다.

워크샵에서의 작업 그룹은 다음과 같이 3분야로 형성되었다.

a. 수소의 생산과 분배
b. 교통섹터에서의 수소의 사용
c. 고정적 용도(stationary use)

각 그룹에서의 핵심적 사항은 현재부터 2030년까지의 수소기술 비전의 상호의존성과 집행의 연속성을 명기하는 것이었다. 각 그룹의 작업을 촉진하기 위해 예비 로드맵이 제공되었다. 다음 단계에서 논의되었던 이슈는 다음과 같다.

- 비즈니스/산업의 차원: 북유럽의 산업을 위해 어떠한 비즈니스적 기회들을 창출할 것인가?
- 에너지 시장의 차원: 북유럽 국가의 에너지 기업들을 위해 어떠한 시장의 기회들을 창출할 것인가?

3) 기술적 비전

① 수소의 생산과 분배

수소의 생산과 분배의 목록에 총 23개의 수소기술의 비전이 등록되었다. 초기에는 다음의 4가지 중요한 이슈에 초점을 맞췄다.

- 111 수소를 위한 풍력
- 112 천연가스에서 개질reform한 수소
- 119 생물량의 가스화

또한 다음의 사항에 관한 논의가 있었다.

- 북유럽의 수소 풀pool
- 수소 파이프라인 분배
- 수소에 기반한 융합
- 원자력에서의 수소 추출
- 쓰레기에서의 수소 추출

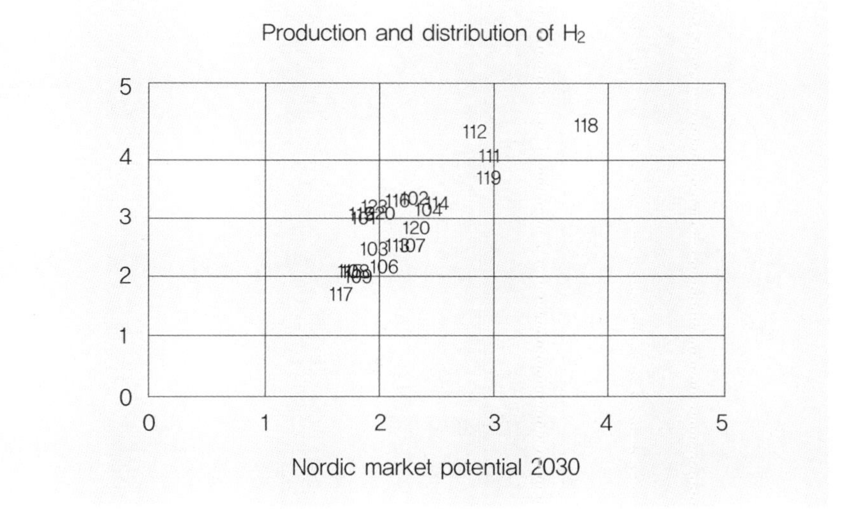

그림 3-9

수소의 생산과 분배

② **교통 섹터에서의 수소의 사용**

교통 섹터에서의 수소의 사용의 목록에는 총 17개의 비전이 등록되었다. 초기에 포커스를 둔 중요한 이슈는 다음과 같다.

- 202 수소전지로 운행되는 전자 도시버스
- 203 수소전지로 운행되는 자동차
- 204 교통분야에서 메탄 혹은 메탄올의 역할을 하는 수소의 저장장치
- 205 수소로 운행되는 선박/택시

이 분야에서 논의된 사항은 다음과 같다.

그림 3-10

H_2의 수송

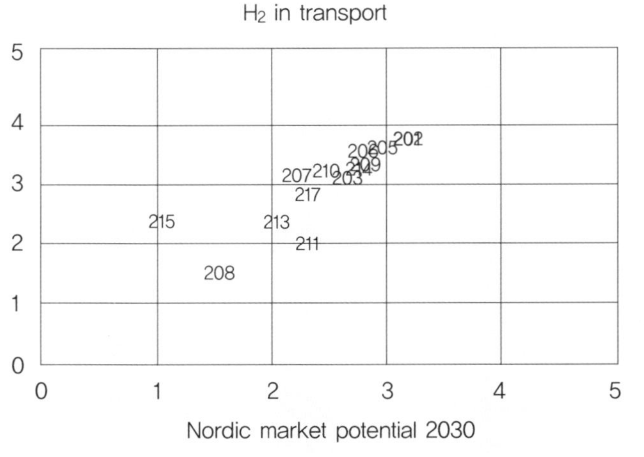

• 택시와 선박에서의 연료전지의 도입
• 2020~2030년까지의 100,000개의 틈새시장
• 2030년까지 수소로 운행되는 선박의 시장점유율을 50%까지 올리기
• 작은 배/크루저는 2030년까지 20~30% 달성하기

③ 수소의 고정적 용도

수소의 고정적 용도의 목록에 오른 항목은 26개였다.

그림 3-11

H_2의 고정적 사용

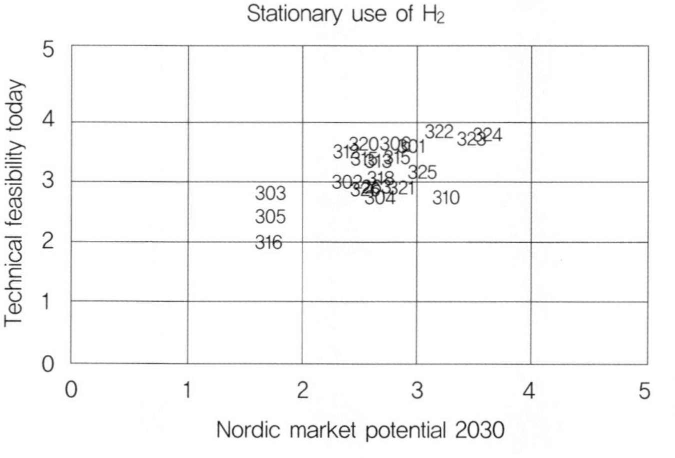

그 중에 중요한 이슈는 다음과 같다.

- 301 국가전력의 공급을 위해 천연가스로 운행되는 연료전지
- 322 분산된 열병합발전소
- 323 모바일 통신을 위한 전력의 공급
- 324 휴대전력의 시장기회

4) 로드맵

① 생산과 분배

비전 워크숍에서는 북유럽에서 2030년까지 총 에너지시스템에서 수소가 차지하는 정도를 다음과 같이 평가하였다.

Barreto 외(2003)의 보고서는 글로벌 에너지시스템에서 수소에너지 시나리오의 스토리라인을 제시하였다. 이 시나리오는 수소에너지가 글로벌 시장에서 약 10% 정도의 시장점유율을 보일 것으로 예측했다. 이 시나리오는 수소에너지가 2050년까지는 25%, 2100년까지는 50%를 차지할 것으로 결론을 맺고 있다. 교통섹터에서 사용되는 수소에너지는 2020년까지 5%, 2050년까지는 25%로 예측되었다.

한편, Joel Ramirez-Salgado와 Arquimedes Estrada-Martinez의 보고서는 2003년에서 2100년까지의 멕시코에서 수소전지의 수요를 예측하고 있다. 이 보고서는 수소를 사용한 연료전지가 2030년에는 시장의 20%를 차지할 것으로 보고 있다.

그림 3-12

멕시코 전력시장에서의 수소연료전지 시장점유율 예측

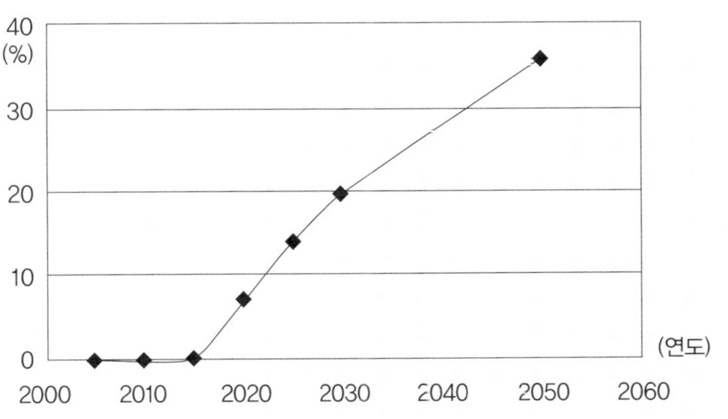

로드맵 워크숍에서는 2030년까지 수소의 주요 원천이 논의되었다. 전문가들은 25년 후까지는 천연가스가 수소에너지의 주요 원천이 될 것으로 예측했다. 다른 시나리오에서는 천연가스의 비중이 작아지고 원자력에너지의 비중이 높아질 것으로 예측되었다. 최근 새로운 원자로의 건설이 증가하고 있다.

시간이 흐르면서 에너지에 대한 수요, 특히 전기에 대한 수요가 증가할 것으로 예측되고 있다. 또한 경제적으로 이용 가능한 재생산 에너지 자원에 대한 수요가 증가할 것이다. 재생산 에너지를 수소생산에 이용할 수도 있을 것이다.

워크숍은 '생산과 분배'에 관한 다음과 같은 기술적 비전을 도출할 수 있었다.

2010년까지 기존의 천연가스 그리드를 이용한 수소의 전달이 시작된다. 수소는 또한 지역의 충전소에서 전기분해의 방법으로 생산되어 교통에 이용된다.

2015년까지 수소의 생산과 연결된 대규모의 풍력발전소가 설립된다. 또한 2015년에서 2020년까지 대규모의 집적화된 천연가스-수소 플랜트가 설립된다. 그리고 수소 생산을 위한 대규모의 수력발전소가 그린란드와 아이슬란드에 설립된다.

2020년까지 북유럽의 수소 그리드가 확대되고 노르딕 수소거래소(NordPool: a Nordic hydrogen exchange)가 설립되고 2030년까지는 대규모의 상업적 수소 저장장치storage가 사용되며 광전지photovoltaics와 생물학적 프로세스에서 수소를 생산하는 기술이 도입된다.

설비시장에서 적용할 수 있는 비즈니스 기회는 다음과 같다.

- 천연가스 개질장치
- 시스템을 설비와 시스템 기술
- 인프라 설비: 자동화, 컴프레서, 파이프라인 등

다음은 북유럽 에너지 시장에서의 비즈니스 기회들이다.

- 천연가스
- 에너지를 위한 바이오매스

• 풍력 터빈과 재생 가능한 에너지 자원
• 액화수소 수송선

그림 3-13 생산과 분배에 관한 기술적 비전

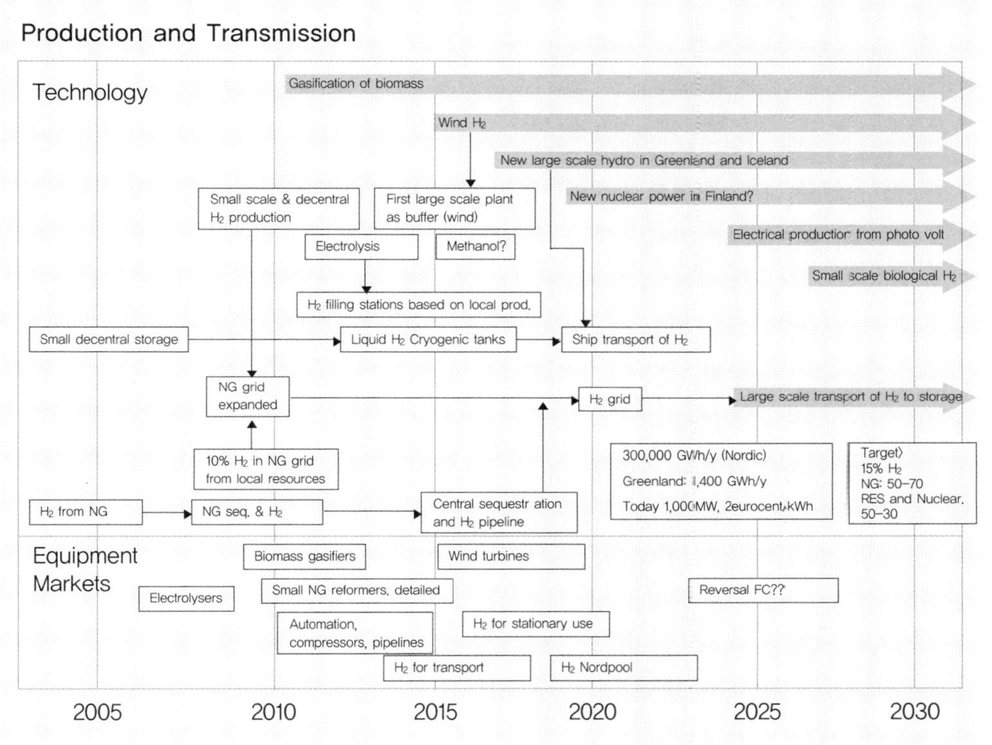

② **교 통**

교통섹터에서는 다음과 같은 사항들이 논의되었다.

• 자동차, 버스, 트럭, 기차
• 광산 채굴기, 군사용 자동차와 같은 특수 운송수단
• 항공분야
• 해상분야
• 항공보조동력장치APU: auxiliary power unit

장기적 관점에서 자동차와 트럭, 버스, 자동차 등에서 수소를 사용하는 것은 에너지시스템에 가장 큰 충격을 준다. 다른 섹터에서의 수소의 사용은 초기의 틈새시장이라던가 특별한 환경적 조건, 기능적 차원의 발전 등의 요소와 관련이 있다.

교통섹터에서의 수소의 사용에 관한 논의는 북유럽의 산업이 수소연료전지를 사용한 자동차와 버스, 기차 등의 국제적 기획과 생산의 영역에서 작은 역할을 할 것이다.

자동차와 버스에 관해서는 세계적으로 연료전지 혹은 수소에 기반을 두고 있는 다양한 시스템과 수백 대의 운송수단이 사용되고 있다. 일본에서는 2010년까지 5백만대가 사용되고, 유럽에서는 2020년까지 9백만대의 자동차가 수소전지를 이용하는 것을 목표로 언급되고 있다.

2010년까지 특수운송수단은 중요한 틈새시장이 될 것으로 보인다. 이러한 특수운송수단은 광산 채굴기, 군사용 자동차, 장애인용 운송수단 등을 포함한다. 항공분야에서는 APU시스템이 2010년까지 개발되고 시험될 것이다.

연료전지와 수소를 해상분야에서 이용하는 것을 촉진하는 동력은 온실가스 방출에 대한 국제적 규제이다. 선박을 위한 수소저장장치는 지금도 사용되고 있다. 2010년까지 선박에 기반한 개질reforming기술이 사용될 것이다.

2015년까지 연안과 지역의 해상 교통에서는 연료전지에 기반한 전력을 사용하게 될 것이다. 자동차, 트럭, 선박과 항공기에 사용되는 APU시스템은 이미 실현이 초기단계에 와 있다.

설비시장에서의 비즈니스 기회는 다음과 같다.

- 항공보조동력장치APU 생산
- 항공보조동력장치APU 시스템 개량장치reformer
- 상업적으로 사용할 수 있는 대용량 수소저장장치
- 인버터, DC-DC 컨버터, 펌프, 열교환기, 콘트롤시스템
- 선박과 기차 등에 사용되는 연료전지시스템

에너지시장에서의 비즈니스 기회는 다음과 같다.

- 새로운 연료인프라

• 온실가스 배출권 거래무역emission trading

결론적으로 작업 그룹에서 논의한 북유럽 산업과 연구의 4가지 주요 기회는 다음과 같다.

• 수소와 연료전지의 해상에서의 사용
• 교통섹터에서의 수소 인프라 설비
• 특수 운송수단
• 교통섹터에서의 항공보조동력장치APU 시스템

그림 3-14 교통에 관한 기술적 비전

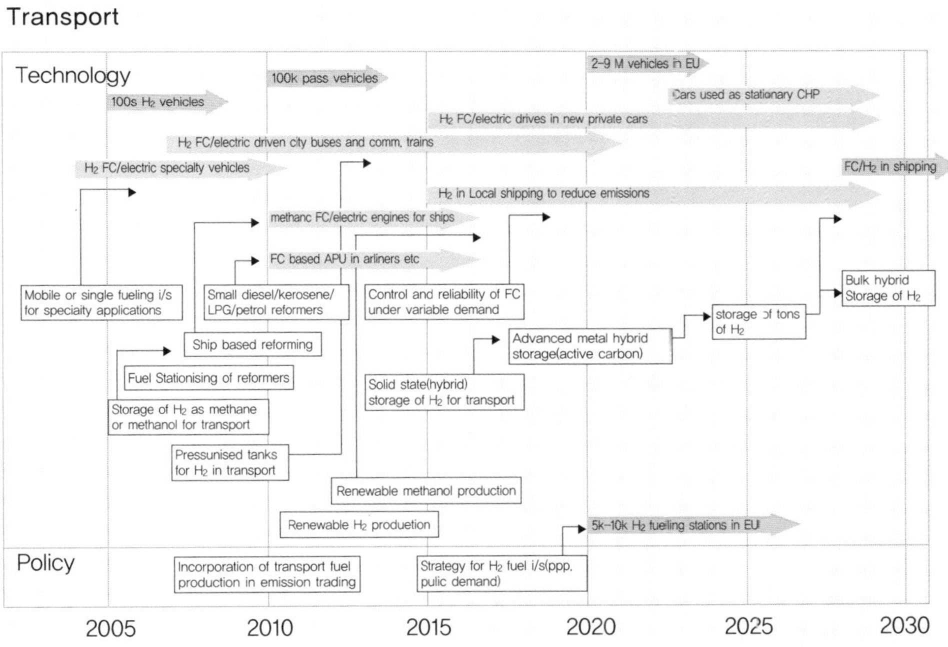

③ 고정적 용도

수소의 고정적 용도(Stationary use)을 위한 초기 로드맵은 다음과 같다.

2005년 이후 예비전원시스템power back-up systems에서 사용되는 연료전지의 틈새시장이 형성되며 2005년에서 2010년 사이에 수소를 이용한 연료전지가 소개된다. 이러한 틈새시장은 다음과 같다.

• 비접지절연시스템Isolated power system
• APU와 예비전원시스템
• 수력발전, 풍력발전과 수소의 결합기술

2010년까지 수소/연료전지시스템의 반半상업적인 용도로 가정 혹은 여름 별장에 도입된다. 이것은 또한 틈새시장과 초기 상업시장으로 성장할 것이다.

2015년까지 수소/연료전지로 가동되는 열병합발전소가 시장과 에너지시스템에 대규모로 도입된다.

북유럽의 설비시장의 비즈니스 기회를 구체화하면 다음과 같다.

• 열병합발전소를 위한 연료전지와 연료전지시스템
• 연료전지에 기반한 예비전력과 APU시스템
• 원격 전력 공급을 위한 연료전지 APU
• 연료전지에 기반한 열병합발전소시스템

그림 3-15 고정적 용도에 관한 기술적 비전

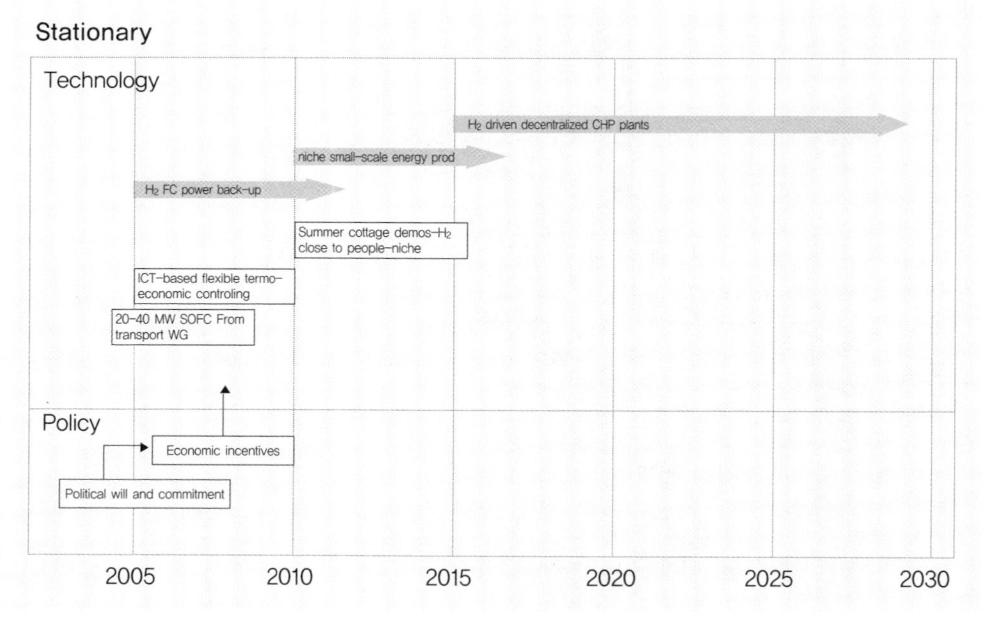

5) 장애, 수요 그리고 동인

수소경제로 변환되는 데 있어서 중요한 수요와 동인, 장벽은 로드맵 워크샵 2일째에 논의되었다. 이들은 다음의 2가지 관점에서 논의되었다.

- 과학과 교육(과학적 조사, 교육)
- 정부(에너지/산업정책, 공공 R&D, 초기시장 개척, 표준화, 안전)

시작단계에서, 참여자들은 모든 중요한 장애에 대해 리스트를 만들 것을 요청받았다. 그것들을 적절한 주제에 따라 나누었다. 예를 들면, 기술, 비용 혹은 환경 등으로 분류해 중요성에 따라 분류하였다. 두 번째로는 핵심 수요와 동인을 구체화하여 비전의 현실 가능성과 중요성에 따라 등급을 매겼다.

이 섹션에서는 3가지의 적용영역에 따라 중요한 수요와 동인을 구체화하였다.

① 생산과 분배

생산과 분배에 있어서의 핵심 수요는 아래의 표와 같다. R&D와 정부 분야 모두 비용절감이 최우선으로 간주된다. 그러나 저장기술에서의 R&D 또한 R&D분야에서의 조정과 함께 높은 우선권이 주어진다 정부분야의 수요는 이산화탄소 제거에 관한 공적 수용과 함께 향상된 인프라 기획과 설비 표준이다.

표 3-2 생산과 분배의 중요한 수요

R&D와 교육	정부정책, 규제, 표준 등등
비용절감	
수소저장장치	이산화탄소 저장과 사회적 수용
R&D 조정과 협력	인프라를 위한 정책 기획
	설비 표준

수요 부분과는 달리 정부정책 분야의 동인에는 2가지가 추가되었는데, 규제와 표준이 강조되고 있다.

- 환경 규제
- 이산화탄소 배출에 대한 높은 비용

② 교 통

교통 분야의 핵심 수요는 아래의 표와 같다. R&D 영역의 가장 큰 수요는 국가적 연구프로그램과 국가와 북유럽, EU의 R&D 활동을 통합하는 것이었다. 정부의 가장 큰 수요는 조세이다. 그것은 클린에너지로서의 수소에너지의 환경적 편익을 반영하는 것이다.

표 3-3 교통의 중요한 수요

R&D와 교육	정 부
수소 에너지에 대한 국가적 연구프로그램	환경적 편익에 기반한 조세
국가와 북유럽, EU의 R&D 통합	정부와 각 부처 간의 장기적 관심
산업펀딩의 발전/연구소간 합동 프로그램	명확하고 단순한 장기적 인센티브 전략
교육을 통한 대중 접근	클린에너지를 위한 정부의 지지
구조화된 과학 교육 프로그램	에너지 소비를 줄일 수 있는 정책

③ 고정적 용도

고정적 용도에 있어서의 핵심 수요는 다음과 같다. 이것은 수소저장기술에서의 R&D의 수요와 지속 가능한 에너지시스템에서의 수소 통합에 관한 것이다. 수소경제를 위한 비전은 중요한 수요로 간주된다.

- 틈새 영역에 맞춘 통합 R&D 전략
- 경쟁력있는 프로젝트
- 변화는 경제성장과 비즈니스 발전의 기회를 의미한다.

표 3-4 고정적 용도의 중요한 수요

R & D	정 부
수소 저장공간	비전의 창조
지속 가능한 에너지시스템에서의 수소의 통합	적절한 인센티브
수소 기술 솔루션의 경험적 입증	관련된 기업의 이윤창출
연료전지의 안정성	
연료전지 작동의 신뢰성과 내구성	

03 ●●●

시나리오 기법 scenario planning[16)]

1. 시나리오 기법의 개념

'시나리오'라는 용어는 미래예측 프로그램 내에서도 광범위한 가능성을 포괄적으로 대처하기 위해 사용된다. 시나리오는 토의를 시작하고 패널로부터 아이디어를 끌어내고, 작업 그룹이 그들의 주장을 정리하고 정책의 우수성을 검증하기 위한 수단으로서, 많은 일반인에게 미래예측 결과를 전달하기 위한 프리젠테이션 도구로서 사용될 수 있다 시나리오는 미래예측 과정의 한 요소로서, 비전을 상호 교환함으로 인해 강화될 수 있도록 하고 네트워크의 연결이 더욱 깊어지게 하고 그것이 일반 대중에게 광범위하게 유포되는 데 기여한다. 시나리오는 여러 다른 상황에서 어떤 일이 일어날 수 있는지에 초점을 두는 탐구적인 것 혹은 특정 미래들을 어떻게 성취할 것인지(피할 것인지) 묻는 희망적 질문이 될 수 있다. 그리고 시나리오를 만들어 내는 방법은 굉장히 다양한데, 시뮬레이션 모델의 결과에서부터 전문가로 구성된 작은 팀의 작업, 워크숍, 더 많은 전문가들의 다양한 견해의 서술까지 포함될 수 있다.

여기서 시나리오는 미래의 가능성 비전, 특히

(a) 상당히 체계적인 방식으로 추론을 제시하고

(b) 문제되는 상황에 대한 역사적 의미를 얻으려 노력하는 비전을 의

16) Ian Miles, Foresight Tools-Scenario Planning, PREST, 2004.

미하는 것으로 사용되었다.

이 용어는 때로는 상당히 제한된 비전(예: 5% 성장률에 대해 2% 성장률을 가정하는 좁은 계량 경제학적 모델을 운영하는 것의 영향)을 나타내기 위해 사용된다. 그러나 여기서 사용되는 의미는 하나 혹은 두 개의 주요 변수에서 미래의 윤곽을 단순히 그리는 것 외에 여러 가지 세부를 연결하여 훨씬 더 신선한 그림을 제공하기 위한 것이다. 일반적으로 정량화할 수 있는 요소와 정량화할 수 없는 요소의 혼합된 결과로 나타낼 수 있다. 시나리오는 추론적이고, 설명적인 방식(삽화, 소설의 단편 그리고 신문 기사 모방, 등으로 예시한) 혹은 도표, 그래프, 그리고 유사한 체계적 구조의 형태를 표로 만든 형식으로 제시할 수 있다.

그런 시나리오는 1960년대 이후 미래 연구에서 광범위하게 사용되어 왔다(예를 들어, Herman Kahn, Michel Godet 등의 연구). 시나리오 생성에 사용되는 방법은 굉장히 다양한데, 오늘날 미래예측 작업에 사용되는 주요 시나리오의 몇가지 유형들을 여기서 살펴볼 것이다.

2. 시나리오 기법의 유형

(1) 역동적 시나리오 비전과 정적 시나리오 비전

대체로 역동적이거나 정적인 시나리오 비전들 사이의 중요한 차이를 묘사할 수 있을 것이다. 역동적인 비전은 사건 혹은 경향 발달에 관한 것(미래 역사)인 반면 정적인 시나리오는 미래의 어떤 시점(미래의 이미지)에 초점을 둔다.

아래 〈표 3-5〉에서 볼 수 있듯이 역동적 시나리오 비전은 사건 혹은 경향들의 전개과정에 초점을 두고 있으며 미래의 역사에 초점을 둔다는 점에 그 특징이 있다.

반면 정적인 시나리오 비전의 경우는 미래의 이미지에 초점을 두면서 미래의 어떤 시점을 보여주는 데 유용하다고 평가된다.

표 3-5 역동적인 비전과 정적인 비전

구 분	개 념	예 시
역동적인 시나리오 비 전 Dynamic Scenario Visions	사건 혹은 경향 발달에 관한 것에 초점 = 미래역사(future histories)에 초점	1973년 Freeman과 Hahoda의 연구 'World Futures : The Great Debate' : (어떤 미래들은 좀 더 바람직하고 어떤 미래들은 덜 바람직하지 시작하여 그 미래들로 이끌어 갈 수 있는 경로들을 자세히 검토한 것)
정 적 인 시나리오 비 전 Static Scenario Visions	미래의 어떤 시점에 초점 = 미래 이미지(images of the future)에 초점	거기에 어떻게 도달하는지에 대한 별 설명 없이 미래에 대한 견해를 제시하는 책들

(2) 규범적/탐구적 시나리오와 내부지향/외부지향 시나리오

미래와 예측 연구에서 확립된 지 오래된 그별은 대체로 '탐구적'인 접근방식과 '규범적' 접근방식 사이의 것이다.

1) **탐구적 방법**(만약 …한다면 의 질문을 하는 것)

- 근본적으로 현재로부터 시작하여 만일 성장률이 X%거나 Y%이면?
- 사건 W 아니면 Z가 일어난다면?
- 우리가 한 가지 전략 아니면 다른 전략을 따른다면?

2) **규범적 방법**(미래의 어떤 시점에서 시작하여 '어떻게'의 질문하는 것)

- 이자 파라미터가 현재보다 X% 큰 미래에 도달하기 위해서는 어떻게 했어야 할까?
- 무엇이 Y 상황으로 이끌어 갔을까?

앞에서 시사한 것처럼, 두 가지 동향 모두 시나리오 분석에 사용될 수 있다. 즉, 각 동향의 변형들이 상당히 유사한 상황에서 유용함을 발견했고 실제로 우선순위를 정하기 위해 내부지향의 접근방식(성공 시나리오)을 사용했고, 목표와 지표는 대체로 외부지향의 시나리오로 시작하는 최근의 워크숍들에서 발견할 수 있다.

표 3-6 규범적/탐구적 시나리오(내부로 가는/외부로 가는 시나리오)

시나리오 구분	질문의 내용	시나리오 접근방식
탐구적 시나리오 (Exploratory Scenarios)	현재에서 시작하여 '만약 …한다면' 이라는 질문을 하는 것	현재에서 미래의 목표, 지표를 설정하는 즉 외부로 가는 시나리오 형태
규범적 시나리오 (Normative Scenarios)	미래의 어떤 시점에서 시작하여 '어떻게' 라는 질문을 하는 것(경향률)	미래에서 현재로 가는 우선순위를 정하는 즉, 내부로 가는 시나리오 형태

(3) 단순 시나리오와 복수 시나리오

1) 단순 시나리오

어떤 시나리오 연구들은 미래에 대한 하나의 비전에 집중한다. 이러한 단순 시나리오는 다음의 수단으로 유용할 수 있다.

- 예측과 미래에 관련된 분석 특징을 설명하고 전달하기 위한 수단
- 미래 발달의 여러 양상에 관한 견해를 통합하고 견해들의 일관성과 다른 것들을 검토하는 구조를 제공하는 수단
- 비전과 비전의 요소들 그리고 그런 비전을 보강하는 가정을 설명하고 한층 다듬을 수 있도록 논의를 구성하고 안내하기 위한 수단

모든 시나리오 연구가 여러 가지 대체 시나리오를 그리는 것은 아니고 이상적인 비전을 제시하기 위해 혹은 가장 잘 추측한 미래에서 중요 경향을 부각하기 위해 하나의 시나리오를 효과적으로 사용할 수 있다는 것을 보여준다.

2) 복수 시나리오

현실적으로 단순 시나리오보다는 복수 시나리오의 활용이 일반적이다. 시나리오 분석을 논하는 대부분의 전문가들은 복수 시나리오의 사용을 권장한다. 미래는 불확실하고 단 하나의 시나리오의 분석은 우리가 직면해야 할 기회와 도전의 범위에 대해 많은 것을 전하지 못한다.

흔히 시나리오 분석은 여러 가지 시나리오 분석과 동일시되고 다음의

기회를 제공한다.

- 몇 가지 다양한 미래의 가능성을 증명함으로써 널리 받아들여진 지혜에 도전하게 함
- 어떻게 다른 경향과 반대경향이 전개되고 상호작용할 것인지, 이들 발달의 기본설명의 변형의 영향은 무엇인지에 대해 더 잘 이해시킴
- 다른 발달 경로에 걸쳐 정책과 전략 결론의 확고함을 어느 정도 시험할 수 있게 해주고 우리가 한 가지 혹은 다른 경로에 있음을 나타내는 안내하여 줄 수 있을 것
- 변화의 추진자 그리고 그들이 서로 어떻게 관련되어 있는지에 관해 매우 다른 '세계관'을 소개하고 다양한 사건을 위한 요건 혹은 결과에 관해 다른 견해를 주장하는 사람들 사이에 대화가 실현되도록 함

(4) 영국의 미래예측 시나리오

여러 가지 시나리오를 포함하는 연구가 여러 개 있다. 영국 미래예측 프로그램에서 가장 유명한 시나리오 분석은 원래 환경문제를 다루기 위해 고안된 것인데, 그것은 훨씬 넓은 범위의 맥락에서 사용되기는 했다. 아래의 논의는 이 작업을 Berkhout와 Hentin(2002)이 요약한 것을 참고한 것이다.

이 연구는 사회적 가치와 정치적 가치 그리고 통치 본질에 관한 두 가지 차원에 기초하여 시나리오를 자세히 설명한다(다음의 그림 3-16 참조).

- '자치' 차원은 소비자와 정책 입안자들의 선택 기저에 깔려 있는 원칙을 반영
- '개인' 부분은 개인적 소비와 개인적 자유가 지배
- '통치'는 시장 규제와 법과 질서를 확립하는 것에 주로 한정
- '공동체' 부분은 공익, 미래, 형평, 그리고 참여가 규범

시민사회는 성숙되고 자원은 훨씬 규제가 강한 시장을 통해 배분된다. '통치' 차원은 정치적 힘과 경제적 힘의 구조를 장악하는 것이다. 이 스펙트럼의 '상호의존' 부분에서 통치권은 국가 수준을 떠나 분포된다. 이 스펙트럼의 '자치' 부분은 국가(국가적 기업) 수준과 지역(지역 책무) 수

그림 3-16
영국의 미래예측 시나리오

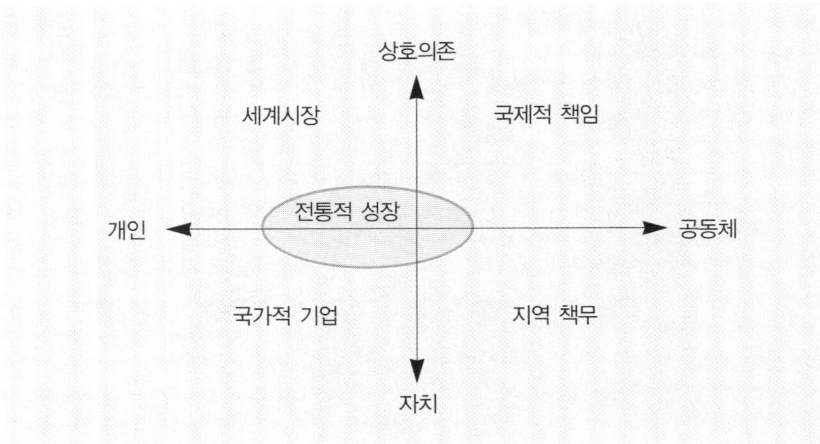

준에서 높은 수준의 경제적 힘과 정치적 힘을 보유하는 것을 나타낸다.

간단한 미래의 역사와 이들 두 가지 차원으로 형성된 네 부분에 대한 자세한 표 모양의 비교영역이 개발되었다. Berkhout와 Hentin은 이들 시나리오가 사용된 광범위한 연구와 정책활동을 요약하고, 본 저자는 환경국(Environment Agency)과 같은 영국의 정책기관에서 이들이 계속 반향을 일으키고 있음을 확인할 수 있다. 이 시나리오들은 또한 이후 프로젝트들에 얼마간의 영향을 끼친 것으로 보이는데, 예를 들어 2002년 FUTMAN 프로젝트 워크숍 3에서 개발된 시나리오는 위에 설명한 것과 상당히 유사하다.[17)]

(5) 시나리오에서 선택하기 위한 적절한 기준

여기서도 몇 가지 기준을 제시할 수 있다. 그러나 실제에서는 항상 모두 충족되기는 쉽지 않다.

- '가장 가능성이 있는' 중도적 시나리오는 피하는 것이 좋다. 왜냐하면 의사결정자들이 이것을 계획해야 할 미래로 다룰 가능성이 존재하기 때문이다.
- 청중에게 너무 '급진적인' 인 가능성 크고 따라서 작업의 신용을 잃

17) http://europa.eu.int/comm/research/industrial-_technologies/27-03-03_futman_en html.

게 할 시나리오는 조심해야 한다.

- 연구의 이전 단계에서 개발된 넓은 범위의 시나리오에서 나오는 모든 혹은 거의 모든 문제를 포함하고 있고, 주요 매개변수parameter 전체에 걸쳐 등장할 수 있는 변형 범위의 어떤 것도 설명할 수 있는 시나리오를 선택해야 한다.
- 흥미로운 고찰과 예시로 주의를 끌어야 한다.

3. 미래예측에서의 시나리오

(1) 의 의

영국 미래예측 프로그램의 두 번째 라운드는 대체적 미래 시나리오들을 개발하고 웹사이트와 비디오로 보여주는 데 상당한 자원을 투자하였다. '환경' 시나리오는 다목적 시나리오로서 아직도 www.foresight.gov.uk에서 특집으로 다루어지고 있고 널리 사용되어 왔다. 사회적 시나리오 연구 또한 널리 유포되었고 미래예측 프로그램이 미래의 소비자 시장에 대해 말해주기를 원했던 산업 분야 참여자들에게 매우 만족스러운 것이었을 것이다. 그러나 영국 프로그램에서 시나리오 접근 방식의 체계적 발달을 거의 보지 못하고 있다.

이것은 미래예측 작업에 내재된 특징인 것처럼 보이지는 않지만 일본의 전국 프로그램에서 나온 접근법의 기원과 아마 더 관계가 있을 것이다. 현재 일본이 여러 가지 시나리오를 개발하려 노력하는 것과 대조되게 이전에는 그렇지 않았다. 미래의 비전을 중심으로 산업적 · 과학적 네트워크의 의견 일치를 쌓으려는 것을 더 강조하였다. Irvine과 Martin의 Foresight in Science(1984)는 일본의 경험에 무게를 많이 두면서 연구 정책 결정에 장기적 시각을 가져오는 접근 방식들을 설명하였다. 그런 접근 방식들은 1990년대 중반부터 중앙정부의 정책 결정(특히 S&T 분야에서)을 향상시키기 위해 광범위하게 사용되어 왔다. 미래예측 프로그램은 익숙한 미래 연구에서와 같이 떠오르고 있는 기회와 도전, 경향과 경향의 중단, 그런 요소들에 대해 생각하기는 것을 포함한다. 미래 가능성에 관하여 보다 우수한 통찰력과 비전을 개발하기 위해 체계적 방법이 사용된다.

(2) 미래예측 프로그램에서의 중요한 점

전통적 미래연구와 구별되는 미래예측 프로그램의 중요한 점은 다음과 같다.

① 의사결정

미래예측은 의사결정과 깊이 관련되어 있다.

- 예비적 전략을 개발하기 위해 주요 변화의 동인과 지식의 출처를 모음
- 특정 계획과 우선순위 목록 준비 외에, 유도하는 전략적 비전을 상세히 설명
- 공동 참여의식(부분적으로 아래에 설명한 네트워크 과정을 통해 성취한)을 고취
- 특정 계획 혹은 우선순위보다는 변화하는 상황에 더 확고해야 함
- 전략적 비전은 유토피아가 아니라 가능성이 있으면서 바람직해야 하고 오늘날의 결정과 행동이 명확히 관련되어 있을 것

② 참 여

미래예측은 광범위한 참여를 끌어내는 것을 강조한다.

- 중앙의 정책 결정자가 사회의 여러 장소에 있는 지식에 접근하기 위해 상담자와 델파이와 같은 방법을 사용하는 순전히 기술 관리적 노력
- 의사결정에 더 넓은 범위의 사람들을 포함하려는 민주주의적 노력
- '미래예측 문화'의 확립을 지향하는 것
- 미래예측은 지적인 지식 자원과 네트워크 멤버들의 전략적 지향을 더 잘 인식하고 있는, 즉 자기 인식 혹은 반영성을 가진 행동자의 네트워크를 설립목적
- 미래예측 프로그램의 목표들 가운데 하나는 국가의 혁신체계를 재활성화하기 위한 목적을 가지고 회사, 정책입안자, 기업가, 자본가, 과학과 기술전문가들 사이에 향상된 네트워크를 확립하는 것

- 다양한 이해관계자(흔히 여러 전통적인 미래 연구에서 사용되는 좁은 범위의전문가 범위를 훨씬 넘는)를 포함하는 그런 발달과 요구의 토론, 분석과 연구의 상호작용적, 참여적 방법의 적용
- 단지 더 나은 보고서와 정책의 결과를 내는 것이 아님

'미래예측'이라는 용어는 온갖 종류의 활동에 적용된다. 따라서 우리는 네트워크 활동에 장기 지향을 결합하고 계획과 의사 결정에 강한 연결을 가진 행동을 구분하기 위하여 '완전한 미래예측' fully-fledged-foresight이라는 용어를 사용한다. 시나리오 방법(특히 잘 알려진 시나리오 워크숍 접근 방식)은 미래예측의 네트워크 목표와 매우 관련이 클 수 있다. 워크숍에서 시나리오 구성 과정은 발달, 전략 등에 관한 견해를 교환한다는 점에서 여기에 중요한 이점을 낼 수 있다. 그러나 미래예측의 기원에서는 그런 방법은 비교적 드물고 비체계적으로 사용되도록 되어 있었다. 흥미로운 도전은 워크숍에 기초한 시나리오 발달과 많은 패널과 이슈 그룹이 활동 중인 미래예측 과정에서의 시나리오의 광범위한 사용을 발전시키는 것이다.

4. 시나리오 수행방법과 절차

(1) 시나리오 생성의 방법

시나리오는 매우 광범위한 방법으로 개발될 수 있다. 시나리오는 워크숍에서 부상할 수 있거나 전문가로 구성된 작은 그룹이 준비할 수 있고, 델파이나 다른 설문조사 결과에서 유도하거나 다른 세계관에 기초하여 구성될 수 있다. 거의 모든 예측 혹은 미래예측 방식이 시나리오 생성 작업을 위한 기회가 될 수 있다.

- 미래에 대해 정보를 잘 갖춘 성찰을 제시하는 개인은 그들의 설명을 묘사하고 활기차게 하는 모형으로 시나리오를 사용할 수 있다.
- 전문가 패널은 예를 들어 문헌 검토 혹은 개념 분석에 기초하여 시나리오 구조를 설립할 수 있다.

- 다른 시나리오를 대표하는 것으로 생각될 수 있는 미래에 대한 견해의 다른 집합이 있는지 결정하기 위해 설문조사 결과를 분석할 수 있다.
- 변수들(전문가의 판단에서 별도로 혹은 Monte Carlo 시뮬레이션의 경우, 예를 들어 가능한 컴퓨터 모델을 반복적으로 실행한 것에서)의 조합에서 논리적으로 가능한 모든 시나리오 가운데 가장 가능성이 있는 것을 밝히기 위해 상호적 영향과 유사한 방법을 사용할 수 있다.
- 워크숍은 그룹 내 대화 과정에서 시나리오를 구성하고 면밀히 검토하기 위해 사용될 수 있다
- 개요 방법은 대면(F2F) 워크숍을 뒷받침하기 위해 컴퓨터를 사용한 기술과 같이 검토되고 있다.

미래예측의 활동으로서의 시나리오 워크숍 방법은 다음을 유용하게 한다.

- 직면한 주요 결정에 관련된 대체 미래의 일관적 분석을 가능케 하고 이들 미래에 대해 합당하게 표현되고 일관적인 비전의 생성을 가능하게 한다.
- 우선순위 밝히기, 목적과 목표 설정, 진전의 유익한 표시의 정의, 등으로서 계획에 대한 입력을 위한 유인으로 사용될 수 있다.
- 사람들을 네트워크화하여 그들이 가진 지식의 통합을 가능하게 하고, 더 나아가 시나리오 생성에 주 관계자를 참여시킴으로써 의사결정자들이 기초가 되는 과정과 주요 전략을 잘 이해하고 있고, 그 선택과 시나리오의 완성에 동일시하는 생각을 갖고 있다고 할 수 있다.

(2) 워크숍을 하기 전 디자인과 배경 자료

1) 워크숍을 위한 디자인

시나리오 워크숍을 실행하기 전, 워크숍을 디자인해야 한다. 예를 들어, 전문가들과 관심 있는 사람들에서 유도한 초기 시나리오 디자인 워

크숍을 다음을 돕기 위해 구성할 수 있다

- 시나리오 워크숍을 위한 참여자를 확인하기 위해 적절한 옳은 범위의 지식과 전문적 기술 그리고 되도록이면 결과의 주요 최종소비자를 포함하는 것이 중요
- 참가자들에게 약간의 공동 정보를 제공하기 위해 어떤 배경 연구를 수행해야 할지 혹은 어떤 자료를 맞추어보아야 할지 결정
- 워크숍 절차를 정의하여야 한다. 즉 어떤 시나리오 방법론을 활용할 것인지, 관심 영역 내에서 어떤 연구 분야를 선택할 것인지, 워크숍에서 어떤 특정 질문을 사용할 것인지를 결정

2) 워크숍을 위한 배경 자료

시나리오 워크숍은 특별히 시나리오 워크숍을 위해 준비되었거나 시나리오 워크숍이 그 안에 배치된 더 큰 미래예측 혹은 미래 작업을 위해 좀 더 일반적으로 준비된 약간의 배경 자료를 참여자들이 검토하는 것으로 시작하는 것이 일반적이다.

① SWOT 분석

이것은 관련 분야에서 조직의 위치에 대한 SWOT 분석일 수 있다. SWOT 혹은 벤치마킹 입력은 지역, 나라, 혹은 조직을 여러 하부 영역에서 관련된 다른 것과 비교한 것을 포함할 수 있다. 비교는 영역의 경향, 역동성과 체계적 요소를 밝힐 수 있어야 한다. 그것은 정보제공자와 사용할 수 있는 문헌이 시사하는 것의 어떤 것이 가능할 것인지를 나타낼 방식으로 준비되어야 한다. 다른 입력은 이 분야에 관련된 연구의 통계 관련 델파이 자료 컴퓨터 시뮬레이션 결과 그리고 계량경제 분석을 포함할 수 있다.

② 배경 시나리오

어떤 시나리오 워크숍은 전문가 팀이 준비한 배경 시나리오 혹은 다른 예측으로 시작한다. 이것은 배경 연구 결과를 흡수할 수 있는 방식 영역의 발달을 다루는 몇 개의 시나리오들로 제시하는 한 방식을 제공할 수 있다. 이것은 워크숍 참여자들에게 그들 자신이 선호하는 시나리오를 비교해 구상할 토대를 제공한다.

③ 시민참여의 중요성

시나리오 워크숍의 디자인과 수행에서 고객의 참여가 중요하다. 이런 참여 없이는, 미래예측 작업들은 '공공부문 스폰서'의 의사결정 요구에 적절하게 대응하지 못할 것이다. 그리고 활동에 참여하는 것은 스폰서 조직 내에 사람들이 시나리오 작업에 보다 협조적이고 적극적이도록 유도한다. 이것은 이 작업의 산물을 더욱 멀리 유포하는 일이며 동시에 이 작업의 과정을 연장하는 일로 볼 수 있다. 시나리오들이 의사결정에 효과적으로 기여하도록 하기 위해 시민참여 차원이 최대화되도록 하는 디자인이 필요하다.

(3) 시나리오 워크숍

시나리오 워크숍(Scenario Workshop)은 흔히 시나리오를 만들거나 면밀하게 만들기 위해 사용된다. 목적은 대체로 완성된 시나리오를 확립하고, 조직 혹은 공동체의 멤버를 미래 작업 혹은 미래예측 과정에 참여하도록 하게 하기 위한 것이다. 그런 워크숍은 조직화된 활동 구조 내에서 하나 이상의 이해관계를 가지고 있고 전문지식이나 있고 경험이 있는 참여자들을 불러 모은다.

이 시나리오 과정에서는 참여자들이 다음과 같은 사항을 실천하도록 한다.

- 정보, 견해, 그리고 통찰력의 교환
- 동의, 의견 불일치, 그리고 불확실한 점들을 명확하게 함
- 새로운 공동의 이해를 생성
- 미래활동을 움직이기 위해 행동 계획과 다른 수단을 개발

그런 워크숍에서 만들어진 시나리오는 참여자 자신들의 상호작용의 산물이기 때문에, 그 시나리오들은 그들의 '소유권'을 가질 가능성으로 크고 작은 분쟁의 여지가 있다. 이러한 분쟁을 완화하기 위해 그들은 다음을 해야 한다

- 표준보고서에서 그 자료를 제시했을 때보다 그 주제를 더 잘 이해해야 함

• 시나리오에 들어간 고려사항들에 대해 더 깊은 통찰력을 갖고 있어야 함
• 바깥 세상에 시나리오를 '전달하는 사람'이 되기 위해 더 잘 준비되어 있어야 함

시나리오는 그 워크숍이 합당한 범위의 참여자에 의지하고 있다면 적어도 전문가로 구성된 작은 그룹 혹은 공상적 전문가가 제시한 시나리오보다는 적합성이 더욱 높아야 한다. 시나리오는 워크숍에서 아무것도 없이 시작하여 생성되거나, 이전의 시나리오 생성 활동에서 적어도 대략적인 형태를 발달시킬 수 있다. 어떤 워크숍들은 워크숍 활동의 시작점으로 다른 작업(이미 출판된 것도 포함)에서 준비된 이미 만들어져 있는 시나리오를 사용한다.

시나리오 워크숍에서는 그것들에 대한 아이디어와 논쟁을 대규모로 교환하는 기간, 아이디어를 쓰고 열거하는 기간, 다른 목록을 결합하는 기간 등이 있다. 그 과정은 일반적으로 많은 대화와 화이트보드와 플립차트와 같은 도구의 사용을 포함하는데, 이제는 컴퓨터에 기초한(그룹웨어) 도구들이 효과적으로 사용되기 시작하고 있다. 시나리오 워크숍은 대체로 적어도 하루 동안 지속되고 수십 명의 참여자(다른 시나리오를 자세하게 탐구하는 예를 들어 6명에서 12명의 '브레이크 다웃 그룹') 등을 포함할 수 있다. 워크숍은 적어도 한 명의 진행자의 지휘로 수행되고 그리고 다른 보조자들이 기록을 하고, 플립 차트에서 자료를 기록하고, 일어나는 대로 집행 이슈를 다룬다. 일반적으로 그런 진행주체들은 유사한 그룹활동에의 참여를 통해 기술과 경험을 습득할 수 있다. 그들은 워크숍 방법(T-그룹에서 경영 워크숍과 학문 세미나까지)에 어떤 교육을 받았을 수도 있지만 지식 발달의 면에서 이 과정에 대한 분석은 지금까지 거의 없었고, 기술은 주로 고전적 그룹작업의 '과제'와 '감정적' 기술이지만, 이것은 한 가지 시나리오를 자세하게 연구하기에는 너무 닮다.

(4) 시나리오 워크숍의 결과

시나리오 워크숍의 결과는 몇 가지 형태를 취할 수 있다. 주로 주활동은 시나리오 워크숍의 결과를 약술하는 보고서를 출판하는 것이다. 이 '코드화된 지식(즉, 정보)' Codified Knowledge은 스폰서에게 돌아갈 수 있다. 완전한 미래예측에서 그런 자료는 좀 더 광범위하게 사용되어야 한다. 그것은 공공의 영역(필요한 경고와 함께)에 들어가야 한다. 그것들은 다른 조직의 과정에 사용될 수 있고, 지속적인 미래예측 작업의 요소로 공급되고, 그리고 아마 다음 워크숍에 사용될 수 있다. 워크숍은 참여자들 자신이 참여할 것을 포함하여 수행해야 할 행동을 정의할 수 있다. 이것은 성공 시나리오 방법에 중심적인 것이다. 주요 과제는 다른 당사자들을 지식 사이클을 통해 움직이도록 하여, 그들이 워크숍의 사고를 그들 자신의 의사 결정에 통합할 수 있도록 하는 것이다.

위에 설명한 워크숍은 결정 과정에서 유익함이 증명되었다. 여기에는 몇 가지 요소가 있다.

- 과정에 더 넓은 범위의 지식을 습득할 수 있다. 그것은 기술 전문가적으로 효율성을 높이고, 민주적으로 더 다양한 참여를 가능케 함.
- 몇 명의 이기적인 개인들의 옵션 이상으로서 의사 결정자들이 의지할 수 있는 우선순위 목록에 도달하는 방법을 제공
- 이 정보는 스폰서에게 이전에 그들에게 부족했던 많은 양의 정보를 제공하는 역할을 할 수 있음
- 정책 전문가가 이미 믿고 있는 것을 많은 전문가와 이해관계자를 참조하여 그 견해를 증명함으로써 이것을 정당화하여 확인하는 역할을 할 수 있음
- 공식적으로 기금 결정에 사용되었음을 알고 있음
- 그것들은 다른 의사 결정자 사이의 토론에서 사용될 수 있는 정보를 제공하는 것을 도움

(5) 시나리오 기법의 소결

시나리오 방법이 미래예측 작업에 계속 강조될 것이라는 것을 우리는

예상할 수 있다. '외부지향적' 그리고 '내부지향적' 시나리오들 모두 컴퓨터가 보조하는 나방법이나 그와 다른 방법들과의 혼합된 방법 등이 개발되어 더 발달할 가능성이 있다. 시나리오 결과를 나타내고, 유포하고, 사용자들이 이것들을 여러 미래예측과정에 적용하기 위한 수단과 방법의 탐구 개발될 수 있을 것이다. 우리가 시나리오 작업에서 최상의 사례와 품질 이슈에 관한 정보를 축적하기를 바라며 시나리오 분석의 미래를 위한 시나리오를 생성할 수도 있을 것이다.

5. 시나리오 기법의 적용사례

UNDIO-Technology Foresight for Practitioners Training Course, 6-10 October 2003, prague, Czech Republic

(1) 사례 연구 1: 여러 가지 시나리오Multiple scenarics

경제사회연구위원회(ESRC; Economic and Social Research Council)는 게놈학에 대한 사회적 연구 우선순위에 관한 결정 과정 그리고 그런 연구를 수행할 센터의 선택을 알리기 위해 CRIC와 대체미래연구소(IAF: Institute for Alternative Futures)에 2002년 1월 워크숍을 운영하라고 위임하였다.

네 가지 시나리오가 워크숍 참여자들에게 제시되었고, 각 시나리오는 두 장에 약술되어 있었다. 이것은 IAF가 개발한 접근 방식을 사용했는데, IAF는 '최선의 추측' 예측 혹은 '공식적인 미러'에서 한 가지 시나리오, 어려운 시기 시나리오, 두 가지 '구조적으로 다른' 시나리오로 구성된 네 가지 전형적 시나리오를 사용한다.

워크숍에서 게놈학의 적용이 매우 다른 정도와 패턴의 성공을 거두는 것을 그리는 네 가지 시나리오들은 다음과 같다.

- 시나리오1: 게놈학 기업→주로 선진국가들, 부유한 사람들 그리고 회사들을 위한 혜택
- 시나리오2: 모든 사람을 위한 게놈학→평등과 지속 가능성을 증가

시키기 위해 개발된 게놈학 적용

- 시나리오 3: 깨어진 약속 → 게놈학 적용은 일반적으로 불충분하게 작용하여, 여러 이유로 실패
- 시나리오 4: 통제에서 벗어남 → 게놈학은 국제적 그리고 환경적으로 위험한 불안정한 힘

각 시나리오의 설명은 연구 팀이 만들었고 시나리오 문헌은 참여자들에게 제공된 문서다발의 한 요소였다(다른 것은 예를 들어 게놈학 적용의 추진자와 게놈학 혁명 본질의 설명의 논의를 포함). 브레이크 아웃 그룹들은 이들 시나리오의 하나 혹은 다른 것에 초점을 두었다. 워크숍 목적에 맞추어, 이들 작은 그룹들은 주어진 미래가 일어날 때 사회적 연구가 이룰지 모르는 주요 기여를 고려했다.

지식에 대한 비평적 요구는 무엇일까?

사회과학은 어떤 종류의 압력 하에 놓이게 될 것인가?

각 그룹은 그 그룹의 시나리오를 토론하도록 요청받았고, 특히 토론을 다음 질문을 중심으로 하도록 요청받았다.

A. 이 시나리오가 일어난다고 가정할 때, 사회과학 연구가 할 수 있는 최적의 기여는(3개에서 5개까지 최우선적인 것들)?

B. 표지판. 예를 들어 미디어의 표제로 표현되었을 때 이 특정 시나리오를 향한 움직임은 무엇이 나타낼 것인가?

이 과정은 연구 기회에 대한 수많은 설명서를 산출했다. 그것은 워크숍에서 사용된 연구 우선순위에 대한 질문에 접근하는 여러 방법 중 하나였다.[18)]

시나리오 분석은 이 작업에서 사용된 과정에서 중요한 한 단계였는데, 이 작업은 참여자가 게놈학 분야에서 사회연구를 위한 긴급한 주제를 개발하고 우선순위를 정하도록 이끌어간 여러 작업을 거치도록 했다(워크숍은 또한 이 연구 주제를 넘는 연구 구성 양상들에 주목하였는데, 그것은 여러 분야에 걸치는 훈련과 작업 그리고 사회과학자와 자연과학자 사이의 대화를 향상시켜야 할 필요를 강조하는 내용이었다).

18) www.altfutures.com

게놈학 시나리오 워크숍의 결과
Some Outputs of Genomics Scenario Workshop

- 시나리오 1: 게놈학 기업

 연구 기여: 사회의 여러 분야에 대한 게놈학의 '영향', 복지 개념, 윤리학과 의료 서비스의 게놈학 사용, 새로운 산업 구조와 소유권, 성장하고 있는 그리고 새로운 사회적 분열, 표지판은 계속되는 합병, 공공과 사기업 분야 사이의 점점 증가하는 분열, 개인들 사이의 불평등을 포함한다.

- 시나리오 2: 깨어진 약속

 연구 기여: 진전 관념에 대한 재평가, 대체적 라이프 스타일과 제품 사용을 연구하기 위한 반성적 사회과학 정치적 변화에 대한 더 나은 이해 '정상적인' 재난의 피할 수 없음과 그것들에 대해 준비해야 할 필요성을 포함한 위험의 재개념화 표지판은 전형적으로 보수적인 영국의 한 도시에서 녹색당의 승리, Monsato같이 큰 바이오테크 회사의 파산, 예상하지 못한 부작용 때문에 영국에서 Golden rice황금쌀을 태움을 포함한다.

- 시나리오 3: 통제에서 벗어남

 연구 기여: 국가와 그들의 MNC와의 관계의 비교적인 장점과 단점, 국제 조직의 본성. 표지판은 중국이 Monsato 같은 큰 바이오테크 회사를 매각함. 그리고 항의자들의 그린피스 공격을 포함.

- 시나리오 4: 모두를 위한 게놈학

 연구 기여: 생물학 무기를 규제할 수 있는 국제 기구의 발달을 지지하는 응용 연구, 평등과 지속 가능성을 지지할 게놈 제품과 응용을 밝힘. 과학적 그리고 정치적 변화의 비교 분석(예, IT와 게놈학혁명의 비교, 국제 기구에 대한 역사적 연구), 문화적으로 창조적인 사람이 정치적으로 연합하여 회사에 영향을 미치는지 이해, 새로운 기술을 위한 가치 효과 평가 개발. 표지판 그 자체는 이브레이크아웃 그룹이 개발하지 않았지만 토론은 여기서 중요할지 모르는 몇 가지 사건을 지적한다. 즉, 그것은 미국의 주도권 상실(그리고 아마 그 나라의 해체), 게놈학 사용의 궤도에서 변화를 자극하는 부정적으로 움직이는 사건들(예는 게놈학 혁신과 관련된 심각한 질병을 포함한다)등이다.

이런 노선의 작업은 본회의에서 논의되었고, 본회의는 중요하고, 통찰력이 있으며, 역사적인 정보를 갖춘 사회 과학연구 자세와 스타일 중요한 정치적 도덕적 개념을 조사하는 연구(예를 들어 발달과 복지의 의미), 세계적 이슈에 대한 혁신 연구, 세계적 행위자와 변화하는 산업 구조, 게놈학의 환경 시스템 영향과 생태학 지식의 공적인 처리를 강조하였다.

(2) 사례 연구 2: 성공 시나리오[19)]

'성공' 시나리오(Success scenarios) 방법은 영국의 과학과 기술정책 이슈에 적용되었다. 기초가 되는 원칙은 다른 여러 영역에 적용될 수 있다. 여기에 설명한 워크숍은 스폰서 때문에 그런 접근 방식에 일반적인 것보다는 더 단기적인 미래—5년에서 10년—에 초점을 두었는데, 더 장기적 가능성도 불가피하게 논의되기는 했다.

과학기술청(OST; Office of Science and Technology)은 국립물리실험실(NPL; National Physics Laboratory)과 나노테크놀로지 연구소와 함께 CRIC에 나노테크놀로지 분야에서 영국의 가능성과 잠재성에 대한 워크숍을 하라고 위탁하였다.

2001년 가을, OST 나노테크놀로지 작업에서, 워크숍 이전에 시나리오를 그리려는 전체적인 노력이 없었고 브레이크아웃 그룹이 기술 분야의 하부 영역을 중심으로 구성되었다. 각 하부 영역에 시나리오 혹은 가장 가능성이 있는 기술 경로 안내서를 구성하는 배경 정보가 약간 있었다. 이러한 과정의 중심은 시나리오 워크숍이다. 위에 간략히 소개한 것처럼, 워크숍의 디자인은 주의 깊게 계획되어야 하고, 멤버를 모집해야 하고, 배경 연구를 준비해야 한다. 스폰서와 시나리오 팀 사이에 일련의 회의를 하는 오랜 기간에 걸친 디자인 과정은 디자인을 조율하고 스폰서가 워크숍에서 사용되고 있는 접근 방식을 지지하도록 하기 위해 매우 중요하다.

성공 시나리오에 두 가지 요소가 있다.

① **소망성**Desirability

시나리오는 그것이 대표하는 더 넓은 공동체 혹은 스폰서 조직이 성취할 수 있는, 혹은 이루기를 바라는 비전을 파악할 수 있다.

② **신뢰성**Credibility

시나리오는 넓은 범위의 관심을 반영하도록 선택된 분야의 전문가들

---

19) http//:les1.man.ac.uk/cric,
www.ost.gov.uk/policy/futures/ict/info.htm
www.ost.gov.uk/policy/futures/biotechnology/scenario.htm
www.dti.gov.uk/innovation/nanotechnologyreport.pdf

의 도움으로 그리고 그들에 의해 확인을 받아 개발된다(그리고 일반적으로 실무자와 연구자를 포함하여).

이들 요소들 각각은 배경 연구로 알게 되고 워크숍과 다른 장소에서 전문가들이 작업할 공동의 정보토대를 제공한다. 성공 시나리오의 개발은 몇 가지 기능이 있다.

- 연구 결과를 토의하고, 목표와 지표에 관해 토론 · 협의하여 가능한 행동을 밝히는 과정은 상호 이해와 공유된 지식을 만들기 위해 소중한 일이다. 이것은 제안된 행동에 더 많은 상호작용과 노력을 하기 위한 플랫폼을 세울 수 있다.
- 시나리오는 관련된 사람들이 뛰어난 것을 목표로 하고 '기준' 경계 이상을 생각하도록 도전하는 도전적 목표를 형성한다.
- 지표의 개발은 시나리오를 모호한 포부 이상으로 움직이고 정확히 무엇을 논의하고 있는지 목표가 성취되고 있는지 그리고 목표의 어느 정도가 성취되고 있는지를 명확히 한다.
- 마지막으로, 참여적 과정에서 나온 것이라는 장점을 가진 행동 계획안들이 개발되고 우선순위가 설립된다.

여러 적용 분야에서 경쟁 국가들에서의 경험에 대해 영국의 활동을 벤치마킹하기 위해 인터뷰 프로그램이 수행되었다. 기술이 비교적 새로운 것이었기 때문에 모델링이나 상당한 통계적 분석의 시도는 없었고 나노테크놀로지를 다루는 진지한 사회과학에서 이끌어낼 것도 거의 없었다. 나노테크놀로지가 중요한 영향력을 가질 것이라고 받아들여진 여섯 개 적용 분야에 초점을 두었는데, 그것은 다음과 같다.

- 약의 전달
- 정보학
- 기기공학, 기준과 도량형학
- 새로운 물질
- 센서와 작동장치 등
- 조직 공학과 의료 기구

이들 분야의 각각에서 주요 경향, 추진자 그리고 기술 발달의 면에서 가장 가능한 미래를 밝히려는 노력이 있었다. 참여자는 분야별로 배정되어 적어도 자료의 적절한 부분을 반드시 읽도록 요청받았다.

성공 시나리오 워크숍을 구성할 수 있는 방법은 많이 있지만 이 워크숍에서 사용된 방법은 약간의 변형을 두고 아래에 기술한 것과 같은 일련의 단계를 포함한다.

① 본회의는 이들 작업 그룹 회의 이전, 이후 그리고 때로는 사이사이에 있었다. 나노테크놀로지 워크숍은 하루 동안 열렸고, 다른 두 가지는 2일 동안 열렸다(배경 주제의 프리젠테이션이 워크숍 이전에 있었다).

② 여러 가지 서론적 문제 — 작업의 사명선언의 작성, 서로의 소개 등 — 를 마친 후, 작업이 본격적으로 시작된다. 여기에 설명된 모델에 사용된 시나리오 워크숍에서의 공동 시작점은 '추진자와 형성자'를 검토하는 것인데, 이 요소들은 사건의 추이에 영향, 하나 혹은 다른 종류의 발달의 촉진, 그리고 뚜렷이 구별되는 미래로 이끌어 가는 데 매우 중요할 수 있다.

③ 여러 시나리오 워크숍에서 STEEPV[20] 방식이 사용되었는데, 그 방식에서는 사람들에게 사회, 기술, 경제, 환경, 정치 그리고 가치에 기초한 요소들이라는 제목하에 요소들과 이슈를 밝히도록 요청한다. 이것은 광범위한 이슈들이 고려되도록 하기 위한 유용한 자극이며 방법이다. 그것은 또한 도움이 되는 분류체제이다. 그러나 우리의 경우, 워크숍 자체가 작업의 초기에 '형성적' 요소들을 그룹 짓도록 요청할 수 있다.

④ 추진 주체에 대한 토론은 본질적으로 흥미롭고 그 결과는 유익한 의사결정 정보일 수 있다. 그러나 과정도 똑같이 중요하다. 여기서 주로 일어나는 것은 참여자가 배경 자료를 가지고 그리고 서로 같이 작업하는 것에 더 익숙해지는 것이다. 그들이 아이디어를 심사숙고하면서 자료에 대한 이해(그리고 아마 비평도)가 깊어지고 개념적 틀이 처음 발표된다. 그들은 작업을 위한 공동의 기본 원칙과 아이디어를 표현할 언어를 개발한다. 일반적으로 토론은 가능성

20) Social, Technology, Economics, Ecological, Politics, Values & Norms

이 있는 요소들을 먼저 체계적으로 작업하고, 추진하고, 이어 한 영역의 발달을 형성하도록 요청받는 하부그룹에서 적어도 부분적으로 이루어진다. 그들은 먼저 그 영역의 추진자에 집중하고, 다음에 형성자에 집중하도록 요청받을 수 있다. 그들은 배경자료의 일부로 잠재적 요소들의 목록을 받을 수 있고, 이것들을 비평하고 적절한 경우 새로운 것을 더하고, 특히 각각이 얼마나 중요한지 왜 중요한지 지적하도록 요청받을 수 있다.

⑤ 이 워크숍은 컴퓨터 지원을 받는 방법보다는 문서에 기초한 방법에 의존했다(어떤 참여자들은 가장 최근의 워크숍에서 스스로 랩톱 컴퓨터와 디지털 카메라를 사용하기도 했다). 그룹은 서면으로 된 지시를 받았다. 각 그룹의 촉진자/기록자는 각 과제를 위한 시간 제한을 받기도 했다. 토론은 포스터에 적어서, 발달의 기록으로서 그리고 이따금 다른 그룹들이 조사할 자료로서 벽에 붙여 놓았다. 주요 기술은 다른 하부 그룹 내(그리고 그들 사이에서 의사소통 하도록)에서 목록의 형태로 요소들에 대한 생각을 경확히 하는 것이다. 배경 정보, 참여자의 지식 그리고 그들의 개념적 틀이 공유된 이해를 개발하도록 그들에게 도전하는 방식으로 합쳐진다.

성공 시나리오 방법은 이들 과정을 촉진한다. 그것은 워크숍과 워크숍 내의 특정 하부 주제를 다루는 작업 그룹에게 만일 영국(이 연구에서)이 기술과 기술 적용 분야에서 성공한다면 어떤 것이 현실적으로 성취될 것인지 고려하도록 요청함으로써 그렇게 할 수 있다. 물론, 이것은 각 분야에서의 무엇이 성공을 구성하는지 물어본다는 것을 의미한다. 이것은 견해가 다를 수 있는 또 하나의 주제이다. 수단과 목적, 원인과 결과 사이에 관계에 상당히 다른 견해가 있을 수 있고 효율성, 평등, 지속 가능성 등의 가치에 대한 강조가 다를 수 있다.

⑥ 각 작업 그룹의 다음 과제는 그들이 개발한 시나리오를 규정하고 성공은 어떻게 생겼는지, 주요 추진자와 형성자들은 누구인지, 그들을 어떻게 움직이도록 할 수 있는지에 관해 간결하게 묘사하는 것이다. 성공 시나리오는 신뢰할 수 있고 또 낙관적이어야 하기

때문에, 이 작업의 이 부분은 그룹들에게 다른 시나리오 요소들이 일관적인지 고려할 기회를 준다. 설명하기에 도움이 될 시나리오 요소들을 제안하는 몇 가지 자극이 그룹들에게 주어졌다. 이들 주제는 본회의에 간략한 프리젠테이션의 기초를 형성한다. 이것은 다른 그룹의 시나리오를 대조하고 그것들이 일관적인지 다른지를 분석하고 이것이 무엇을 함축하는지 볼 기회를 준다. 그래서 지식 사이클이 하부그룹 내와 하부그룹 사이에 다시 세워진다.

⑦ 이 기간에, 작업 그룹은 성공 시나리오가 현실이 되었는지를 어떻게 인식할 것인지에 관한 구체적 생각을 명시함으로써 성공 시나리오를 더욱 특징짓는다. 다시 한번, 작업을 시작하기 위해 약간의 개발될 수 있는 지표에 대한 약간의 예비적인 생각이 제공된다. 그룹은 그런 지표들의 가능한 양적 추정을 제시한 후 의견 일치와 불일치 점을 명확히 하고, 진전을 모니터할 도구를 제공하고 그리고 정책을 추진하기 위해 일반적으로 사용되는 몇 개 안 되는 지표들에 대한 대안을 제시하도록 도전을 받는다.

◆ 성공시나리오에 대한 적용사례

나도 테크놀로지 워크숍에서 사용된 성공시나리오에 대한 적용사례는 다음과 같다.

성공 시나리오 개발 과제

Task of Developing Success Scenario

파워 포인트 문서 3장이 나노테크놀로지 워크숍에서 사용되다.

■ 무엇이 '성공'을 구성하는가?What would Constitute "Success"?

- 지표Indicator
- 주요 제품과 적용
- 최종소비자 성과에 제품의 영향
- 국내와 세계 최종소비자 시장: 크기와 영국의 시장점유율
- 산업 구조: 대기업, 중소기업, 스핀아웃
- 비즈니스 모델(예, 고부가가치)

- 공급 사슬에서 영국 회사들의 위치는?
- GDP/고용에 대한 영향은? 내부로의 투자에 대한 영향은?
- 우리의 경쟁자들은 그리고 우리는 그들과 비교허서 어떤지?
- 첨단 연구는 어디에? 영국은 어디에 서 있는지?
- 다른 주안점들
- 2006년까지 얼마나 많은 변화?

■ 무엇이 변화를 가능케 하는가? What Enables Change?

- 연구의 질
- 연구의 소유권
- 기술을 가진 사람들의 사용 가능성
- 재정 출처
- 수단, 기준
- 기본 시설과 제조 능력(예, 조립능력)
- 산업과 시장의 구조와 조직
- 규제 환경
- 의료 서비스 정책과 다른 공공분야시장
- 지적재산권제도
- 다른 이슈들(당신 자신의 이슈를 보충)

■ 우리가 경쟁자를 이기고 있는지 우리가 어떻게 아는가?
How do we know we are beating the Competition?

- 다른 나라에 비교한 성과
- 세계적 회사들이 첨단으로 인정하는 영국의 연구
- 고부가가치 특허 자산을 모으는 영국 회사들
- 영국 창업사에 투자하는 벤처자본가와 내부투자자
- 국제적 협력
- 영국 제품의 가치를 추구하는/인정하는 최종소비자(시장 점유율)
- 영국 내에서 설비의 사용 가능성/크기
- 관련 분야의 졸업생과 대학원생의 수
- 다른 이슈들(당신 자신의 이슈를 보충)

그들이 착수할 과제를 지도할 하부그룹의 촉진자와 의장을 위해 준비한 지시가 나와 있다.

성공 시나리오 워크숍에서 사용된 안내자료
Guidance Material Used in a Success Scenario Workshop

Session 2A

■ 새 시나리오 만들기 - 성공 시나리오
Building a New Scenario – The Success Scenario

우리가 제공한 시나리오는 만일 영국이 나노테크놀로지 적용의 각 분야에서 성공적이라면 현실적으로 무엇이 성취되는지 당신이 고려하도록 자극을 주기 위해 준비된 것이다. 물론 이것은, 각 분야에서 성공이 어떤 것인지를 고려함을 의미한다. 이것에 대해 좀 더 구체적이고 신뢰할 수 있는 분석을 향해 가기 위해, 우리는 먼저 영국과 그 외에서 과학과 산업 발달을 먼저 추진하고 이어 형성할 책임이 있는 요소들을 통해 체계적으로 작업하도록 그룹들에게 요청한다. 나중 회기에 우리는 관련 지표들과 필요한 행동을 고려할 것이다.

여기에 잠재적 추진자 목록이 있다.

- 기본 연구: 새로운 지식, 증가하는 발전과 급진적 발전
- 중간소비자와 최종소비자의 요구 새로운 지식이 제시하는 기회에 대한 사용자의 인정
- 적용 발달을 위한 재정 원천(예, 벤처자본, 주식시장, 정부)
- 수단과 기준
- 산업과 시장의 구조와 조직(예, 대기업과 소기업 사이의 관계, 중간기업의 역할)
- 기업가적 태도, 비전, 인센티브(연구와 비즈니스에서)
- 다른 이슈들(당신 자신의 이슈를 추가하라)

■ Question 1

이들 추진자의 각각을 모두 살펴보고 논평하라. 당신이 각각에 가장 중요하다고 생각하는 이슈를 플립 차트를 사용하여 밝히고 그것들이 당신의 적용 분야에 어떻게 영향을 미치는지, 그리고 그것들이 당신의 분야에서 적용의 발달을 촉진하는지 밝혀라. 특별히 촉진되는 특정 적용이 있는가? 이들 각각이 2006년까지는 어떻게 변화할지를 설명하라. 예를 들어 시나리오가 대기업 혹은 중소기업에 의해 추진될 것인지 나타내라.

■ 각 추진자에 대해For Each Driver

1. 가장 중요한 이슈를 밝혀라.
2. 당신의 적용 분야에서 그 추진자가 얼마나 영향을 미치는지 논하라. 그것이 추진자로서 얼마나 중요한지 논하라(이것을 1(중요하지 않음)에서 5(매우 중요함)의 눈금에서 나타낼 수 있는가?)
3. 이 추진자가 촉진한 특정 적용을 밝혀라.
4. 2006년까지는 이 추진자가 어떻게 생겼을지, 그것의 중요성이 성장하고 있을지 감소하고 있을지 혹은 그것의 특정한 영향에 대해 설명하라.

■ Question 2

이들 이슈를 논할 때,

- 당신의 적용 분야가 특정한 특징이 있는지 고려하라(예를 들어 다른 적용 분야는 매우 다른 규제 환경이 특징짓는다)
- 영국의 상황이 다른 나라와 공유되고 있는지 아니면 우리가 특정 기회 혹은 문제를 가지고 있는지 고려하라.

Continues : Session 2b

■ 성공 시나리오 만들기Further Buiding the Success Scenario

각 분야에서 영국의 성공이 어떨지에 대한 좀 더 구체적 비전을 향해 더 나아가기 위해, 이제 우리는 영국과 그 외에서 과학과 산업 발달을 먼저 형성할 책임이 있는 요소들을 통해 체계적으로 작업하도록 당신에게 요청한다. 여기에 잠재적인 형성자들의 목록이 있다.

- 규제적 환경 : 건강과 안전, 환경과 음식 규제 경쟁 정책
- 건강 서비스를 위한 정책과 다른 가능한 공공분야 시장
- 지적재산권제도, 지적재산권제도에 대한 지식과 사용을 위한 지원
- 위험, 전문지식, 기술에 대한 대중의 태도
- 삶의 질 이슈(예, 매력적인 시장, 생산과 연구의 토대, 살 곳으로서의 영국)
- 기술적 분야와 여러 분야에 걸친 기술의 사용 가능성과 경영능력의 사용 가능성
- 다른 이슈들(당신 자신의 이슈를 추가하라)

■ Question 1

이들 형성자Shapers의 각각을 모두 살펴보고 논평하라. 당신이 각각에 가장 중요하다고 생각하는 이슈를 플립 차트를 사용하여 밝히고

그것들이 당신의 적용 분야에 어떻게 영향을 미치는지와 그것들이 당신의 분야에서 적용의 발달을 촉진하는지 밝혀라. 그리고 그것들이 발달을 저해하는지(예를 들어 특정 방향으로 밀어붙이는지?), 이들 각각이 2006년까지는 어떻게 생겼을지 설명하라(예를 들어 이 시나리오가 여러 분야에 걸친 팀 작업 훈련을 받은 많은 사람을 특색으로 하는가?)

■ 각 형성자에 대해For Each Shaper

1. 무엇이 가장 중요한 이슈인가(다시 한번, 그들을 1에서 5의 눈금에서 등급을 정할 수 있는가)?
2. 이 이슈들이 당신의 적용 분야에 어떻게 영향을 미치는가?
3. 이 형성자는 2006년까지는 어떻게 생겼는가?

■ Question 2

이들 이슈를 논의할 때,

- 당신의 적용 분야에 특별한 특징이 있는지 고려하라(예를 들어 다른 적용분야는 매우 다른 규제 환경이 특징짓는다)
- 영국의 상황이 다른 나라와 공유되고 있는지 아니면 우리가 특정 기회 혹은 문제를 가지고 있는지 고려하라.

Continues Session 2c

■ 시나리오 요약Summarizing the Scenario

여기서 우리는 당신이 당신의 팀이 개발한 시나리오의 성격을 규정하기를 바란다. 이것에 흔히 도움을 주는 한 가지 방법은 시나리오의 이름을 제안하는 것이다. 이것 외에는, 그것을 어떻게 간결하게 설명할 수 있을지, 즉 성공이 어떻게 생겼는지, 중요한 추진자와 형성자는 무엇인지, 그리고 그것들을 어떻게 활동시킬 수 있는지에 대해 설명할 것을 요청한다. 성공 시나리오는 신뢰할 수 있고 낙관적이어야 한다는 것을 기억하라. 이 작업의 이 부분은 당신의 시나리오의 다른 요소들이 일관적인지 보기 위한 기회이다.

실제로 이 시나리오는 어떻게 생겼을지, 산업 조망, 공급 패턴과 적용의 사용은 어떤지, 행동은 어디서 일어나는지, 영국의 영향력의 면에서 우리가 무엇을 희망할 수 있는지에 대해 시나리오를 다음과 같은 특징의 면에서 성격 지으라.

- 이 적용 분야에 있을 가능성이 있는 영국의 활동 수준은? 현재 수준에서 가치와 고용 면에서 얼마나 성장할 것인가?

- 세계시장에서 이것은 어떤 종류의 영향력인가? 영국의 시장점유율은?
- 적용 분야에의 내부 투자로 얼마나 큰 성장을 예상할 것인지? 어디서, 어떤 종류의 회사에서? 어떤 수준으로?
- 어떤 종류의 영국 회사들이 관련되었는가? 즉, 주 행위자가 큰 기업들인가? 이 분야에서 얼마나 많은 신생 기업을 예상할 수 있는가? 공급 사슬에 얼마나 많은 중소기업이 참여하는가?
- 최종 소비자 시장은 얼마나 크고, 어떤 종류의 구매가 있는가? 그들의 성과에 대한 영향은?
- 관련된 나노테크놀로지에 대한 산업계의 대학에 대한 투자는 어떤 것일지?

이런 질문을 더 다루도록 오후에 시간이 더 있을 것이다. 그러나 지금 시나리오 특성을 규정하기 시작하는 것과 그룹의 멤버들이 그런 이슈의 낙관적 가능성에 대해 얼마나 의견이 일치하는지 보는 것은 도움이 될 것이다.

시나리오의 이름으로 시작하여, 그리고 다른 그룹이 빨리 파악할 수 있는 방식으로 설명하여 이것에 대한 간단한 프리젠테이션을 준비하라. 이것은 다른 그룹들의 시나리오들을 대조하고 그것들이 일관적인지 혹은 일치하지 않는지, 그리고 이것이 함축하는 것이 무엇인지를 볼 기회를 우리에게 제공할 것이다.

Session 5

■ 성공지표 Indicators for Success

2번째 c회기에서 우리는 당신에게 성공 시나리오를 특징짓기 시작하라고 요청했다. 그 곳의 작은 점을 찍은 질문으로 돌아가서 필요하다면 당신의 답을 부연하라. 성공 시나리오가 현실이 되고 있는지를 어떻게 인식할 것인지에 관한 좀 더 구체적인 아이디어들 몇 가지를 말해 주기를 바란다. 아래에 나와 있는 아이디어들은 '즉흥적인' 것들이지만 당신이 제안하고자 원할 종류의 것들을 나타내도록 의도된 것들이다

- 나노테크놀로지 분야에서 EU의 협력에 영국 연구의 몫
- 나노테크놀로지에 기초한 적용 분야에서 영국 혁신자들이 취득한 특허 수
- 교육 과정의 모집, 언론의 관심 등이 증거하는 것처럼 나노테크

놀로지에 대한 상당한 대중의 관심이 있다.

- NHS(시장으로서), NICE, 그리고 FSA는 나노테크놀로지 적용의 챔피언이 되었다.
- 더 많은 벤처 자본, 대기업과 강력한 과학 토대의 지원을 받는 높은 질의 나노테크놀로지 전용 회사들의 성장
- 나노테크놀로지 관련 분야에서 유럽 특허 체계의 화합과 신뢰할 수 있고 투명한 유럽 전체의 규제적 틀
- 생산/새로운 제품의 xxx%를 구성하는 관련 프로세스와 제품에 반영된 주 소비자에 대한 나노테크놀로지 적용의 기여
- 나노테크놀로지 적용을 반영하는 영국 무역 적자의 성장

물론 큰 도전은 그런 지표들에 대해 그럴듯한 양적인 예측을 제시하는 것이다. 지표들뿐 아니라 2006년까지 적용할 수 있는 대략의 숫자 혹은 숫자의 범위를 제시하는 것에 가까워질수록, 이 작업은 더 가치가 있을 것이다. 특히 우리의 의견 일치와 의견 불일치 점이 어디에 있는지를 명확히 하기 위해서 가치 있을 것이다. 이 작업의 이 부분의 또 하나의 혜택은 연구를 위한 정책을 추진하기 위해 현재 사용되고 있는 몇 개 안 되는 지표들에 대한 대안을 그것이 제시할 수 있다는 것이다.

Session 6

■ 중요한 성공 요소들과 행동들 Critical Success Factors and Actions

지금의 과제는 당신의 성공 시나리오의 가능성을 최대화하기 위해 취해야 할 단계들을 위해 제안을 하는 것이다. 당신의 그룹에서 그것을 논의하고 벽 포스터에 요점들을 기록하라. 우리는 각 그룹이 차례로 포스터를 돌아가기를 부탁한다. 다른 그룹의 제안을 읽고 자유로이 논평하라. 당신의 제안에 그것이 특정 적용 분야에 해당하는지 표시하라. 만일 그룹이 분열되었던 제안이 있다면, 그것을 써서 의견일치가 없음을 표시하는 것이 최선이다. 특정 행동을 끝까지 해낼 책임이 누구에게 있는지 표시하도록 하라. 행동이 원하는 효과를 내는지 보기 위해 그들이 사용할 수 있도록 어떤 종류의 체계, 지표, 피드백 등을 사용할 수 있는지 표시할 수 있을지 모른다.

⑧ 마지막 작업 그룹 과제는 성공 시나리오의 가능성을 최대화하기 위해 취해야 할 단계들을 위한 제안을 제공하는 것이다. 이 작업은 원래의 작업 그룹 내에서 수행될 수 있다. 여기서 한 가지 접근방식은 '회전 목마방식' carousel method으로, 그 방법은 특정 종류의 행동-일반적으로 다른 정책 분야를 다루는 벽 포스터로 부서를 준비하는 것이다. 예를 들어, 나노테크놀로지 워크숍에서 사용된 분야의 넓은 분류는 다음과 같았다.

- 연구
- 사람
- 설비
- 재정과 세금
- 기술에의 접근(그리고 국제적 협력)
- 규정 이슈
- 다른 이슈

회전목마 방식에서는, 각 그룹은 차례로 포스터를 중심으로 나아간다. 다른 그룹이 이전에 방문한 한 부서를 방문할 재 다른 그룹의 제안을 자유로이 읽고 논평을 한다. 참여자들은 행동을 명시할 뿐 아니라, 누가 그것을 끝까지 해낼 책임을 져야할 지 표시하도록 요청받을 수 있다. 이 작업 단계의 결과는 종합하고 우선순위를 정하는 것인데, 본회의가 이 목적을 위하여 주로 운영된다.

04 ●●●

패널 기법[21)]

1. 패널 기법의 개념

미래예측 활동에 대한 연구들에서는 거의 공통적으로 '전문가' expert 및 또는 '이해관계자' stakeholder 패널이라는 용어를 접할 수 있다. 이들은 전형적으로 12~20명 정도의 개인들이 모여서 이루어지게 되고 3~18개월 동안 주어진 토픽 분야(나노기술, 바이오기술과 같은 첨단기술과 관련된 산업 및 경제 관련 주제들)에 관한 미래이슈에 대해 심사숙고하게 된다. 이와 같은 패널이 많이 적용되어 왔음에도 불구하고, 지금까지 이를 거론한 미래예측 문헌은 많지 않다. 전문가와 이해관계자 패널은 전문가 패널의 조직 및 관리가 워낙 일상적이고 문제가 되지 않은 것으로 간주되고 있기 때문으로 보인다.

그러나 세계 여러 분야에서 있는 전문가들에게 '기술 미래예측 프로그램'을 수년간 자문해온 Michael Keenan(PREST)은 전문가 패널의 조직 및 관리가 결코 일상적인 것이 아니라 중요한 문제라고 주장한다. 예를 들어 패널 구성과 패널 활동의 수행을 둘러싸고 있는 실제적이고 개념적인 이슈들은 정기적으로 제기되고 있으며, 미래예측에 있어서 전문가와 이해관계자 패널 이용에 관한 가이드라인을 만드는 것이 필요하다고 보고 있다.

21) Michael Keenan, "Using Expert and Stakeholder Panels in Technology Foresight-Principles and Practice," PREST, 2004.

(1) 전문가와 이해관계자 패널의 개념 및 양식

전문가와 이해관계자 패널의 공통된 개념은 일단의 사람들이 테이블 주위에 모여 앉아(BOGSAT : Bunch of Guys Sat Around a Table) 전형적으로 주어진 분야에서 '전문가' experts[22]로 간주되는 사람들로 구성되어 각 나라에서의 얻은 경험을 반영한다는 것을 의미한다. 전문가와 이해관계자 패널의 전통양식을 보면 다음과 같다.

① 패널은 통상적으로 12~15명의 개인들로 구성되고 특정 문제 또는 일련의 이슈들을 다루는 데 있어서 총체적인 전문성을 이용하도록 (대개 공적 기관에 의해) 위임받는다.

② 전문가들은 통상적으로 비공개 회의에서 정해진 기간에 걸쳐 정기적인 주기로 대면방식으로 만나게 된다. 이 시기 동안, 이들은 활용가능한 증거를 해석하는 데 있어서 자신들의 판단력을 이용한다.

③ 이들은 이후 보급되게 되고 이상적으로는 이에 따른 조치가 취해지게 될 자신들의 연구결과를 대개 서면보고를 통해 보고한다.

이것이 '전형적인' 패널 양식이라고 할 수 있다.

(2) 패널에 있어 다양한 이해관계자들 참여방안 모색

그러나, 최근 들어 전형적인 패널양식으로브터 벗어나는 경우도 많다. 예를 들어, '전문가' 패널은 '비전문가들' lay persons을 포함할 수도 있다. 실제로 패널들은 전혀 '전문가' 가 아닐 수도 있다. 그 대신 그러한 패널은 예를 들어, 패널 프로세스의 결과에 이해관계를 가지는(때로는 한 조직을 대표하는) 개인들과 같은 '이해관계자' 들로 구성될 수도 있다.

다양한 이해관계자들 참여 활동의 양식을 보면 다음과 같다.

① 이해관계자들(개인들)의 실제 경험은 회원 가입에 대한 기준으로 다루어진다. 대면할 필요가 없는 패널 위원들은 상호작용과 관련이 있어야 한다. 실제로, 몇몇 패널들은 결코 한 번도 만나지 않기도

22) 영국 전통적 전문가 패널 예시 : Europe and North-America, where such panels are typically composed of white, middle-aged, professional males who are considered to be "experts" in a given field(Michael Keenan, "Univ of Manchester, UK : Using Expert and Stakeholder Panels in Technology Foresight-Principles and Practice," PREST, 2004).

하는데, 그러한 경우에 상호작용은 인터넷이나 온라인-델파이[23] 같은 조사 프로세스를 통해 이루어지기도 한다.

② 이는 또한 패널의 수가 12~15명으로 한정될 필요도 없고 더 많을 수도 있음을 의미한다.

③ 패널은 또한 공개적인 회의에서 만날 수도 있다.

④ 마지막으로, 패널은 몇몇 경우에 한해 불특정 기간 동안 이루어질 수도 있다. 이는 종종 지구 온난화와 같은 장기간의 도전과제를 다루기 위한 '독립적인' 단체를 만들 요구가 있는 경우 발생하게 되는데, 그러한 경우 패널은 종종 특정 토픽이나 주제에 관해 주기적으로 보고하게 된다.

(3) 현재의 미래예측 활동에 있어 패널기법의 흐름

미래예측활동에 있어서, '전문가' 패널은 이제는 더 많은 이해관계자 유형의 패널을 설치하는 방향으로 뚜렷하게 이동하고 있다. 이는 과학과 기술지향성 패널로부터 벗어나 자동차산업과 같은 비즈니스 부문과 고령화 사회와 같은 정책 도전과제에 집중하는 다양한 패널로 이동함을 반영한다. 즉, 기존의 기술미래예측에서의 과학과 기술 분야뿐만 아니라 사회, 문화 등 다양한 영역으로의 미래예측 활동의 가능성이 모색되고 있고 실험되고 있다.

현재의 미래예측 활동에 있어 패널기법의 흐름은 다음과 같다.

① 패널에게 몇 개월 내에 델파이의 주제 진술문 몇 개를 만들기 위한 매우 수준높은 보고서가 요구되기도 한다.

② 일단 보고서가 완료되면 이들은 대개 해산된다.

③ 미래예측 패널은 비록 인터넷이 일부 이용되어오고 있긴 하지만, 일반적으로 대면방식으로 이루어진다.

④ 회의는 비공개인 경향이 있고, 회의 의사록과 배경 문서는 출판되기도 하는데, 많은 경우 패널에서 보고서를 출판한다. 출판 여부는 대체적으로 미래예측 활동의 전체적인 방법론적 설계에 달려 있다.

---

23) http://les.man.ac.uk/PREST/euforia(EUFORIA 온라인 델파이)

2. 미래예측에 있어 패널의 중요성 및 혜택

미래예측활동은 이용 가능한 증거와 판단에 기초해야만 하는 참여적이고 논증적인 활동이다. 따라서 이러한 조건들은 미래예측 실천가들이 다양한 방법론들로 부터 적절하게 선택함으로써 패널을 활용하게 된다. 패널은 잠재적으로 수백명의 사람들에게 미래예측 프로세스를 제공하여 줄 뿐만 아니라, 패널 자체가 심도 깊은 토론과 논쟁의 이상적인 포럼이기도 하다. 이러한 이유로, 패널은 많은 미래예측활동에 있어서 '프로세스 센터' process centres인 것이다.

미래예측에 있어서 패널을 이용함으로써 얻는 이점은 이들이 미래예측 활동에서 광범위하게 이용되는 것을 보더라도, 다양하고 널리 인정되고 있다는 것을 알 수 있다.

이러한 정잠들 가운데 중요한 것들은 다음과 같다.

① 미래와 관련된 불확실성을 다루는 핵심적 활동에 있어 '활용가능성 높은' 전문가들의 판단을 활용하는 것이 가능하다는 것이다.

② 조직하기 어려울 수 있는 서로 다른 과학 분야와 전문성 분야 간 심도있고 의미 있는 상호작용과 네트워크 형성이 가능하다.

③ 패널들이 미래예측에 있어서 사용된 다른 방법들을 보완할 수 있고 용이성이 높다.

④ 패널위원들의 프로필과 전문가/이해관계자 패널의 시도를 통한 미래예측 활동에 부여된 신용과 권위 그리고 개인들패널위원들의 영향력은 패널 보고서의 지지도를 높이며 향후 의사결정 변화의 동인動因으로 작용하는 것이다.

물론 전문가와 이해관계자의 견해를 끌어내는 이미 검증된 다른 방법들이 있다. 여기에는 인터뷰/증인 심리 및 설문지 조사 이용이 포함된다. 이러한 것들은 시간과 비용이 덜 소요되지만, 상기 열거된 이점의 많은 부분을 상실할 수 있다.

3. 전문가와 이해관계자 패널기법의 수행방법과 절차

(1) 1단계: 패널의 위임 범위 정의

미래예측활동의 이론적 근거와 목적이 분명하게 이해되고 합의되고 나면 패널의 위임이 이루어진다. 이와 같은 전문가 또는 이해관계자 패널의 위임과 구성은 당해 미래예측 활동의 범위를 반영해야만 한다는 것이다.

이런 측면에서 아래의 사항들이 미래예측 관찰 프로세스에 분명히 나타나야 한다.

① 패널이 무엇을 하게 되고, 왜 그러한 것을 해야 하는지, 그리고 관계자는 누구인지(어떤 전문가/이해관계자인지)를 포함하는 제안서: 제안서는 패널 작업을 수행함에 있어서 청사진을 형성해야만 한다. 미래예측 관찰 프로세스로부터 나와야만 하는 제안서는 미래예측 활동에 있어서 패널을 이용하는 데 대한 이론적 근거를 다룸으로써 시작해야 하고 기대되는 산출물의 종류, 프로세스에 대한 혜택을 기술해야만 한다(후원자, 주요 이해관계자, 프로젝트 관리팀의 기술적 접근방식, 조치 계획, 작업을 완료하는 데 필요한 시간, 허용되는 모든 관련 정보, 나타낼 필요가 있는 전문성의 종류 등).

② 이들이 무엇을 해야 하고, 어떻게 해야 하며, 그리고 언제 완료되어야 하는지를 기술한 패널을 위한 위임 사항을 포함하여야 한다. 패널의 위임 사항 문서는 제안서에 많이 의지해야 하지만, 패널들을 그들의 과제로 이끌도록 방향을 잡아야 한다.

1994년 최초의 영국 기술 미래예측 프로그램에서 이용된 위임 사항의 예시에서 위임사항은 네 부분으로 나누어진 짧고 간결한 문서로 되어 있다.[24)]

- 영국 기술미래예측 프로그램에 관한 몇몇 배경과 위임 사항 문서의 목적을 제공하는 배경
- (i) 무엇을 이루어야 하는지, (ii) 패널이 그의 작업을 어떻게 해야 하는지, 그리고 (iii) 일련의 표석을 기술한 프로그램의 3단계의 각각

24) The Office of Science and Technology, "Terms of reference for sector panels in the first UK Technology Foresight Programme," 1994.

에 대한 설명
• 패널의 작업이 전체 프로그램에 맞춰가는 방식 설명
• 자신들의 작업을 지원하기 위해 패널들이 이용 가능한 인적, 하부구조적(훈련 포함) 그리고 재정적 자원 설명.

본 문서는 프로그램의 모든 패널 위원들에게 배포되었고 패널들의 진척상황을 모니터링하기 위한 후원자 및 프로젝트 관리팀에 의해 이용되었다. 유사한 위임 사항들이 다른 미래예측 활동에서 이용되어왔다.

(2) 2단계: 패널 구성

일단 패널 과제가 형성되면, 패널 위원들을 모으는 과제가 시작된다. 패널 모으는 단계를 살펴보면 다음과 같다.

표 3-7 패널 프로필 개발시 고려사항

고려사항	내 용	충 고
구 성 (Composition)	패널과제를 다루기 위해서는 어떤 지식의 결합이 필요한지에 대한 것	① 미래예측에 있어서 그 활동의 권한, 신용, 정통성을 달성하려면 자격이 있어야 하고 공평한 것으로 이해되어야만 하기에 주요한 이해관계에 따른 분쟁 가능성 ② 실제 재정, 전문적, 정치적 등 다양한 종류의 이해관계를 주어진 분야에서 어떤 개인이 그 분야에 있어 가지고 있음 ③ 현재 문헌상으로는 미래예측 패널에 있어 이해관계의 충돌이나 편견의 효과에 관한 보고는 거의 없거나 전혀 없음(연구가 거의 수행되지 않았음) ④ 참조 패널 이용, 미래예측프로세스 그 자체에 있어서의 투명성, 조직 및 또는 전문적 소속을 체제 밖에 두도록 장려하는 방법론적 설계(부당한 영향력을 방지하기 위해) 같은 보호수단 필요
균 형 (Balance)	공평한 분석과 결론을 보장하기 위해서 패널에 나타나야 하는 견해/입장/가치 판단/과학적 분야의 혼합은 무엇인지에 대한 것	균형을 이루는 데 좋은 몇몇 충고가 캐나다 왕립협회의 전문가 패널에 관한 매뉴얼에 제시되고 있다: "때때로 균형은 패널 위원자격에서 나타나는 대립하는 견해를 가짐으로 인해 이루어질 수 있다. 다른 상황에서는, 특히 상충하는 견해들이 강하고 사실적 테스트에 종속되지 않을 경우, 논쟁의 관점에 대해 강력하게 지지하지 않는 위원들을 찾는 편이 더 나을 수 있다. 그런 경우의 패널 프로필은 강하게 반대하는 측으로부터 최고의 증거와 논거를 도출하기 위해서는 각 위원들이 보충되어 더 많은 균형을 지향해야 하고 간단한 보고, 워크숍 프리젠테이션 등에 의존해야 한다."

1) 패널의 프로필을 개발하는 단계

패널의 과제 측면에 있어서 필요한 전문성의 종류 및 또는 이해관계자들을 파악하는 것과 같은 패널의 프로필을 개발하는 것이다. 이때 고려되어야 할 두 가지 상호 연관된 고려사항들이 있다.

2) 적합한 참가자를 파악하기 위한 단계

위의 사항을 고려해서 실제적인 차원에서는, 개개 참가자를 실제로 파악하기 위한 다수의 접근방식들이 있다. 이러한 것들은 아래의 〈표 3-8〉

표 3-8 위원들과 참가자들을 모집하기 위한 세 가지 방법

방 법	내 용
인적 접촉 (Personal Contacts)	• 프로젝트에 이미 개입된 자들에게 알려진 이름들을 이용. 정책계에 네트워크를 잘 구축해 두고 있지만, 다른 지식원에 대한 접근이 결여된 엘리트들인 '상습 용의자들' (usual suspects)을 참가시킬 위험. • 미래예측 결과를 실행하는 책임을 진 기관들이 수락 가능한 사람들을 패널에 둔다는 것은 정책 영향력에 있어서도 중요한 것. • 한편, 패널이 '상습용의자들' 과 같은 엘리트들로만 구성되는 그러한 상황을 피하기 위한 주의가 필요.
이해관계자들 (Stakeholders)	• 이해관계가 있는 분야의 주요 이해관계자들을 파악하고, 그들에게 이름들을 제공토록 요청. • 주요한 이해관계자들은 일반적으로 전문가 패널의 구성과 절차 설계에 기여하게 되고, 이는 이러한 이해관계자들이 패널 결과를 믿을 만한 것으로 보게 되도록 확신시켜 주는 데 일조할 것. • 이해관계자들과 후원자들에 의한 패널 형성은 패널 위원자격에 대한, 특히 위원장 자격의 주요 역할에 대한 거부권으로 확대될 수도 있음 이는 영국 국가 기술 미래예측 프로그램에서 일어났던 일이고, 동 프로그램에서 후원자와 소수의 관계 부처들과 연구 위원회들은 기본적으로 패널 위원자격 리스트에 대한 거부권이 주어졌었음.
정식 프로세스 (Formal Process)	• 좀 더 체계적인 조사 프로세스와 관련됨. 전문성과 이해관계자의 유형이 파악됨(1차 이름들이 제안됨). 이들로 하여금 주요 인물들을 지명토록 요청함(새로운 이름들을 소개). 그런 다음 참가토록 요청될 최종 인물들 선정. • 기술 미래예측은 서로 다른 공동체, 학문분야 및 사상들 간의 상호작용에 관한 것이어야만 함(예를 들어, 후원 부처로부터의 지명된 사람들만으로 패널을 채우는 것으로서는 잘 달성될 수 없음). 따라서 이것이 많은 국가 기술 미래예측 활동들이 미래예측 프로세스에 새로운 인물들을 초청함으로써 지식 기반을 넓히기 위해 공동지명 접근방식을 이용해온 이유인 것.[25]

25) 공동지명 접근방식(The co-nomination approach) : 영국 기술 미래예측 프로그램이

과 같이 '인적 접촉', '이해관계자 개입' 및 '정식프로세스' (예를 들어, 눈덩이 표본추출방법의 한 형태인 공동지명)로 나누어진다.

이들 세 가지는 그들의 적합성에 대해 조사되어야만 한다.

이러한 방법들의 최초 목표는 패널 위원자격에 대한 후보들에 대한 긴 리스트를 만드는 것이다.

3) 의향 타진하는 단계

최종 선발 후보자 명단이 합의되면, 지명된 개인들이 대해서 미래예측 패널에 기꺼이 봉사할 지에 대한 의향을 타진해야 한다.

- 일반적으로 프로젝트 매니저에 의해 전화연락을 통해 수행됨
- 이러한 초기 접촉기동안 동同 활동에 대해 지명된 사람에게 설명해야 하고, 주요 과제와 가장 중요한 필요한 시간과 노력에 대해 알려야 함.[26)]
- 수락할 수 없는 개인들 또는 패널 위원으로 참여하도록 요청받지 않는 자들은 예를 들어, 설문지 및 협의 문서의 수령인 및 또는 워크숍과 다른 협의 포럼에 초대받음으로써 활동의 다른 부분에서 이용될 수 있는지 타진함.

1993년에 최초로 공동지명을 이용했다. 약 600여명 정도가 먼저 전통적인 지명 방식과 데이터베이스에 들어있는 세부 연락사항들을 통해 파악되었다. 다이렉트 메일에 의한 설문지가 이 그룹에 배포되었고, 이들로 하여금 (a) 자신들만의 전문성을 기술하고, (b) 관련 전문성을 미래예측활동에 제공할 수 있는 다른 여섯 사람들을 지명토록 했다. 지명된 새로운 사람들의 이름이 데이터베이스에 기입되었고 동일한 설문지가 다시 송부되었다. 평균응답률 40%가 두번의 설문지 반복을 통해 달성되었고, 1,400개의 돌아온 양식들이 동 활동에 대한 추가로 5,200개의 새로운 이름들을 생성시켰다. 이들 가운데서, 17%가 한번 이상 지명되었고, 복수지명이 패널 위원들을 검증하기 위한 중요한 (비록 독점적이진 않지만) 기준이 되었다. 비록 프로그램 운영그룹이 결국 패널 의장과 부의장을 선정했지만, 15개 패널 가운데 13개에서 적어도 이들 가운데 하나 정도는 공동지명 활동을 통해 검증되었다. 영국이 공동지명을 성공적으로 이용한 이래, 미래예측 활동에 대하여 많은 지지가 있었으며 헝가리, 체코 공화국, 남아프리카 및 오스트리아를 포함한 많은 나라들에서 이용되어왔다.

26) 과거 미래예측활동을 통해 보면, 대부분의 사람들이 특히 동 활동이 이목을 끌고 있고 정치적 후원을 받는다면, 그러한 패널에 봉사하도록 요청받은 데 대해 우쭐하게 되고 일반적으로 초청을 수락하게 됨을 알 수 있다.(Michael Keenan, "Using Expert and Stakeholder Panels in Technology Foresight-Principles and Practice," PREST, 2004.

4) 패널 의장 선정단계

의장 선출에 있어서도 특별히 언급되어야만 한다. 미래예측에 있어서 의장을 선출하는 데 있어서 주요한 기준들은 다음과 같다.

- 프로필과 지위
- 전념할 수 있는 시간
- 주어진 공동체(또는 전국적으로) 내에서 잘 알려져 있고, (더 중요한 것은) 존경받고 있는 사람을 두는 것이 패널 작업에 매우 귀중한 상승효과를 제공하게 될 것

위의 기준에 부합하는 사람이 권한과 정통성을 부여하게 된다.

만일 의장이 많은 존경을 받고 있다면, 사람들은 조사에 더 잘 응답하고 패널보고서를 더 잘 읽는 경향이 있다. 불행하게도, 유명인사들 다수는 아주 바쁘기 때문에 단순한 패널 위원보다 적어도 2배 정도의 시간을 투입해야 하는 기술 미래예측 패널의 의장역할을 하기 어려운 것이 현실이다. 그러나 아주 불가능한 것만은 아니다. 이것은 프로젝트 매니저의 측면에 있어서 아주 많은 노력을 필요로 하게 한다.

패널 의장으로 일하게 되는 개인의 적합성에 대한 추후 고려해야 할 것은 팀을 이끄는 능력, 훌륭한 프로젝트 관리 기량(특히 대부분의 기술 미래예측 활동에 공통적인 시간적 제약을 두고 볼 때), 그리고 후원자와 이해관계기관을 다루는 정치적 기량이다.

5) 패널의 수에 대한 선정 단계

기술 미래예측활동을 조직할 때 추가로 고려해야 할 것은 임명해야 할 패널의 수에 집중된다. 어떤 정해진 규칙은 없지만 어떤 활동에 있어서는 전체 과학과 기술(S&T)기반을 다루는 데 있어 겨우 6~8명 정도의 다소 소수의 패널을 임명한다. 반면에, 다른 경우에서는 동일한 목적을 위해 15~20명 정도를 임명할 수도 있다. 임명할 패널의 수에 관한 결정은 재무비용, 활동관리 과제 등의 자원에 대한 관련성을 가진다. 패널이 적을수록, 비용도 더 적어진다. 더 많은 수의 패널은 이슈에 더 집중할 수 있게 하고 심도 있는 검토를 가능하게 하지만, 서로 다른 초점 간의 의사소통이 어려워지게 되는 위험도 있다.

표 3-9 유럽의 국가적 S&T미래예측 활동의 선정에 있어서 패널위원 수[27)]

활 동	패널위원 수	동 향
오스트리아	7	사회 / 기술
프랑스 KT 2005	9	사회 / 부문 / 기술
독일 델파이 93	15	부문 / 기술
헝가리 TEP	7	부문 / 기술 / 사회
아일랜드	8	부문 / 기술
포르투갈	23	부문
스페인	8	부문
스웨덴	8	사회 / 부문
영국1 (1995)	15	부문 / 기술
영국2 (2000)	15	부문 / 사회

위의 표를 분석해보면 관련 이슈는 각 패널에 임명할 패널위원들의 수와 관련된다. 대부분의 미래예측활동은 패널 당 12~25명을 선정해 왔고, 평균 숫자는 약 15명 정도이다.

6) 재무 및 협동 비용 고려단계

재무 및 협동 비용이 패널 임명시 고려되어야 한다. 패널과 지원 인력을 모으고, 회의를 개최하고, 델파이 또는 시나리오와 같은 방법들을 이용하고, 보고서를 작성하고, 최종결과물을 보급하는 데에는 시간이 필요하다. 재무비용은 실행 가능한 수단을 포함한다.

① 패널 위원 및 또는 패널 의장에게 보수가 지급될 수도 있다(일반적 관행은 아님). 세간의 이목을 끄는 활동에 있어서 패널 위원과 연관된 명성이 일반적으로 충분한 보상되어 왔다. 체코의 기술미래예측 활동(2001)에서는 패널 의장과 패널 위원들에게 보수가 지급된 금액은 일반적인 전문 컨설팅 요율에 의한 서비스에 대한 것이 아닌 활동의 전념에 대한 감사의 표시의 의미로 지급되었다.

② 패널은 독자적으로 운영하지 않고 일반적으로 촉진자 및 또는 비서의 지원을 받게 된다.

- 비서의 지원: 의사록 및 문서 작성은 후원자 또는 활동을 수행하기 위한 계약을 준 기관 직원에 의해 제공될 수 있음.

27) Michael Keenan, "Using Expert and Stakeholder Panels in Technology Foresight-Principles and Practice," PREST, 2004.

- 회의의 촉진: 주로 패널 의장에 의해 수행됨.
- 추가적인 전문가의 촉진: 시나리오 회기 운영, 델파이의 주제문 작성을 위한 것임.

③ 연구 및 기술적 서비스가 패널작업을 지원하기 위해 필요하게 된다.

- 연구 및 기술 서비스는 종종 '사내' in-house에서, 후원자 또는 프로젝트 관리팀에 의해 제공될 수도 있음
- 다른 경우에서는, 전문가 보고서를 작성하고, 데이터 등을 수집 및 분석하기 위해 외부의 전문적 지식을 가져올 필요가 있을 것임.

④ 교통비, 기타 통신비(전화, 문서 급송택배 등) 또한 고려될 필요가 있다.

- 많은 미래예측 활동에서 전문가 또는 이해관계자들은 예를 들어, 독일과 영국에서처럼 지리적으로 사방에 흩어져 있고 회의들이 대부분의 패널위원들이 이동해야만 하는 다수의 서로 다른 장소에서 개최될 수 있음
- 일부 국가들은 회의들이 분리될 수 있는 두개의 주요 센터들을 갖고 있음
  남아프리카(케이프타운과 요하네스버그)와 터키(앙카라와 이스탄불)가 국가 기술 미래예측 패널회의가 주로 두 군데 센터에 걸쳐 분산되어 있음.

⑤ 패널회의가 자주 이동하게 될 경우, 시설대여 또한 필요할 수도 있다.

- 후원자가 회의를 위해 자신의 건물을 이용 가능하게 하는 것이 통상적인 일
- 때때로 패널위원들 자신의 조직들이 종종 유사 시설을 무상으로 제공 가능함. 만일 회의가 하루 이상 연장될 경우, 호텔 숙박비를 지불할 필요가 있음

⑥ 만일 패널이 설문지 조사를 수행하고 또는 워크샵을 조직할 경우, 자료가 제공될 필요가 있으며 보고서가 발행되고 보급되어야 할 것이다.

이들 과제를 완료하기 위해 필요한 시간과 비용에 대한 현실적 평가

가 이루어져야 한다. 이것이 처음에는 어려울 수 있고, 특히 필요한 시간과 관련해서 저평가하는 것이 일반적이다.

(3) 3단계: 시작하기

일단 패널 의장과 다른 패널위원들이 임명되면, 이들은 손에 들고 있는 과제들에 대한 추후 상세 보고를 필요로 하게 된다. 이것은 최초 패널 회의시에 마주보고 할 수 있다.

이러한 대면보고는 아래사항이 사전준비 됨에 따라 이루어진다.

① 좀 더 상세한 프로젝트 계획,

② 이용할 방안에 대한 요약,

③ 그리고 나머지 패널위원들에 대한 간략한 이력서를 패널위원들에게 사전 배포

이것은 패널위원들이 최초 패널회의[28]에 도착하는 시점까지 그 활동에 대한 합리적인 지식을 갖고 있을 것을 의미한다. 다수의 국가 기술미래예측 활동은 또한 패널위원들에게 자신들이 이용할 실무 관례와 방법들에 친숙할 수 있도록 하는 훈련 워크샵을 이용해왔다. 훈련 수업은 경험 있는 트레이너 및 촉진자에 의해 진행되어야만 한다.

본격적인 패널회의 시작은 다음과 같다.

① 간략한 소개 후, 패널 의장 및 또는 프로젝트 매니저는 미래예측 활동의 범위와 이 범위 내에서의 패널의 과제에 대한 논의를 이끌

---

28) 최초 패널회의에 특별한 주의를 기울이도록 하는 것이 필수적이라고 본다. 최초 패널회의에 대한 구성 제안은 다음과 같다(캐나다 왕립협회로부터 각색됨).

① 최초 활동 제안서를 작성하는 데 관여된 의장 또는 프로젝트 매니저가 이끄는 위임사항의 기원, 배경, 과제 진술서, 및 목적에 대한 논의.

② 위임사항에 관해서 후원자(들)와 논의 및 기원, 전후 관계, 일정 원칙, 목적 등에 관한 이들의 견해 논의[선택사항].

③ 기타 주요 관객, 특히 미래예측 결과를 고려해서 행동할 것으로 기대될 수 있는 주요 이해관계자의 기대.

④ 패널 구성과 균형에 관한 논의. 각 패널 위원과 프로젝트 관리팀에 의한 연구에 연관된 자신의 이력에 대한 완전한 프리젠테이션

⑤ 종종 후원자 등에 의한 연구에 중요한 주제에 관한 브리핑 및 또는 패널위원들 간의 브레인스토밍을 통한 미래예측 연구의 주제에 대한 최초 투입

⑥ 합의된 접근방식과 계획을 도출하기 위한 패널과 프로젝트 관리팀 간의 연구에 대한 접근방식 및 계획 논의

어야 함(후원자와의 논의가 뒤따를 수 있음)

② 그 다음으로 논의가 더 확대되어, 더 넓은 이해관계자 그룹, 특히 미래예측 결과를 고려해서 행동할 것으로 기대될 수 있는 사람들 그룹의 기대에 대한 고려를 포함

③ 더 충분한 소개를 위해서는 추가 시간을 소비할 필요가 있게 되고, 패널위원들은 몇 분 동안 자신들의 관심사와 경험을 좀 더 상세하게 설명하게 됨

이 시점에서, 패널위원들은 예상되는 지식의 공백을 메울 추가 위원들을 선임할 필요가 있다고 결정할 수도 있음(필요하다고 간주되는 경우, 2차회의 때까지 신규 위원들이 선임 가능) 이러한 모든 절차적 과제는 종일 회의에서 2~3시간 정도 차지하게 됨

④ 패널위원들로 하여금 그들의 작업에 있어서 고려할 필요가 있는 이슈들(데이터 접근, 패널의 연구 필요성에 관련된 이슈들)에 대해 생각하기 시작하도록 하는 것 또한 중요함

(이는 프리젠테이션과 패널 브레인스토밍 회의: 이러한 회의의 프로세스와 내용은 패널의 검토과제에 달려 있는 반면, 패널 논의의 결과는 아마도 추후 논의를 위한 예비 질문 및 이슈 공식화를 포함하게 될 것)

⑤ 과제에 대한 전체적인 접근방식을 공식화하기 위해 2~3시간 정도 남겨둘 필요가 있음: 다수 기술미래예측 활동에 있어서, 패널들에게는 자신들이 활용하게 될 방법, 특정일까지 나오게 될 산출물 유형, 자세하게 명시된 위임사항들이 부여되는 경우가 있음[29)]

---

29) 논의되고 결정될 필요가 있는 사항들은 다음을 포함한다.

- 실무 관례와 패널 구조 — 예를 들어 패널은 전체적으로 또는 하부 그룹을 통해 일하게 되나요? 특정 패널 위원들이 특정 부문을 이끌도록 지시를 받나요?
- 어떤 방법들이 이용되는지요?

  이러한 방법들을 이용하는 데 있어서 데이터 및 연구 요건은 무엇인지요?

  데이터는 어떻게 수집 및 분석되는지요?

  누가 연구를 수행합니까(프로젝트팀, 컨설턴트, 패널위원 등)?

  어떤 광범위한 협의가 이루어집니까?

  전문가 방법론에 있어서 어떤 촉진이 요구되는지요?

  패널은 미래예측을 실천하는 경험 있는 사람이 이러한 질문들에 효과적으로 답할 수 있도록 도와줄 것을 필요로 한다.

(4) 4단계: 미래예측작업 수행

미래예측을 시작하는 목적과 방식은 그러한 활동에 있어서 전문가 및 또는 이해관계자 패널의 역할과 같이 다소 변화하기 쉽다. 그러므로 여기에서 패널의 방법론에 대해 명확하게 하기란 어려운 일이다.

일반적으로 패널은 미래예측활동에 대한 주요한 프로세스 센터(허브)로서, 데이터와 공동체 의견을 수집하고 분석하며, 시나리오와 같은 다양한 미래예측 방식을 채택하고, 실행을 위한 우선과제 및 권고안을 공식화한다. 다른 경우에 있어서, 이들에게는 더 광범위한 프로세스 내에서 아주 특정된 과제가 주어진다. 예를 들어, 환경조사에서 발견된 취약점에 대해 의견을 제시하거나 델파이 주제문을 공식화한다.

그러나 몇몇 일반적 원칙들은 강조되거나 또는 심지어 되풀이할 가치가 있다.

① 원칙 1

패널로 하여금 미래와 미래에 도달하는 방법에 대해 창의적으로 생각하도록 하는 데 있어서의 도전이다.

우리의 빠른 세계는 단기주의와 전개되는 사안에 대한 대응책을 강요하는 경향이 있다. 그러므로 패널이 장기간의 기간과 주어진 주제에 관한 다양한 관점에 주의하도록 확실히 할 필요가 있다.

창의성을 장려하는 데 다음과 같은 것들이 유용하다.

- 여러 창의성과 관련한 인터넷 사이트로부터의 조언과 함께 창의성 코스와 안내서
- 힘을 북돋워주기 위해 영감을 주는 또는 토론을 좋아하는 연사를 일부 회의에 초대
- 창의적인 '해설이나 기사'(예를 들어, 에세이)
- 미래예측과 미래 연구의 세계로부터 차용해온 주요 미래예측 방법

- 패널회의의 일정은 어떻게 됩니까? 이것은 총 회의수와 그 주기를 포함한다. 이는 패널들 간에 심지어 동일한 미래예측활동 내에서도 다양할 수 있다. 패널(또는 프로젝트팀)은 또한 각 회의의 주제를 정하는 것을 결정할 수도 있다. 예를 들어, '회의 3번'이 SWOT분석과 같은 것을 다루도록 예정될 수도 있다.
- 최종보고서를 포함한 패널의 산출물에 대한 일정은 어떻게 되는지요? 진척도를 추적하고 모니터링하기 위해, 합의된 표석 차트가 공식화될 필요가 있다.

들의 일부(전문가 패널에서 인기 있는 접근방식은 브레인스토밍과 시나리오 작성)

- 다양한 이력을 지닌 위원들로 패널을 구성
- 패널위원들은 그 특정 조직의 '단체'가 아닌 개인의 고유 행동을 장려

② **원칙 2**

패널은 잘못된 결과로 이끄는 오류를 범해서는 안 된다. 이들의 분석과 권고는 인구통계학적 변화와 같은 정확성에 대한 합리적인 신뢰로 예측 가능한 현재 및 과거의 건전한 데이터에 기초해야 할 필요가 있다. 따라서 SWOT 분석, 검토 및 경향 분석이 일반적으로 이용된다.

- 몇몇의 경우 추가연구 및 데이터분석이 대개 요구되고, 이는 프로젝트팀 멤버, 외부 컨설턴트, 또는 심지어 패널위원들에 의해서 수행될 수 있음
- 미래예측 패널은 대개 데이터를 수집하고 분석할 시간이 거의 없는 굉장히 바쁜 사람들이기 쉬운 지원자들로 구성되므로 작업의 상당 부분은 패널위원들이 쉽게 이해할 수 있는 형태로 분석해주는 프로젝트 매니저 및 또는 기술 컨설턴트들로부터 아웃소싱할 필요가 있음

③ **원칙 3**

폭넓은 협의의 필요성과 그에 따른 혜택이다. 여기에서 유의해야 할 점은 패널이 내부 논의로 만족할 수도 있다는 점이다(일들이 더 빨리 행해질 수 있고, 심의의 범위 및 방향에 대한 더 큰 통제가 가능).

- (심지어 위원들이 다양한 이력을 갖고 있는 경우에도) 자기들끼리만 논의하는 패널은 중요한 정보 및 관점을 놓칠 위험이 존재함
- (직접적인 연루를 통해 얻어진) 패널의 결과에 대한 이해관계자의 참가는 저평가해서는 안 됨
- 협의가 자신만을 위해서 이루어져서는 안 됨: 전체적인 방법론적 접근방식에 있어서 분명한 목적을 가지고 있어야 함
- 패널이 봉사하는 또는 속해있는 공동체에만 국한해서 접근해서는 안 됨

미래예측활동은 다양한 패널들 간의 연계를 개발함을 통해 다른 공동체와의 상호작용을 위한 여지를 제공할 필요 있음.

- 일반적으로, 협의는 워크샵, 설문지 조사, 전문가 의견청취, 델파이, 협의문서, 인터넷 메일 그룹 등을 포함한 다양한 메커니즘의 배열을 통해 수행 가능

④ 원칙 4

패널위원들은 바쁜 사람들이기 때문에 그러한 작업에 대한 시간상 요건을 고려할 필요가 있다.

지원자로 구성된 패널의 전체적인 통제는 굳건하게 명시된 위임사항이 제공되는 경우 상대적으로 수월하다. 패널은 특정 과제를 수행하기 위해 잘 규정된 구조 내에서 정해진 횟수만큼 만나게 된다. 그러나 미래예측 활동의 대부분의 패널들에게는 더 광범위한 과제가 주어지게 되고, 이에 따라 이들은 자신들만의 접근방식과 자신들의 보고서 내용에 대해 결정할 수 있는 자유와 상대적 자율을 갖는다.

⑤ 원칙 5

의장의 역할과 그에 따른 프로젝트 매니저와의 관계가 중요하다. 예를 들어, 모든 패널 회의 이전에, 의장은 프로젝트 관리팀과 회의 의제 및 서류 또는 분석에 대해 논의해야 한다. 의장과 프로젝트 매니저가 모든 회의 안건에 대해 합의하는 것이 중요하다. 이렇게 함으로써, 이들이 패널 회의에서 서로 지지할 수 있게 된다(의장이 논쟁을 억제해야 한다는 것을 의미하는 것 아님).

- 의장은 다양한 관점에 대한 표시 및 논의를 장려
- 공정성과 융통성을 발휘하여 그룹의 의견 일치 유도
- 패널에게 주어진 한정된 예산과 시간을 효과적으로 대처하기 위한 의장과 프로젝트 관리팀과의 조화 필수

⑥ 원칙 6

패널과 다른 공공위원회에 대해 중요하게 고려해야 할 점은 책임과 투명성이다. 이와 관련해서, 비공개 패널회의 내에서 토론 내용은 공개적으로 보고될 수도 있다(비록 원칙은 이를 기밀로 유지해야 하는 것이지만).

- 이런 원칙 하에서, 패널위원들은 공개적으로 설명할 필요 없이 의견을 제시할 수 있는 상대적 자유를 가짐
- 회의는 녹음되어야 하고 의사록이 작성되어야 함(후자는 개인적 의견이 충분히 익명 처리된다면, 웹사이트상에 공개적으로 이용 가능)
- 패널위원들은 이러한 기밀유지의무를 존중
- 프로젝트 매니저 및 또는 패널 의장의 명시적인 인가 없이 미디어 또는 다른 그룹에 알려서는 안 됨
- 미디어와의 관계는 주의 깊게 관리되어야 하고 정보 유포전략도 개발
- 패널의장은 미디어, 후원자 및 청중을 다루는 데 있어서 패널과 그 보고서에 대한 공식 대변인 역할을 해야 함

⑦ 원칙 7

프로젝트 매니저는 정기적인 주기로(활동기간에 따라 4~6개월마다) 간략한 진척 보고서를 발행해야 한다. 반면에, SWOT분석, 문헌 검토 등과 같이 패널을 위해 또는 패널에 의해 작성된 분석 또한 공개적으로 이용되어질 수 있다. 이런 식으로 패널이 활동하게 되는 근거 기반(및 가정)이 정밀하게 조사될 수 있다. 이러한 보고는 또한 더 광범위한 행위자의 공동체와 협의할 기회로 이용될 수도 있다. 그러므로 많은 미래예측 활동에 있어서, 예비분석 및 조사결과를 포함한 중간보고서가 발행되고 피드백이 요청된다.

(5) 5단계: 의견일치 도달 및 우선순위 파악

미래예측에 있어서 패널에 전문위원을 임명하는 주요 목적 가운데 하나는 정책에 대해 조언하기 위한 목적으로 인정받는 전문가 이해관계자 그룹의 일련의 이슈에 대한 심의를 이끌어 내는 데 있다.

패널 내에서건 공동체에 걸쳐서든지 분석과 논증적인 논쟁은 깨달음을 이루는 데 도움이 된다. 그러나 정책에 대한 조언은 대개 이것보다 '잘 정돈된 패키지' neaterpackages, 예를 들어 우선순위priorities와 권고recommendations에서 요청된다. 이것은 무엇을 왜 할 필요가 있는지를 분명하게 나타내고, 권고의 경우 누가 조치를 취해야 하는지를 제시한다.

① 우선순위

우선순위를 결정하기 위해서는 다음과 같은 원칙이 필요하다.

- 패널은 신뢰받기 위해, 결정은 투명하고 체계적이어야 함
- 분석과 패널 토의를 통해 일정 수준의 의견 일치와 토론의 종결 유도
- 패널 멤버들 사이에 심각한 의견 차이가 계속되면 이 의견 차이는 모호하게 놔두는 것보다는 부각시켜야 함: 예를 들어 패널들이 중요한 기술 작업에서 큰 주제 목록의 우선순위를 정해야 할 때, 보통 투표 절차가 사용[30]

② 권 고

권고는 패널이 밝힌 우선순위에 비추어 해야 하는 행동을 제시하고 이름을 명명한 조직에 지시되는 경향이 있다. 이것은 권고는 매우 정치적인 성격을 가진다는 것을 의미한다. 이 이유르, 많은 미래예측 작업은 전혀 권고를 하지 않거나 아니면 적어도 패널 분석과 우선순위 설정 활동을 권고 설정 과제에서 분명히 분리한다.

- 만일 권고를 한다면, 패널의 분석과 우선순위가 함축하는 의미를 고려하기 위해 이해관계자의 특별 포럼이 조직됨
- 패널이 정책과 투자 권고를 하는 기술 미러예측 작업들이 존재 (위험이 따를 가능성이 있는 이유는 조직을 당황하게 할 가능성이 존재)
- 위험을 최소화하기 위해, 패널의 권고가 부각하는 것에 이름이 명명된 사람들의 반응을 판단하기 위해 먼저 그들과 상의하는 것을 고려

그리고 패널은 정책 변화를 위해 거의 로비스트처럼 행동하면서 정치적 협상을 하고 있는 자신을 발견할 위험이 항상 있다. 이 상황은 패널이 의사결정자들이 사용할 수 있는 여러 정책 옵션을 열거하고 그리고 한 가지 선택을 추천하지 않은 채, 각 옵션의 정책적 영향을 밝히고 설명한다면 어느 정도 피할 수 있다.

---

30) Czech Technology Foresight Programme(체코슬로바키아 기술 미래예측 프로그램, 2001)에서처럼 투표를 온라인으로 하고, 이론적으로는 패널 외에 초대한 개인들에게도 공개할 수 있다.

(6) 6단계: 패널 과정과 결과물 보고

패널들은 작업이 종료되었을 때 그리고 그 중간에 그들이 발견한 것을 보고해야 한다. 보고를 해야 하는 주요 근거는 분석과 발견한 것을 유포하고 앞으로의 행동을 위한 우선순위와 권고를 제시하기 위함이다. 그러므로 보고서는 의도한 청중에 맞추어야 한다. 보고서는 또한 패널들이 발견한 것을 뒷받침하기 위해 사용할 수 있는 최선의 증거를 참고하여 패널들이 일을 성실하게 했다는 것을 증명하기 위해 사용된다.

- 보고서 준비는 패널 기간의 시작부터 신중한 주의를 기울여야 함
- 아무리 불확실 하더라도 일찍부터 보고서의 뼈대를 정의하고 나중에 이것을 다듬는 것이 좋음
- 이것은 패널들에게 특정한 과제가 주어졌을 때 더 쉽지만, 패널들에게 더 넓은 범위와 자유가 주어졌을 때 더 어려워질 수 있음

첫 번째 UK Foresight Programme(영국 미래예측 프로그램, 1994)에서 분야 패널들에게 준 최종 보고서에서의 지침은 패널들에게 나눠줘야 했던 때보다 약간 늦게 배포되었다(패널이 일을 시작한 지 약 6개월 후 그리고 스폰서에게 보고서 초안이 전해지기 2달 전).

이것은 다음 사항들이 포함되어야 함을 강조한다.

- 개요
- 배경 자료: 다루고 있는 주제 분야의 설명과 그 과제에 대한 패널의 접근 방식의 설명
- 기초: 주제 분야의 상대적 장점과 약점에 대한 벤치마킹 데이터와 다음의 10~15년 동안 그 주제 분야가 나아갈 가능성이 큰 곳에 대한 경향과 가정의 검토
- 주제: 패널이 심의한 주제의 설명, 장애와 기회의 설명, 사실에 입각한 우선순위의 제시
- 권고: 우선순위에 대한 반응으로 취할 실질적 단계의 개요
- 미래예측 과제와 미래에 대해 성찰하는 요약 결론

패널 멤버들 자신이 최종 보고서를 쓰는 책임을 질 수 있지만 패널의 간사(프로젝트 관리 팀의 일부)가 이 일에 앞장서고 그 과정에서 패널

멤버와 상의하는 것이 더 일반적이다. 대개 패널 의장이 보고서 초안을 만드는 데 중추적인 역할을 한다.[31] 프로젝트 관리팀은 보고서의 초안을 만들기 위해, 한 가지 일관적인 스타일을 확실히 하기 위해서만이 아니라 패널이 발견한 것을 가능한 한 보기 좋게 제시하기 위해 전문적인 작가를 배정할 수도 있다.

출판 전, 패널 보고서는 (i) 사실적인 혹은 분석적인 오류, (ii) 우선순위와 권고에 어떻게 도달했는지 설득력 있게 보여주는 분석의 통합성 (iii) 보고서가 읽기 쉬운지 그리고 겉보기가 좋은지를 확인하기 위해 동료 검토가 있어야 한다.[32] 보고서 초안은 보통 검토를 위해 스폰서에게 보내진다.

---

31) Royal Society of Canada(캐나다 왕립 학술원)는 전문가 패널에 관한 안내서에서, 이것에 관해 다음과 같이 강조하고 있다.
"의장은 보고서의 모든 초안을 검토하고 보고서 전체가 일관적이고, 논리적이며, 통일성이 있도록 해야 한다. 의장의 지적 리더십은 반대를 기각하거나 보고서의 메시지에 대한 통제권을 잡는 것보다는 분석, 다른 사람들의 기여에 대한 건설적 비평 그리고 향상을 위한 권고를 통해 행사되어야 한다. 의장이 중요 부분의 초기 초안에 책임을 질 것인지 아니면 다른 사람이 준비한 초안을 평가, 수정, 통합하는 역할에 머물 것인지는 프로젝트 특정의 몇 가지 요소에 달려 있다. 의장의 시간을 초기 초안을 만드는 사람으로 묶는 것은 보고서 전체의 건축가 그리고 통합자로서의 의장의 능력을 감소시킬 수 있다. 반면에, 의장이 패널에 특별 전문성을 가져온다면, 의장은 이들 주제에 대한 최선의 작가 선택일 것이다."

32) 첫 번째 UK Foresight Programme(영국 미래예측 프로그램, 1994), 패널의 보고서를 평가하기 위해 검토자들이 사용한 기준; 영국 미래예측 패널 보고서 평가를 위한 기준(1996)
- 분야 정황: 보고서는 그 분야의 영국(그리고 세계) 경제에 대한 중요성을 설명하고 있는가? 경제 안에서 다른 분야들과의 관계가 명확하게 밝혀져 있는가?
- 이야기: 이 과제에 패널이 접근한 방법과 미래에 대한 비전을 개발한 방법이 일관되게 설명되어 있는가? 적절한 범위의 사회적, 기술적, 경제적, 환경적, 정치적 요소들이 평가되어 있는가?
- 우선순위 결정: 우선순위 기준(경제 사회적 혜택, 기술 기회, 산업 능력 그리고 과학 기반 능력)을 적절하게 고려했고 우선적인 권고를 끌어내는 데 분별 있게 적용하였는가?
- 권고: (1) 권고가 우선적인 것에서 자연스럽게 나왔는가?
  (2) 자금제공고객과정책고객 즉, ResearchCouncils연구위원회, HigherEducation Funding Councils고등교육재정위원회, 다른 정부 부서, EC FrameworkEC 프레임워크 프로그램 매니저, 사기업, 자선기금 등을 위한 명확하 고 행동 가능한 메시지가 있는가?
  (3) 권고는 합리적인 규모이고 보고서에 시간 계획표의 관념이 있는가(긴급한 조치, 정기적인 중기 프로그램, 장기에 걸친 독립적 이니셔티브)
- 미래 네트워크: 보고서는 분야 간의 네트워크가 미래에 어떻게 가능할 것인지에 대한 명확한 비전을 제시하는가?
- 부가 자료: 적절한 보완적인 자료가 첨부되어 있는가?(혹은 안내서를 제공하는가?)

(7) 7단계 : 패널 조사결과의 유포

패널이 발견한 것에 대한 유포Dissemination와 실행Implementation은 처음부터 고려되어야 하고 패널의 접근 방식은 이것을 염두에 두고 고안되어야 한다.

1) 유 포

- 시간과 비용 면에서 예산을 세워야 함
- 스폰서가 유포활동에 중요한 역할을 할 가능성이 크기 때문에, 패널 의장은 패널 보고서에 포함되어 있는 메시지를 유포하기 위한 스폰서의 전략에 대해 스폰서와 상담해야 함
- 특정 과제를 수행하도록 패널을 모은 경우에는, 스폰서만이 그 전체 작업에서 발견한 것들을 나중에 유포할 책임이 있을 수도 있음

2) 실 행

- 패널보고서를 출판할 때, 패널보고서는 주로 보도자료로 발표
- 패널 의장은 일반적으로 보고서를 홍보하고, 적어도 첫 번 보도자료 발표에서, 내용에 대한 질문이나 의문에 답함
- 약간의 시간이 흐른 뒤에는, 스폰서가 패널이 발견한 것에 대한 주요 대변인이 될 수 있음
- 미디어 그리고 혹은 보고서 전체를 읽을 시간이 없을지 모르는 고위 의사결정자를 대상으로 보고서의 요약을 준비할 수 있음
- 모든 패널보고서는 다루고 있는 주제 분야 그리고 권고(만일 있다면)에 따라 특정 청중이 존재하며 패널보고서는 청중에게 흥미로워야 하고 전하고자 하는 메시지를 명확히 전해야 함
- 패널의 보고서는 필요시에 권고와 함축하는 의미를 워크샵에서 토의하고, 의논하기 위해 회의 그리고 협의회에서 공식적으로 발표되는 경우가 상당히 많음
- 패널이 발견한 것의 유포와 권고의 실행을 촉진하기 위해 보고서가 출판된 후에도 패널이 존속 가능(예, 영국 미래예측 프로그램)

4. 패널 기법의 적용사례

(1) 사례연구 1 : 첫 번째 영국 기술 미래예측 프로그램 패널

다음은 영국에서 있었던 기술예측 프로그램에 관한 것이다.

■ **배경**Background

1. 1994년 2월 28일, Chancellor of the Duchy of Lancaster과학부 장관은 기술 미래예측 프로그램의 주 작업을 수행할 15명의 분야 패널을 발표하였다. 프로그램은 세 단계가 있다.
   이 세 단계는 다음과 같다.
   (a) 초기 미래예측 작업(1994년 4월~8월)
   (b) 이 초기 작업의 결과에 대한 상담(1994년 9월~12월)
   (c) (a)와 (b)에 비추어, 영국 산업과 과학과 엔지니어링 토대의 상대적 장점과 약점을 고려하여 분야 안에서 그리고 분야간 우선순위의 평가(벤치마킹) (1995년 1월~3월)
2. 목적은
   (a) 어느 작업 분야 패널이 어떤 시간 척도로 착수해야 하는지 명확히 하기 위해
   (b) 패널의 작업이 특히 Chief Scientific Adviser수석 과학 자문관, Office of Science and Technology과학 기술청 OST 그리고 Technology Foresight Steering Group기술 미래예측 운영 그룹을 포함하는 프로그램 전체에 어떻게 들어맞는지 명확히 하기 위해

■ **1단계: 초기 미래예측 작업**(1994년 4월 8월) 1: Initial Foresight Work

3. 각 패널은 작업 시작점에서 다음을 고려하고자 할 것이다
   (a) 그 분야의 연구회와 전문기관의 작업을 포함하여 그 분야에서 이미 착수한 작업에 어떻게 잘 접근하고 사용할 수 있는지(예를 들어 시장과 기술 데이터베이스 그리고 다른 관련 미래예측 작업)
   (b) 이후 10년에서 20년에 걸쳐 그 분야에서 시장 발달에 영향을 끼칠 가능성이 큰 주요 경제적 경향과 사회적 경향
   (c) 이후 10년에서 20년에 걸쳐 어떤 새로운 제품, 과정 그리고 서비스가 등장할 것인지
   (d) 그 분야에서 영국이 기술혁신의 선봉에 남아 있도록 하기 위해 어떤 과학과 기술 발달이 필요한지
   (e) 그 분야 내에서 기술적 가능성

4. 각 패널은 1994년 5월 말까지 과학기술청과 운영그룹에 위의 작업에 관한 간단한 진행보고서를 준비해야 한다. 운영그룹과 과학기술청은 1단계의 나머지 기간 동안 어떻게 작업을 최선으로 진행할 지에 관해 패널과 연락을 할 것이다.
5. 1단계의 목적은 각 분야 패널이 1994년 8월 말까지 이후 10년에서 20년에 걸쳐 그 분야에서 일어날 가능성이 있는 시장과 기술적 발달에 대한 예비보고서를 작성하는 것이다. 이 보고서는 운영그룹과 과학기술청에 제출된다. 과학기술청과 운영그룹이 논평을 하면, 이들 보고서는 공식 협의의 기초 역할을 할 것이며 이것을 각 패널은 프로그램의 2단계에서 착수한다(1994년 9월~12월)

■ **1단계 중 패널의 작업 방법** Working Methods of the Panel during Phase 1

6. 위의 작업을 어떻게 수행할지는 각 패널이 결정하고 각 패널은 과정을 어떻게 진행할 것인지에 관해 의장의 지도하에 유연성이 주어질 것이다. 어떤 경우에 많은 작업이 이루어졌을 것이다. 또 어떤 경우에는 패널은 거의 아무것도 없는 상태에서 시작해야 할 것이다. 각 패널은 많은 전문가 풀(예를 들어, 패널 멤버로 선택되지 않은 그 분야의 전문가)의 표본(예를 들어 30~50명), 관련 산업협회, 전문기관, 정부기관과 연구회, 기술연구조직, 과학기술청, 그리고 공동 지명 과정에서 밝혀진 네트워크와 상의하기를 원할지도 모른다.
7. 패널들은 특정 과제에 작업 그룹을 설립하거나 특정 문제에 대한 연구를 의뢰하고자 할 수도 있다. 각 패널은 관련 혹은 중복되는 분야의 패널과 견해를 교환할 협의를 하기를 원할지도 모른다.
8. 패널들 전체에 걸쳐 토론을 돕기 위해, 프로그램의 심의 단계에서 다룰 질문과 문제를 작성할 때 비슷한 형식을 따르기를 원할지도 모른다. 3월/4월 동안 의장과 패널 멤버들에게 모형 조사양식이 소개될 것이다. 그러면 패널은 이 양식을 그들 분야의 각 상황에 따라 적합하도록 만든다.

■ **2단계: 광범위한 상담 단계**(1994년 9월에서 12월)
Phase 2: Wider Consulatation Phase

9. 운영그룹과 과학기술청의 논평에 비추어, 각 패널은 예비보고서를 델파이 과정과 지역의 워크숍을 통해 광범위한 상담을 거쳐야 한다. 과학기술청이 패널들을 위해 운영할 델파이과정을 사용하여, 분야 전체에 걸쳐 모든 양상이 적절히 고려되었는지 확인하기 위해 예비보고서의 조사 결과를 모든 분야 패널에서 뽑은 전문가에게 묻는다. 분야 패널은 지역 워크숍을 통해 상담한다.

10. 이런 광범위한 상담은 다음 시간표에 따라 착수한다

(a) 각 패널은 9월 말까지 델파이과정에 속한 전문인력에게서 초기 응답을 받는다.

(b) 각 패널은 10월 말까지 지역 워크숍 시리즈를 끝내야 한다.

(c) 각 패널은 10월 말까지는 델파이과정에 속한 전문인력에게서 두 번째 응답을 받아야 한다.

(d) 각 패널은 이 광범위한 상담 단계의 결과를 요약하여 운영그룹 의장에게 1994년 말까지 보고서를 제출해야 한다.

■ 3단계: 우선순위의 평가(1995년 1월에서 3월)

Phase 3: Assessment of Priorities

11. 패널이 12월에 제출한 보고서에 관한 운영그룹과 과학기술청의 논평에 비추어, 각 패널은 운영그룹 의장에게 1995년 1월 말까지 다음을 다루는 최종보고서를 전달해야 한다.

(a) 미래시장에서 중요하다고 여기는 요소들과 그 요소들의 상대적 중요성

(b) 새로운 기술적 발달을 미래시장에 연결할 가장 유망한 기회의 평가

(c) 2단계에서 밝힌 그리고 과학기술청의 미래예측 팀의 벤치마킹 작업에서 밝힌 패널이 생각하는 영국의 산업, 과학, 기술의 장점과 약점

■ 패널의 작업이 미래예측 프로그램 전체에 어떻게 들어맞는가

How the Work of the panels fots into the Foresight Programme as a Whole

12. 기술 미래예측 운영그룹의 충고, 공동지명 과정의 결과 그리고 다른 대표를 고려하여 분야 패널 의장과 멤버는 수석 과학자문관과 과학기술청장이 임명한다.

13. 매일 매일의 문제에 대해 각 패널과 과학기술청 사이의 중요한 접촉점은 기술 비서(아래의 16절 (i) 참조). 또한 과학기술청 중앙 미래예측 팀이 각 패널의 의장과 연락한다.

14. 각 패널은 사정인 그리고 분야 패널과 운영그룹 사이의 접촉점 역할을 할 미래예측 운영그룹의 한 명 혹은 그 이상의 멤버들을 배정한다. 관련된 정부 부서도 각 패널에 관찰자를 둔다.

15. 패널보고서가 초안 단계에 있을 때, 과학기술청 중앙 미래예측 팀은 그 초안이 다른 패널, 운영그룹 멤버, 그리고 관련 정부 부서에 보급되도록 한다. 최종보고서는 과학기술청장 그리고 운영그룹의 의장으로서 W.D. Stewart 교수에게 전달해야 한다.

■ **패널이 사용할 수 있는 자원** Resources Avalable to Panels

16. 패널에는 의장과 부의장 그리고 다음이 있다

(i) 패널의 작업에 행정 도움을 제공하는 기술 비서(예를 들어, 패널 회의, 문서의 초안과 유포, 의장과 협의하여 회의 외의 조치를 취하는 것.

(ii) 특정 분야에 지식을 가진 상담역으로 OST가 고용한 촉진자. 패널은 프로그램 1단계 동안 그 분야에 작업하기에 적절한 미래예측 방법들에 대한 충고를 제공하는 촉진자를 이용할 수 있다.

(iii) 운영그룹의 한명 혹은 그 이상의 사정인

17. 보충적으로, 과학기술청은 각 패널에 만일 있다면 그 분야에서 이전에 수행된 미래예측 작업에 관한 정보를 각 패널에 제공한다. 과학기술청은 또한 각 패널이 상담의 도움을 위임할 수 있도록 약간의 예산(대략 10,000파운드)을 각 패널이 사용할 수 있도록 한다.

OST는 3월과 4월 중 프로그램 전체에 그들의 작업이 어떻게 들어 맞는지 그리고 패널이 그들의 작업을 어떻게 조직할 것인지에 대해 제안을 하기 위한 실용적 지식을 각 패널 멤버에게 주기 위해 일련의 미래예측 정보의 날을 기획한다.

(2) 사례연구 2 : 기술 미래예측 분야 패널의 최종보고서를 위한 틀

전문가와 이해관계자 기술 미래예측 패널을 제공한 사례는 다음과 같다.

■ **길이와 스타일 가이드** Guidance on Length and style

- 개요(1페이지)
- 본문 25~30 페이지(될 수 있으면 25페이지)
- 기술적 용어의 최소 사용
- 부록이나 별첨에는 길이나 스타일 제한 없음
- 설명적 요약(널리 유포하기 위해 별도로 출판된): 3~4페이지

■ **최종보고서 구성** Structure of Fianl Report

1. 개요 Executive Summary
2. 서론 Introduction

2.1 분야와 분야의 특성의 설명
예를 들어 크기, 과학 기반과 정부와의 전통적 관계, 부를 창조하고 삶의 질을 향상시킬 가능성, 기술의 사용자 혹은 공급자, 기술적 혹은 상업적 하부구조의 일부 등을 포함

2.2 패널과 작업 프로그램
예를 들어 작업 기술, 상담 방법(델피 설문지, 지역 워크숍과 문서 제출), 다른 분야와의 관계, 프로그램에 다른 전문지식을 끌어들이기 등을 포함

3. 근거 Foundations

3.1 벤치마킹
예를 들어, 분야의 다른 부분의 상대적 크기와 장점의 설명. 영국의 다른 분야에 비교하여 그 분야의 장점과 약점의 설명. 다른 나라의 유사한 분야에 대한 영국에서의 그 분야의 장점과 약점의 설명. 이 부분은 부록으로 보충할 수 있다.

3.2 시나리오
작업 가정, 미래에 대한 시나리오와 예측 그리고 그것들이 어떻게 권고를 지지하고 정보를 제공하는지. 또한 미래를 형성하는 주요한 원동력을 다룸. 이 부분은 부록으로 보충할 수 있다.

4. 주제 Topics

4.1 우선적 시장, 기술 혹은 제품 기회.
우선적 기회를 밝히고 설명하고 가능하면 벤치마킹과 시나리오와 관련짓기.

4.2 우선순위 정하기
사용한 방법과 기준

4.3 진전을 막는 장애물
이미 밝힌 기회를 가로막고 서있는지도 모르는 진전에 대한 위협과 장애물을 밝히고 설명. 이것은 현재의 활동 분야를 포함할 수 있는데, 그런 활동은 새로운 이니셔티브를 위해 축소할 수 있다.

4.4 주요 우선순위
높은 수준의 영향 때문에 특별히 주의를 기울여야 하는 진전에 대한 우선적인 몇 개(예를 들면 6)의 기회 혹은 장애물

5. 실행을 위한 권고 Recommendations for Implementation

5.1 이미 밝힌 우선순위와 주요 우선순위에 대하여 해야 할 실제적 단계
이것은 예를 들어 권고를 진전시키기 위해 사용할 수 있는 행정적 틀의 설명을 포함할 수 있다

5.2 주요 권고

5.3 XYZ 분야에서 기술 미래예측의 미래

6. 결론Conclusion

기술 미래예측 프로그램, 우선순위 그리고 권고에 대한 간단한 의견

■ **참고서, 부록 목록과 별도 출판물 목록**

References, List of Appendices and List of Separate Publications

05 ●●●

주요국가의 미래예측 적용사례

1. 영국에서의 미래예측[33)]

(1) 영국(UK)에서의 미래예측 동향

미래예측에 대한 일반적인 정의 두 가지는 영국에 기반을 둔 미래연구소들이 제시하고 있는데, "전략적 연구 부문을 파악하기 위한 목적으로 과학, 기술, 경제 및 사회에 대한 장기적인 미래를 체계적으로 살펴보기 위한 프로세스 및 가장 위대한 경제 및 사회적 혜택을 가져올 새로운 특유의 기술들"(Ben Martin, 1995)로 묘사하고 또는 "산업 경쟁력, 부 창출 및 삶의 질에 강력한 영향력을 미칠 수 있는 그러한 과학적 및 기술적 발전을 평가하는 체계적인 수단"(Georghiou, 1996)[34)]으로 묘사하기도 한다. 이러한 정의들은 최근 들어 시스템 구축 및 프로세스 혜택을 더 강조하는 경향으로 다소 대체되는 실정이다(Michael Keenan, 2004).

(2) 영국(UK) 미래예측의 전개

영국은 델파이를 시작으로 하여, 독일과 영국을 포함한 유럽 전역의 전문가들을 패널로 위임하여 유럽 전 국가 전략사업 육성을 위한 거의

33) www.foresight.gov.ulc
34) 과거 과학기술 전문가에 의해 이루어지거나 혹은 시장이 함께 검토되던 시기를 지나 현재에는 광범위한 사회의 이해관계자를 포함해 사회적 요소까지도 포함하는 문제해결형의 개념으로 이행하고 있다.

모든 분야에서 미래예측기법을 적용 및 활용하고 있다.

영국의 미래예측 프로그램은 'OST' Office of Science and Technology에서 실시한다. 1993년에 시작된 후 지금까지 100여개가 넘는 보고서가 발간되었으며, 참가인원만 해도 수만 명에 이른다.[35] 1990년대 초반에는 새롭게 등장하는 중요한 기술들을 찾아내고 우선순위를 설정하는 데 도움을 줄 수 있는 방법론을 도출하고자 범부처적인 4개의 작업그룹(박병원, 2005)[36]이 만들어졌다.

표 3-10 영국의 Foresight Future 2020 진행과정

구 분	패널 구성	추진방법 및 주요 산출물
1차 ('94~'99)	• 16개 분야 산 · 학 · 관의 전문가, 10,000여명 패널이 참여 - 16대분야 : 농업 · 자연자원 & 환경, 화학, 커뮤니케이션, 건축, 국방&우주, 에너지, 금융서비스, 식음료, 건강생활과학, IT/전기, 레저 & 교육, 제조업 · 생산 & 비즈니스 프로세스, 해양, 재료, 소매업 & 유통, 교통	• 20년간의 시장, 기술의 기회와 가능성 연구 - 향후 10~20년간의 과학, 엔지니어링, 기술, 인프라 트렌드 분석 • 1995.5 Foresight Process Report 발간
2차 ('99~'02)	• 3가지 주제, 11개 분야 패널 참여 - 3대 주제 : 고령화, 범죄예방, 2020제조업 - 11대 분야 : 건축환경 & 수송, 화학, 국방 · 우주 & 시스템, 에너지&자연환경, 금융서비스, 식품유통관리, 건강관리, 정보통신 & 미디어, 해양, 재료, 소매 & 소비자 서비스	• 사회와 시장 트렌드와 관련한 과학 · 기술의 혁신에 관심 - 교육, 기술, 훈련, 지속발전과 관련된 지표 개발을 고려 • 160여회 워크숍/세미나, 52회 지방세미나 및 103회 보고서 발표 • 2002.9 Foresight Future 2020 발간

1) 영국의 미래예측 계승

1차 미래예측은 보수당 정부에 의해 주도되어 관련된 모든 이해관계자들로부터 전폭적인 지지와 관심을 받았던 경험을 지식기반사회와 새로운 일자리 창출에 관심이 많았던 새로운 노동당 정권이 더욱 높아진 관심으로 이를 계승하고자 하였다.

35) 영국의 1차 Foresight future 2020(1994~1995)에서 16개 분야 산 · 학 · 관의 전문가 10,000여명 패널이 참여

36) OST와 DTI Department of Trade Industry, PREST Policy Research in Engineering, Science&Technology, 맨체스터대학와 SPRU Science & Technology Policy Research 서섹스대학, 자문그룹, 독일의 연구소등 4개 팀을 구성하였다.

2) 인터넷을 기반으로 한 지식 풀Knowledge-Pool 도입

더욱이 인터넷을 기반으로 한 지식 풀Knowledge-Pool이 도입되어 1차 미래예측에서의 단순한 기술향상에 따른 부의 창출이 아닌 삶의 질을 향상시키기 위한 문제해결 및 지속 가능성을 모색하고, 다양한 이해관계자들의 참여와 미래예측 결과의 활용과 확산을 주도하게 되었으며, 정책형성과 정책결정에 있어 적극적으로 반영하기 위한 노력을 시도하였다.

3) 영국에서의 미래예측의 초점

영국에서의 미래예측은 의사결정 의제와 긴밀하게 연계되기 때문에 광범위한 사회적 네트워크를 통해서 미래예측 활동에 대한 지식공유와 합의에 초점을 두고 범국가적 · 국가적 · 지역적 차원의 다양한 미래비전 도출을 시도하였다.

4) 전방위적 미래예측fully-fledged foresight 제시

장기적 분석 및 종합, 참여적 네트워크 형성, 행동방향 3가지 요소를 가지고 정책결정을 위한 의사결정과정에 필요한 지식과 변화요인들의 네트워킹을 통해 미래전략을 수립하였다.

5) Young Foresight

10~20세 사이의 젊은이들을 대상으로 미래 경향과 소비 패턴을 예측할 수 있는 교육 및 훈련을 위한 프로그램 시작, 미래예측 활용 능력 조기교육을 실시하였다.

6) working partnership 형성

① 과학과 엔지니어링의 발전이 사회, 경제, 정치적 변화에 미치는 영향을 분석하여 시나리오를 구성하였다.

② 이를 통해 미래기술 정보제공 목적 외에도 새로운 시장의 기회와 기술 동향에 접근하기 위해 과학자와 산업계간의 최적화된 새로운 작업제휴관계working partnership를 형성하려는 목적이었다.

③ 이러한 관계 설정은 영국의 혁신체제상 주요 문제점인 산업계와 과학기반 간의 취약한 연계성을 해결하려는 의지를 나타낸 것으로 볼 수 있다.

④ 하지만 정치적인 이유와 예측의 효율적 활용을 위하여 2002년부터 예측조사 형식을 전면적으로 수정; 기존의 델파이 조사방법을 폐기하고 일반 시민들의 참여를 유도할 수 있는 매년 3~4개의 주제에 대해 시나리오 작업을 실시하였다.

⑤ 이는 소수의 전문가들만 이해할 수 있는 비전이 아닌 미래를 창출하기 위한 적극적인 수단으로 누구나 공감할 수 있고 이해관계자들의 다양성을 통하여 불확실성을 명확히 밝혀주는 실효성 있는 정책수립을 위한 수단으로 활용하려고 노력하였다.

7) 예측 주제 선정 기준(Michael Keenan, 2006)

미래예측 주제선정 기준은 다음과 같다.

① 최소한 10년 이상의 중장기적인 주제로 미래과학기술이 직접적인 영향을 미칠 수 있는 분야 여부

② 결과가 정책결정자에게 의미 있는 주제여야 하며, 동시에 다른 나라에서 연구하고 있지 않은 분야 여부

③ 다학제적 접근이 필요한 분야 여부

④ 주요 이해당사자에게 직접적인 지원을 얻을 수 있으면서 관련 부처의 적극적인 지원이 필요한 분야 여부

8) 영국의 미래전략기구

① 모든 정부부처에 전략국장 직위Strategy Directors를 신설하였다.

② 정부혁신수행실, 총리실 산하 미래전략실, 국가운영정책연구센터가 통합되어 2002년부터 총리실 산하의 미래전략처Strategy Unit를 신설하였다.

③ 미래전략청의 역할은 영국생존전략 가이드 개발, 고위공무원 훈련, 미래전략포럼, 각 부처 전략국장을 위한 네트워크 및 협력체계 구축 등을 시도하였다.

표 3-11 영국의 Foresight Future 2020 단계별 종합정리(1차~2차 예측조사)

1차 미래예측 조사(보수당 주도)		2차 미래예측 조사(노동당 주도)	
(1) Preforesight	• 1993년 Realizing our potential 발표하고 조정위원회 구성하여 방법론에 대한 원칙 정함(델파이 초점) • 패널 16개 분야 선정[37)] • 패널 산 · 학 · 연 전문가, 정부 관계자 등 전문가 포함 • foresight 용어 시도	(1) consultation	• 1차 미래예측 정밀재검토부터 시작 • '삶의 질' 에 초점 • 상호간 네트워크 기능 강조 • 예측결과의 확산 및 활용방안, 영향평가에 대한 고민 시작
(2) Main Foresight	• 델파이 조사를 위한 패널 분야에 맞는 설문지 작성 • 3,000명 의견 수렴	(2) Panel [38)]	• 직접적인 응용에 주안을 두고 패널 분야 선정 • 패널 구성원들 교육과 훈련, 지속가능성장에 대한 고민 요구
(3) Reporting	• 28개 과학기술분야 및 18개 기반분야 우선순위설정 포함 • 미래예측 결과활용을 위한 360 정책적 제언 제시	(3) Task forces	• 필요에 따라 특별한 이슈 및 문제해결 위한 실무작업팀 구성하여 활용 (65개 TF팀, 500여명 전문가)
(4) Foresight Implementation	• 미래예측결과를 통해 선정된 우선순위별로 연구개발 예산이 투자되었음 (24개 연구그룹) • 다양한 분야의 전문가 패널의 참여와 미래예측 결과의 즉각적인 활용으로 인해 정책형성 및 정책결정에 영향을 미침	(4) Association Programmes	• 관련된 다른 부처 미래예측조사 참여 (DST와 MOU통해 협력하는 수준)
		(5) Knowledge Pool	• www.foresight.gov.uk를 구축 · 운영하여 외부적으로는 정보교환과 예측결과 확산과 활용에 사용하였으며, 내부적으로는 일상적 지시, 미래예측 일반정고 공유에 활용(매달 5만건 접속량 기록)
		(6) Consultation, Coordination & Reporting	• 160회 가량의 워크숍과 세미나 개최 52개 지역 세미나 열렸음 • 103개 개별 논문과 보고서 발간 • 최종보고서 조정위원회가 취합 • 취합된 결과물이 정책에 반영되기 위한 연구시작

37) www.foresight.gov.uk
16개 분야 : 1. 농업,산림과 원예 2. 천연자원과 환경 3. 화학 4. 건설 5. 국방 및 항공우주 6. 에너지 7. 금융서비스 8. 식품 및 음료 9. 건강 및 생명과학 10. IT, 커뮤니케이션, 전자기술 11. 레저 및 학습 12. 제조 생산 및 경영 13. 소재 14. 도소매 및 유통 15. 수송 16. 해양
38) www.foresight.gov.uk

그림 3-17

영국의 2002년 이후 미래예측 프로그램 주제

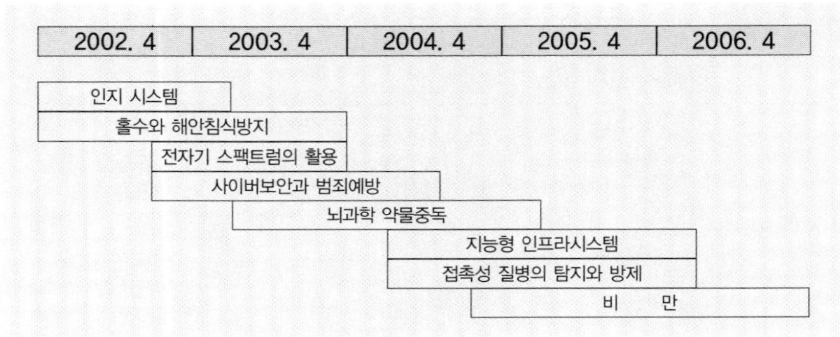

※ 출처 : 박병원(2005)

2. 프랑스에서의 미래예측

프랑스의 미래예측 활동은 1990년대 들어 본격적으로 수행되었다. 1993년 일본의 미래예측조사와 같은 방식으로 MESRMinistry of Higher Education and Research에서 수행하였으나 결과가 광범위하게 공유되지는 않았다.

첫 번째 사업에서는 1993~1994년에 산업부Ministry of Industry에서 프랑스 기업을 위한 100개 핵심기술을 도출하여 1995년 발표하였고, 1998~1999년에 2차사업을 통해 8개 영역, 총 119개의 미래기술을 도출하여 2000년 8월에 보고하였다. 초기에 600개 핵심기술 후보를 도출하여 매력도에 따라 200개로 줄인 후 최종 119개를 선정하였다.

두 번째 사업에서는 1차 사업과는 달리 소요자 중심의 기획이 되도록 하였다. 또한 기술들의 상호 작용에 중심을 두어 학제간 연구에 초점을 두었으며 참여 전문가를 대폭 확대하였다. 이 중 정보통신 기술분야 기술 중 일부를 보면 실리콘 마이크로 일렉트로니스, 지능형 센서, 대용량 저장장치, 네트워크 보안소프트웨어, 대용량 마이크로배터리, 대량데이터 전송장치, 가상현실 소프트웨어, 분산형 컴퓨팅 소프트웨어, 대형 복잡계 엔지니어링, 데이터처리 소프트웨어가 도출되었다.[39]

분야별 패널 10개 분야: 1. 환경 및 수송 2. 국방 및 우주항공 3. 금융서비스 4. 보건의료 5. 소재 6. 화학 7. 에너지 및 천연자원 8. 음식과 농업 9. 정보, 통신과 미디어 10. 소매 및 고객 서비스

주제별 패널 3개 분야: 1. 고령화 사회 2. 범죄 예방 3. 제조업

39) 프랑스 2005 미래예측 보고서의 정보통신 분야 핵심기술

표 3-12 프랑스 Technologies cles 2005의 정보통신 분야 핵심기술

• 실리콘 마이크로 일렉트로니스	• 대량데이터 전송장치
• 지능형 센서	• 가상현실 소프트웨어
• 대용량 저장장치	• 분산형 컴퓨팅 소프트웨어
• 보안소프트웨어	• 대형복잡계 엔지니어링
• 대용량 마이크로배터리	• 데이터처리 소프트웨어

※ 자료: 박병원(2005)

3. 유럽연합에서의 미래예측

(1) '유럽지역의 미래' 미래예측 전개

유럽통합과정이 진행되면서 이와 관련된 향후 20년 이후의 모습에 대한 시나리오가 형성되었다. 독일의 시나리오 관리 국제기관(ScMI)과 영국의 St. Andrew 관리연구소가 협력하여 시나리오를 작성하였으며, 이 프로젝트의 이슈는 '유럽지역의 미래The Future of European's Regions'에 대한 것으로 유럽은 언제, 어떻게 통합될 것인가, 유럽지역문화는 살아남을 것인가, 유럽은 번영할 것인가의 3가지 문제에 대한 앞으로의 미래예측을 실시하였다.

그 방법을 살펴보면, 이 프로젝트에는 여러 유럽 국가에 퍼진 ScMI의 협력기관들이 함께 참여하여 이루어졌으며, 3일에 걸쳐 집중적으로 20년 이후의 유럽지역의 발전상에 대해 5개의 시나리오를 구상하는 작업을 4단계에 걸쳐 실시하였다. 유럽의 미래상을 예측하기 위하여 우선 유럽지역에 영향을 미칠 영향요인을 도출하고 이를 기준으로 5개의 시나리오를 작성한다. 이 시나리오들 중에 현재 시점과 상황에서 앞으로 발생할 수 있는 가능성이 높은 시나리오와 그렇지 않은 시나리오를 구분하여, 로드맵을 구성함으로써, 각 시나리오를 실현할 수 있는 힘force과 점검할 지표Indicator를 도출하여 앞으로 유럽이 나아가야 할 시나리오 구현과 점검을 하도록 하였다.

이러한 단계를 살펴보면 다음 [그림 3-18]과 같다.

그림 3-18
유럽지역의 미래예측 시나리오 구성을 위한 단계

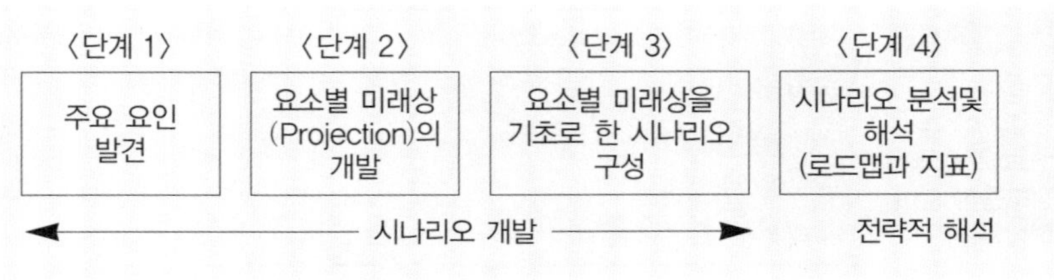

단계 1에서는 시나리오 영역을 결정하게 된다. 이때는 시나리오 영역을 결정하는 주요 요인과 이 요인에 따른 영역을 결정한다. ScMI Partners confernche에서 72개의 영향요인을 확인하였으나, 가장 영향력을 미칠 수 있는 요인을 선별하여 선택한다. 이때 영향력 매트릭스를 이용하여 16개의 주요 요인이 선택되었다.

단계 2에서는 16개의 주요요인과 요인별 정의dimension와 미래의 상projection을 개발한다. 그런 후에 단계 3에서는 각 주요 요인별로 만들어진 미래상을 연결하여 시나리오를 구성한다. 이때 모든 요인의 미래상들이 시나리오 형성에 사용되는 것은 아니다. 16개의 주요요소별 미래상projection을 다시 분석하여 가장 발생할 것 같은 것들만 도출하여 시나리오를 구성한다. 이때 도출된 것들이 실제 시나리오의 주 요소가 된다. 여기에서는 5개의 시나리오가 형성되었다. 각 시나리오들은 더 소규모의 working group에 의해 분석되며, 연계성과 다양성이 도표화The Future space-mapping된다.

단계 3에서는 시나리오와 시나리오가 실현되었을 때, 이익을 얻는 이들Win과 그렇지 못한 이들Loses을 구분하여 각 시나리오별 대상target을 선별하였다.

단계 4에서는 미래 로드맵을 작성하여 시나리오별 발생원인과 해당 미래를 가져오지 않을 원인 그리고 지표를 도출하고 있다. 이때 발생할 시나리오와 그렇지 않은 시나리오에 대한 원인과 지표를 함께 도출하게 되는데, 이를 통해 반드시 나아가야 할 방향으로서의 시나리오에 대한 전략적 해석뿐만 아니라, 앞으로의 경고시스템을 구성하기 위한 방안으로 발생하지 않을 것 같은 시나리오 혹은 발생해서는 안 될 시나리오에 대한 전략적 해석을 한다.

아래의 〈표 3-13〉은 이 미래예측활동을 통해 도출된 각 시나리오 별 영향원인과 지표를 설명한다.

표 3-13 유럽통합에 따른 미래예측의 시나리오 및 지표

시나리오 내용		발생요인	회피요인	지표
1	과거의 국가주의로의 회귀	• 국가이기주의 • 경제적 침체 • 시민 불안	• 공동의식 • 비전적 리더 • 유럽단일화 개념 • 유로화	• 무역장벽 • EU 내 갈등수 • 지역 내 국가주의 • 지역 배분표 (allocation index)
2	세계 성장 압력을 받음	• 현물(real value)에 대한 사람들의 수요 • 전통, 문화, 교회, 공동체, 가족에 대한 소속감 • 국가의존성 • 안전하고 안정된 삶에 대한 수요 • 인구적 균형	• 하이테크 혁신 • 유럽단일화 개념 • 유로화	• 반 세계주의 • Slow-life 운동 • 지역지향교육시스템
3	오랜 습관과 새로운 것 간의 변화발생	• EU 확장 • 지역내 교육시스템 • 사회적 지능산업 (Social smart industries) • 사회혁신	• ICT, 가상현실 • 지역주의 • 지역이슈극단론자	• 오랜 경제의 강화 • 다른 유럽국가사람들 사이의 결혼수 • 지역의회 수 • 실제 권력을 가진 정부들
4	정보커뮤니티가 연계된 지역적으로 통합된 유럽	• ICT • 혁신지향산업 • 유럽단일화 비전 • 지식강조 • 지식-기반경제	• 국가적 활동 • 반 모더니즘 • 보호주의	• IC 혁신관련 특허수 • 휴대폰/인터넷 사용자 수 • 인터넷기반 서비스 • 유럽지역 간의 사회적 정치적 파트너십과 관계성
5	유럽 통합	• 자유시장주의 • 유럽단일화과정 • entertainment • 지향사회 • 대중을 위한 방송매체 • 유로화	• 반자본주의/세계화 움직임 • 지역국가주의 • 전통적 방식의 삶	• 유럽 규약(법) • 부자와 빈자간 격차 • 기록교인의 수 • 무역규제/WTO-GATT에 의한 장벽 감소

※ 출처: S.Flink, Owen(2004)

(2) NEST 미래예측

유럽연합은 2004년부터 제6차 연구개발 기본프로그램(FP6, 2003~2006)에서 NEST New and Emerging S&T로 명명된 프로그램을 추진하고 있으며, 향후 4년 동안 2억1,500만 유로를 투입할 예정이다. NEST 프로그램은 과학기술 분야에서 새롭지만 미래예측이 밝거나 도전할만한 연구, 실패 가능성이 높은 연구를 위해 기존 EU 수준의 우선추진 연구과제가 아니거나 프로그램을 횡적으로 연결하는 연구에 한정된다. NEST는 구체적으로 3개 부문의 하위 프로젝트로 구성되어 있다.

① **어드벤처**ADVENTURE **프로젝트**

새로운 과학기술적 비전을 찾아 비전통적이고 혁신적인 방법을 활용하는 선구적인 연구 프로젝트

② **인사이트**INSIGHT **프로젝트**

사회적인 위험이나 문제를 야기할 가능성이 있는 새로운 발견 또는 현상의 평가에 관한 연구 프로젝트

③ **패스파인더**PATHFINDER **이니셔티브**initiative

특정 태동기 과학기술 분야의 도전적인 연구 프로젝트

표 3-14 유럽연합의 ADVENTURE 프로젝트

ATOM3D	Optical Tweezers를 위한 새로운 광학 조작 기술의 개발
BIODEFENCE	바이오 테러 병기에 의한 공격시 재편성된 GRAS (Generally Regarded As Safe)를 사용해 신속히 면역화하는 완전히 새로운 매커니즘의 발견을 목적
BIOPLASMA	대기 중 플라즈마 처리를 이용한 바이오 엔지니어링
CHIRALTEM	차세대의 전자현미경, Chiral Dichroism의 정확한 측정기법의 개발
EA-BIOFILMS	바이오 필름 박막을 형성해 전극면에 스스로 EA-plug in EA(Electro Active)하는 미생물을 활용하는 것을 목적. 이러한 미생물은 바이오 레미디에이션 생물학적 정화나 바이오센서 등의 분야에서 촉매작용이나 화학반응을 컨트롤하는 혁명적인 수단을 제공
HYGEIA	생물화학적 네트워크 모사와 분석을 위한 하이브리드 시스템
THE OPTICAL NOSE	3,000 가지 이상의 휘발성 유기화합물이 포함되는 사람이 뿜어내는 호흡의 분석에 의해 병의 증상을 찾기 위해 레이저를 기반으로 하는 신형 분석 방법의 개발 이용을 목적

※ 출처: 박병원(2005)

4. 일본에서의 미래예측[40]

일본의 미래예측에 대한 정의는 "이미 알고 있는 과거와 이미 알고 있는 미래의 정보를 단서로 하여 미지의 미래를 발굴, 즉 예측하려는 작업이다"라고 도비오카 켄 미래예측연구회 소장이 아래의 [그림 3-19]와 같이 미래예측을 묘사하였다.

그림 3-19
도비오카 켄 미래예측 연구회 소장의 미래예측 개념도[41]

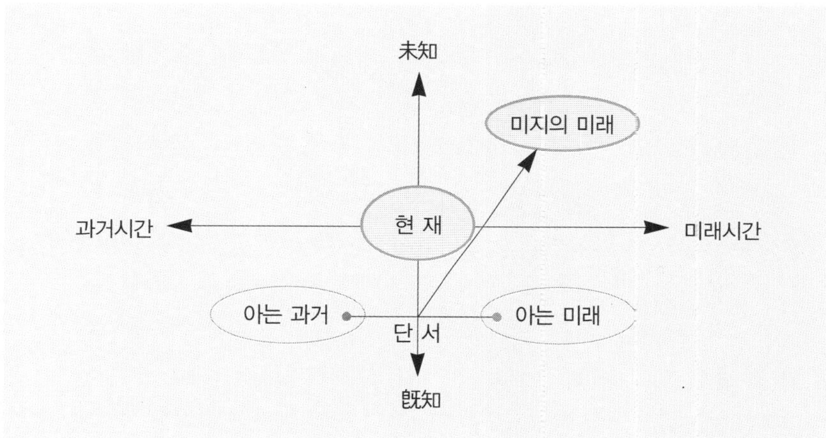

일본은 1970년에 시작된 '일본의 30년 기술미래예측'으로 거슬러 올라갈 수 있다. 일본 정부는 미래 일본의 경쟁력에 중요한 개발 분야를 파악하기 위해 미래의 기술 및 사회 발달에 대한 미래예측을 얻는 데 관심이 많았다. 이러한 관심을 바탕으로 일본의 관료들은 1960년대 후반 미국으로 현지조사를 떠났는데, 당시 미국에서는 일부 정부기관들(국방부)과 많은 대기업들이 기획을 위한 고유의 예측도구들을 개발하고 이용하고 있었다. 이러한 도구들 가운데 일본이 선택한 것은 델파이기법이었는데, 이는 미래에 대한 불확실성이 큰 경우에 이용되는 것으로 당시까지만 해도 이는 일단의 전문가들에 의해서만 중요한 결과를 도출되며 시간과 비용의 절약으로 빠른 기획과 그에 따른 실행을 기대할 수 있다는 장

40) www.sta.go.jp/policy/e-seisaku.html
41) www.knowledgesea.com(도비오카 켄 미래예측연구회 소장의 미래예측 정의)

점이 있었다. 여기서 나온 결과는 국가의 비전에 대한, 즉 미래 발전에 대한 합의를 알려주는 것으로 간주되며, 사실상 이러한 합의는 전문가뿐만 아니라 국민들의 대한 전략적 기획에 있어 지표 역할을 수행했다.

그림 3-20 일본의 미래예측 전개

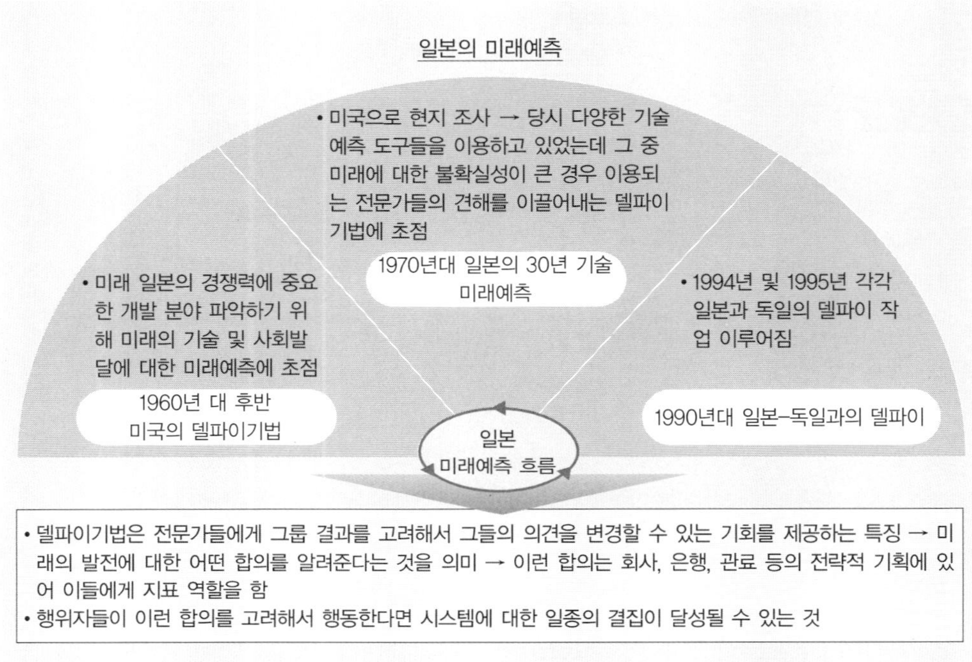

문부과학성(2000년 12월 이전은 과학기술청)은 1971년부터 매 5년마다 미래예측조사를 실시하였는데, 제8회 미래예측조사는 2003년~2004년에 실시하였다(박병원, 2005). 일본의 미래예측조사는 과학기술정책 수립에 이바지함과 동시에 민간의 기술개발전략 수립의 기초자료를 제공하는 것을 목적으로 한다. 이는 기본적으로 일본의 경제, 사회 발전에서 과학기술의 진흥이 매우 중요한 과제임과 동시에 이를 위해서 장기적인 관점에서 기술발전의 동향을 파악해야 한다는 인식에서 출발한 것이다.

여기에 일본은 일본 제3기 과학기술기본계획(2006~2010)에서 기존 조사의 틀을 유지하면서 몇 가지 중요한 새로운 요소를 첨가하였다.

• 논문을 통해 급속히 발전하고 있는 과학기술 영역을 조사하였는데, 과거 수년간 논문 수가 급격히 증가하고 있는 과학기술 영역을 추출하였다.
• 주목되는 과학시술 영역의 발전 시나리오를 그리고자 노력하였다. 약 50개 정도 주목 과학기술 영역의 현재 상황 검토 및 발전 시나리오를 작성, 이에 대한 외부의견을 수렴하였다.
• 과학기술 전문가 이외의 참가를 바탕으로 사회 · 경제적 니즈를 조사하였다.

표 3-15
2030 일본 미래상 구현을 위한 정책방향

미래모습	추진과제
열린문화 창조국가	• 개개인의 능력을 향상시킬 수 있는 교육체계 구축 ⇒ 세계인 지향 • 이노베이션 모델 구축 및 프로젝트 추진 • 과학기술 창조 • 동아시아의 경제통합과 평화 · 안전 확보 • 외국인에 대한 적극적이고 질서있는 포용 • 환경, 에너지 등 범세계적 차원의 과제 주도
건강수명 80세 향유	• 자립지원형의 사회보장 : 건강증진, 취업지원 등 • 전문성 교육 · 훈련, 전직에 장애가 되는 세 · 연금제도 개선 • 기회의 평등 확보와 재도전 기회 제공 : 정규 · 비정규 고용 균형 등 • 안심하고 아이를 키울 수 있는 환경 정비(5년간 집중정책)
풍부한 공공서비스(公) 작은 정부(官)	• 미래세대에 부담을 높이지 않는 재정정책 • 사회보장제도의 지속 가능성 제고 및 젊은 세대 의존성 경감 • 정기적 시장화 테스트 실시 • 지방주권 확립, 선택과 집중에 의한 지역 정책 • NPO 등의 공적 조성, 기회투자 펀드 • 위험을 미래 기회로 연결시킬 수 있는 금융개혁

일본은 이러한 과학미래예측조사 결과를 바탕으로 '국가전략추진 기간기술에 관한 위원회'를 2004년 6월에 설치하여 주요 과학기술 영역의 특징과 국가기술 수준을 분석하고 국가가 전략적으로 추진해야 하는 기간기술[42]을 2005년 1월에 선정하였다. 일본의 경우 1971년부터 미래예측

42) 국가전략추진 기간기술에 관한 위원회에서 국가기간기술의 정의
① 경제 발전 및 국제경쟁력 강화에 기반이 되는 것
② 안전, 안심 확보 등 국가의 유지에 필요한 과학기술도 장기적으로 추진해야 할 필요성 존재

에 대한 연구가 진행되고 있다. 현재 일본은 자국의 경쟁력 강화를 위한 중요 핵심 분야를 파악하기 위해 델파이 기법을 통하여 미래의 기술 및 사회발전에 초점을 둔 미래예측 활동을 국가전략 사업에 대한 예측활동으로서 수행하고 있다.[43]

그림 3-21 일본 과학기술정책연구소의 국가전략 실현예측시간 분포도[44]

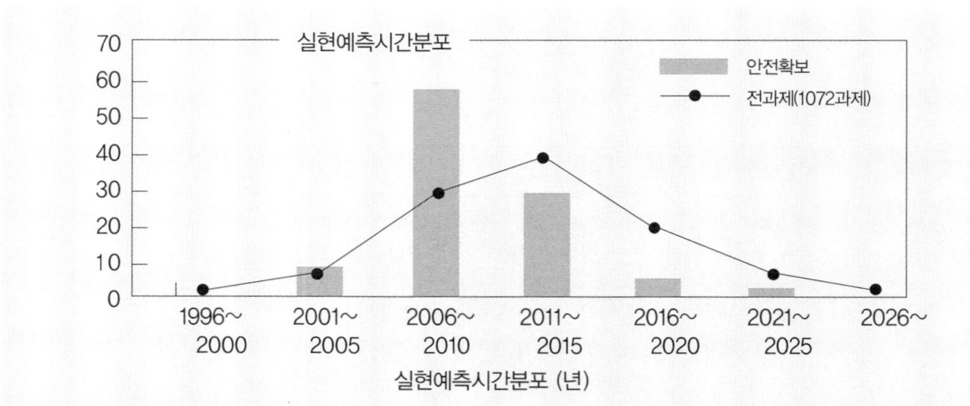

※ 출처: 日刊工業新聞(1997년)

5. 미국에서의 미래예측[45]

미국의 Bright에 의하면 미래예측은 "특정한 논리체계에 따라 기술의 실현시기, 기술특성 또는 성능의 변화속도에 대한 정량적 평가"로 정의된다. 이 정의의 중요한 특징은 예측결과는 같은 자료를 사용할 때 특정한

③ 기술혁신과 세계의 선도를 통해 일본이 국제사회에서 리더십을 발휘할 수 있는 것

43) 일본 문부과학성이 2005년 1월에 발표한 10대 기간기술은 테라헤르츠파를 이용한 초정밀 계측기술, 세계 최고 전자현미경, 초고성능 슈퍼컴퓨터, 차세대 방사선 광원, 해저 탐사시스템, 위성기술, 지구 통합관측시스템, 고속 증식로 사이클 기술, 우주 수송 시스템, 핵융합로가 있다.

44) 일본 과학기술정책연구소의 기술예측조사에 의하면 지진예측·화산분화연구, 방제시스템, 구조로봇, 의료현장의 안전 등 사람의 생명에 관계되는 기술의 실현은, 평균 2010~4년으로 예측되어 있다. 전 과제의 평균보다도 약 2년 빨라지고 있다. 의료현장, 교통통신 등으로부터의 요구에 응답하는 기술이 진행되어 갈 것으로 분석한다. 그러나 지진예측 등 자연재해대책기술은 해마다 그 중요도가 증가되고 있는 데도 불구하고, 조기실현은 매우 어려운 것으로 보여진다.

45) www.whitehouse.gov/wh/EOP/OSTP/SNT/contents.html

논리체계를 통해서 같은 결과가 나올 수 있다는 추론의 특정성 때문이다.

(1) 국가정보위원회

미국의 국가정보위원회National Intelligence Council는 1980년대 창설되어 기국 각 분야의 정보수집 및 평가 후 전략을 세우는 업무에 집중하였다. 국가안보문제, 지구촌 트랜드 등을 미국의 의회 및 정책결정자들에게 정보를 제공하였으며, 조직 이기주의를 타파하기 위하여 미국정보위원회를 설립하였는데, 여기에 속한 수백만명의 전문가 집단들이 바로 Intelligence Community 그룹이다. 미정보위원회는 민간전문위원(학계, 민간기업 등) 수백명으로 구성하고 전문가 싱크탱크를 구축하여 이들로 하여금 프로젝트를 수행하게 하였다.

(2) 미국 국가정보위원회NIC의 'CIA 2020 글로벌 트렌드'

미래의 구체적인 시나리오를 제시하고 있는 국가미래보고서 등이 많은 미래예측 관련 전문가들이 참여한 가운데 지속적으로 발간되고 있다. 공공부문의 전체연구 개발 예산이 우리나라의 20배가 넘고 연구개발 행정체계 또한 각 기관에 분산되어 있다.

이것은 2003년 11월 미래연구기관들의 미래전략가들이 모여 기초를 잡았는데 학자, 기업인, 정부관료, 시민단체, 각 미래연구기관들 연구진들이 NIC 컨퍼런스 워크숍을 열어 1,000여명이 참석하여 지구촌 권력변화와 사회 각 분야의 변화를 예측하였다.

대표적인 에이전시인 미국 랜드연구소RAND Corporation에서 수행하였던

표 3-16 CIA의 Global Trend 보고서

주요 보고서	배경 및 추진방법
Global Trend 2010 (1997.11)	• 1996년 미래 세계 트렌드와 주요국의 영향력에 관한 컨퍼런스를 시작으로 연구 시작 • 학계, 언론계, 기업, 정부 및 기타 전문가 참여
Global Trend 2015 (2000.12)	• 미래를 논의하기 위한 flexible framework • 인구, 자연자원 · 환경, 과학기술, 세계경제 · 세계화, 국가와 국제 거버넌스, 미래 갈등, 미국의 역할을 주요 변수로 미러변화 예측

※ 출처: 미국 National Intelligence Council(2005)

표 3-17 2020 글로벌 트랜드

미래예측	내　　용
아시아의 부상	• 인도와 중국의 경제적 발전 • Global Middle Class의 부상 • 서구화가 아닌, 다른 의미와 세계화 진전
세계 경제의 규모 확대	• 2000년에 비해 80% 성장 • 1인당 소득은 50% 증가
선진국의 고령화	• 이민자 유입으로 인한 사회 갈등 우려 • 일본은 외부 투자로 고령화에 대응 (일본의 중국 경제 의존이 높아질 가능성)
에너지 수요 증가	• 2000년 보다 50% 증가 예상 • 중국과 인도의 부상이 큰 원인 • 중동 이외 유전 개발로 석유 공급은 안정적
미국의 지위 유지	• 유럽의 super power 부상이 변수 • 반작용으로 테러리즘 확산 가능

※ 출처: 미국 National Intelligence Council(2005)

핵심기술 선정에 한하여 살펴보면 랜드연구소의 핵심기술 분석기관은 미국 의회의 입법과 국립과학재단NSF의 자금지원으로 1992년에 설립되었는데, 이 기관은 2003년 폐지 때까지 장기적인 기술전략의 수립과 기술의 경제적 응용에 관련된 유용한 분석을 미국 정부에 제공함으로써 과학기술의 우선순위 설정에 상당한 기여를 하였다.

(3) 랜드연구소가 제시한 미래예측을 통한 핵심기술 선정시 고려 조건들

① **정책 연관성이 있는지 여부:** 선정된 기술이 상업화 및 기술 확산 등 어떤 특정 영역에 있어 정책적인 개입을 필요하게 만드는가를 답할 수 있어야 한다.

② **차별성 여부:** 핵심기술과 비핵심기술을 구별가능, 기존의 선도기술은 포함되면 안 되고 기술의 크기나 범위도 일관성이 존재해야 한다.

③ **재현성 여부:** 선정과정에 참가하지 않는 사람이 같은 방법을 적용했을 때 같은 목록이 나올 수 있도록 방법론은 투명하고 논리적이어야 한다.

표 3-18 Mapping the Global Future('04.12)

시나리오		주요내용
세계화와 아시아 경제 부상 (시나리오 1)	세계 경제의 확산	• 메가트렌드로서 세계화 : 정보, 기술, 자본 등 교류 증대 • 세계 경제 80% 성장, 평균소득 약 50% 증가 • 세계화의 혜택은 국가마다 차이
	기술혁명과 아시아 부각	• 나노, 바이오, 정보, 재료기술의 융합으로 중국, 인도 발전 • 다국적 글로벌 기업은 국가 통제권에서 탈피하여 신기술 확산의 주체로 부각
세계권력 재편 (시나리오 2)	신흥권력으로 아시아 등장	• 중국과 인도가 주요 세력으로 성장, 중국은 제2경제대국으로 성장(미국 세력 약해지지만 제1국은 유지)
	주요국가의 권력변화	• EU는 국제사회 비중 증가되나 사회복지, 교육개혁 등 필요 • 일본은 인구노령화로 경기회복 노력 곤란 • 한국은 통일문제, 북핵문제 등이 지속 • 러시아는 석유 및 가스 수출국으로 국제적 위상 강화 • 브라질, 인도네시아도 유럽국가 경제력에 접근
	에너지 수요증가와 정치관계 변화	• 세계 경제 팽창으로 석유 수요 증가 : 향후 20년간 전체 에너지 소비 50% 증가 • 석유공급 중단을 대비한 각국 석유수요확보경쟁 심화 • 2020년까지 석유, 천연가스 및 석탄의 화석연료가 지배적
지배구조의 변화 (시나리오 3)	인터넷 영향력 증대	• 관심분야별 가상 커뮤니티 확산으로 정부통치 어려움 • 인터넷을 통한 국제적 운동 가능
	종교적 영향에 의한 정치구도	• 종교적 신념에 따른 정체성 형성으로 개별 국가 압력 • 이슬람이 하나의 정치세력으로 단합 가능 • 국가권력을 넘은 권력 창출
	민주화의 정체 및 변형	• 소련, 남동부 아시아 국가들의 민주화 퇴보 • 중국은 아시아적 민주화 방식(선거는 지역에서, 조율은 국가에서 수행) 추구
세계적 불안정 만연 (시나리오 4)	경제 불안정	• 세계화에 따른 경제적 · 문화적 · 정치적 격변 • 직업의 급격한 변화와 직업 재교육 필요
	내부갈등	• 약한 정부, 저성장 경제, 종교적 극단주의로 내부갈등 심화 • 정부통제가 없는 지역이나 집단 발생 가능성
	국제분쟁	• 권력갈등이 전쟁으로 발전할 가능성은 낮음 • 열강 개입으로 인한 갈등은 경고
	핵 문 제	• 중동, 동북아시아의 핵 미보유국의 핵보유 추진 가능
	국제테러	• 향후 15년간 국제테러 유발 갈등 요인 감소하지 않음 • 알카에다는 비슷한 목적의 이슬람 극단주의 그룹과 대치 • IT를 이용하여 테러리스트 조직, 운영방식 변화 • 테러리스트들의 대량살상 야기 생화학무기 및 핵보유 우려

※ 자료 : 미국 National Intelligence Council(2005)

6. 기타 국가별 미래예측 전개과정[46)]

(1) 동남아시아 국가의 미래예측 전개

동남아시가 국가들은 각기 다양한 사회 및 문화적 특성을 지닌 오랜 역사를 바탕으로 한 국가들이 많이 존재한다. 태국을 제외한 대부분의 동남아 지역의 모든 국가들은 과거 식민통치 시대를 경험하였고, 이로 인한 문화적 주체의식에 대한 확고한 신념을 바탕으로 경제적 성공을 이루고 있다.

하지만 과학과 기술의 부분에서 보면 아직도 세계적 수준에 현저히 뒤떨어진다. 이런 이유 중의 하나가 바로 미래예측 활동의 미비와 관련 제도의 미약을 들 수 있다. 즉, 미국이나 영국, 유럽처럼 미래예측 활동이 대규모로 이루어지지 않고 있다는 것이다. 그러나 최근들어 이들 중 일부 국가들은 미래의 국가혁신시스템을 고안하고, 사회 혁신에 대한 미래의 역할을 예측하기 위한 노력은 계속하고 있다. 특히 단기 예측활동이 종종 착수되는데 말레이시아, 싱가포르, 태국에서는 이런 활동들을 미래에 관한 비전으로 간주하고 전 국가적 역량을 집중하려는 경향들이 나타나고 있다. 이외에도 태국, 필리핀, 인도네이사와 같은 국가들이 경제적 후발국가로서의 현 상태로부터의 일진보를 위해 미래예측을 통한 국가발전 전략 도출을 위해 활발히 활동중에 있어 이하에서 소개해 본다.

1) 태 국[47)]

① 전개과정

미래예측 조사연구가 1996년에 수행되었다. 동 예측조사는 Chiang Mai 대학에서 델파이 방법으로 수행되었으며 400명의 과학자와 엔지니어들이 참여하여 미래의 여러 가지 중요기술을 평가하였다.

• 주요 분야

- 기초기반기술, 생명공학기술, 생의학기술, 금속 및 소재기술, 교통

46) 김형수 · 신태영, "개발도상국가들의 과학기술 포싸이트 활동," 한국산업기술평가원 전략기획실, 1997 중심으로 작성.

47) National Science & Technology Development and Chiang Mai University, "Important Future Technologies for Thailand," NSTDA(Bangkok), 1996.

기술, 에너지 및 환경기술, 전자 및 컴퓨터 기술 등

- 설문조사표
  - 자국의 경제적 이익과 후생복지에 관한 기준이 5개 범위로 분류
  - 농가소득과 농촌산업개발, 동 · 식물 · 미생물의 경제적 가치, 산업의 기술수준에 관한 경쟁력, 노동집약적 산업에서 지식 집약적 산업으로의 변환의 중요성, 정보기술에 대한 일반국민의 접근 용이성 및 활용가능성 등이다.

이러한 기준들은 자국의 경제사회발전을 위한 매우 독특한 조사라고 할 수 있다.

태국 같은 개발도상국들은 선진국들을 추격하기 위해 산업 제품의 질을 높이기 위한 노력을 미래예측 활동에 대부분을 포함하고 있으며, 이러한 활동을 바탕으로 기술분야의 세계 경쟁이 가속화 될 가능성이 있다.

② 문제점

국가 과학기술뿐만 아니라 기업의 연구개발 혁신경영에 관한 바람직한 미래의 계획을 수립하는 데 있어 유능하고 자질 있는 과학과 기술에 있어 전문가들의 부족을 들 수 있다. 이러한 문제점을 극복하기 위하여 태국은 1998년부터 2000년까지 APEC 기술예측센터에 자금을 투자하고 있다.

2) 필리핀

① 전개과정

정부의 정책형성자, 과학기술과 경제부문 · 학계 · 민간부문의 전문가들로 구성된 미래예측위원회가 1995년도에 만들어졌다. 동 위원회는 패널방식을 사용하였으며 델파이 방법을 활용하기 위하 심사숙고하였다.

② 문제점

델파이 방법은 속성상 전문가의 의견을 종합하고 종합된 의견을 반복적으로 질문하기 때문에, 시간이 많이 소요되고 국내에서 미래예측의 첫 시도라는 공감대 형성의 부족으로 인하여 예측조사를 실시하는 데 어려움이 있는 것으로 보이며, 지금까지 그 결과는 잘 알려져 있지 않다.

3) 인도네시아

① 전개과정

미래예측 프로젝트를 한 국가기관에서 수행하였다. 동 프로젝트는 11개 분야를 대상으로 주요 대상과제를 선정하여 델파이 방법을 변형하여 활용하였다. 예측 조사된 몇 개의 기술분야는 단 1회의 조사가 이루어졌으며, 또 일부의 기술 분야는 1회의 조사에서 선정된 우선순위 기술과제의 목록에 관한 응답자들의 의견을 조사하는 2회의 조사를 실시하기 이전에 브레인스토밍기법을 효과적으로 활용하였다. 동 프로젝트는 응답자의 의견을 취합하는 데 많은 어려움이 있었으나, 초기의 연구목표달성을 위하여 1997년 순조롭게 진행되었다.

② 문제점

설문조사에 동원된 전문가 집단의 부족을 들 수 있다. 다양한 분야의 미래예측 활동을 수행하는 데 자연히 한계를 가진다. 따라서 인도네시아도 APEC 기술예측센터에 자금을 지원하여야 하며, 다른 개도국들과의 수행경험을 통한 미래예측 연대모색도 아울러 모색해야 할 것이다.

(2) 남아프리카공화국 미래예측 전개과정

남아프리카 공화국은 국가과학기술혁신 시스템을 새로운 틀 안에서 적응시키고자 했는데, 대표적인 것이 국가연구기술감사NRTA : National Research and Technology Audit로 현재의 과학기술 기반에 대한 강·약점과 향후 직면하게 될 기회와 위협에 대한 국가의 대응능력을 평가하기 위한 주요 정부 사업 중 하나이다. 국가 차원의 미래예측 프로젝트는 1997년에 한참 진행중이었고, 미래예측팀은 예술, 문화, 과학기술부에 구성되어 있으며, 과학·산업연구자문회의의 종사자들이 참여하여 미래예측 방법론 개발을 돕고 있다.

- 미래예측 프로젝트는 12개 사회경제부문
- 영국의 미래예측 프로그램과 유사한 방식으로 각 부문마다 실무추진반이 구성
- 설문 응답자의 리스트를 구성하기 위해서 복수추천 기법을 사용

• 실무추진반의 구성원들은 1998년 말까지 연구목표를 달성하기 위해 노력
• 프로젝트에서 사용된 미래예측 방법론은 남아공의 과학기술시스템에 대한 가능한 미래를 탐색하고 각 부문의 시나리오와 의견조사를 동시에 수행할 수 있는 시나리오 기법을 포함하는 변형된 델파이 방법론 채택(1997년 말까지 결정되지 않음)

후에 과학 · 산업연구자문회의CSIR : Council for Sciertific and Industrial Research에서 2020 예측활동이 전개되었다. 동 예측활동은 각종 사업계획 수립시 미래의 장기 전망치를 반영하고 과학기술 동향을 탐색할 목적으로 1997년 중반에 시작되었다.

(3) 이집트 미래예측 전개과정

1) 전개과정

이집트에서의 미래예측에 대한 연구들은 주로 학자들을 중심으로 이루어졌으며, 그에 따라 재정적 문제로 많은 어려움에 부딪쳐 연구가 중단되기도 하였으며, 보다 종합적인 주제와 방법에 의해 이루어져 개별연구에 그치는 한계를 가졌다. 이집트에서의 미래연구에 대한 활동은 1970년으로 거슬러 올라간다.

① 첫 번째 연구(1975~1977)

거시경제적 시뮬레이션 모형을 사용하여 농업분야에 있어서 앞으로의 발전 전략을 개발하고자 한 연구로, 예측기간은 1975년에서 1985년까지의 10년 동안 연구하였다.

② 두 번째 연구(1977년)

OECD의 프로젝트 일환으로 이집트 미래에 대한 3가지 시나리오를 구성하는 연구가 이루어짐. 이는 Sabri Abdalla 교수의 개인 프로젝트 형태로 이루어졌는데, 이집트의 개혁과 관련한 시나리오를 구성하였다.

③ 세 번째 연구 1980년에서 1982년까지

이는 과거와 현재의 추세, 세계적 · 지역별 변화, 교육, 주택, 기술, 경제 및 노동이슈들의 전반적인 주제를 대상으로 각 이슈별 발전 정책들의

긍정적 결과와 부정적 결과를 예측하였다.

이집트의 미래에 대한 보다 종합적인 예측은 제3세계포럼TWF에 의해 이루어졌다. 그 명칭은 "The Egypt 2020 Futures Research Project"로 이집트 문제에 대한 혁신적 해결을 위해 국가의사결정역량을 키우고자 하는 목적으로 수행되었다.

- 미래의 기회와 위기에 대한 인식을 강화
- 대안적 시나리오를 구성하고 각 시나리오를 비교
- 시나리오 기법을 통해 이집트의 미래를 계획하기 위한 새로운 접근법을 형성
- 이집트의 계획과 정책결정 활동에 대한 지식기반을 강화하고, 더 나은 미래를 위한 대안들을 명확히 할 것으로 기대

이 미래예측 활동의 특징은 이집트의 과학 및 학문공동체와 일반 사회집단의 모든 참여를 강조하고 있다는 것이다. 물론 일반시민의 참여는 재정적, 기술적, 시간적 한계로 인하여 실제 한계가 있었으나, 시민을 포함한 관련 이해관계자들의 폭넓은 참여가 미래예측에 있어 중요한 점임을 이 활동에서는 강조한다.

이 연구에서 사용된 예측범위와 방법론은 다음과 같다. 우선 2020년까지 이집트의 미래에 발생할 일반적 추세와 그것으로 인해 영향을 받아 변화하게 될 것들에 대한 추세를 연구하고자 한다.

이러한 이슈들을 중심으로 하여 5개의 시나리오를 형성하였다. 이 시나리오를 구성하기 위해 연구보고, 사례연구, 워크숍, 세미나와 정책결정자, 정치가, 전문가, 언론 등의 다양한 참여자들이 참가한 컨퍼런스가 함께 이루어졌고, 일반시민들과의 의견교환도 이루어졌다.

표 3-19 EGYPT 2020 범위[48)]

범 위	세 부 내 용
인구와 노동력	• 인구성장 • 노동력 성장 • 인구분포와 관련 이슈
환경과 자연자원, 국토	• 환경, 환경정책, 환경관리 • 환경인식과 관련 이슈 • 이용 가능한 국토 및 수질 자원 및 전망 • 광물자원 : 기술, 경제성, 개발가능성 • 에너지 자원 : 기술, 경제성, 개발가능성 • 현재 토지이용 패턴과 확장과 개간을 위한 대안들
과학적, 기술적 역량	• 과학적 연구의 발전, 조직, 방향 • 과학과 기술의 다양한 분야에서의 역량 • 과학적 연구와 기술발전을 위한 공급과 수요 • 기술개발가능성 • 하이테크분야에서의 참여가능성과 경쟁력 향상을 위한 필수요건
거시경제적 이슈	• 이집트 경제진화(1970~1995) • 이집트 재정과 재정영역의 발전 • 이집트 경제의 외부 거래 • 경제분야간 상호관계성
분야별 연구	• 교육 • 건강 • 농업 • 제조업 • 에너지 • 주택과 건설, 공공시설 • 교통 • 커뮤니케이션과 정보 • 문화와 미디어 • 재정적 영역(서비스) • 관광 • 사회복지
사회적 이슈	• 이집트 사회구조에서의 계층구조 진화 • 사회가치와 사회변화 간의 관계와 사회가치 유형에서의 변형 • 어린이, 젊은이, 여성 지위와 미래 발전
거버넌스	• 정치적 제도, 권력 • 시민사회 • 법, 사회, 국가 • 정부와 관료제 • 공공, 민간, 협력분야에서의 사업관리 유형과 문제 • 권력구조, 거버넌스, 민주주의의 여러 문제들
국제환경	• 세계화와 관련이슈, 변화하는 세계에서의 주요 움직임 • 아시아에 대한 연구
지역관계	• 아랍권 국가 • 아프리카 • 아시아 • 지중해 연안

48) www.EGYPT2020.org

그림 3-22 EGYPT 2020 방법 진행과정 49)

〈1〉	〈2〉	〈3〉	〈4〉
시작 세미나	이슈 연구 및 세미나	시뮬레이션, 모델 및 시나리오 형성	시민 등과의 상호작용
• Launching Seminars	• The Study • Seminar	• Simulation, • Model-building • Scenario	• Interactive Dialogue • The Public's Image of future

이러한 미래예측활동의 방법론적 특징은 다학제적 접근을 사용하여, 단순한 추론만이 아니라 행동, 비선형적 상호작용의 측면, 동태적 속성을 모두 고려하였으며, 또한 일반시민, 정책결정자, 정치가 등의 상호작용을 통한 예측활동을 강조하고 있다는 것이다. 또한 forecasting에서 주로 쓰이는 양적 방법들을 함께 사용하여, 질적 기법들을 보완하고자 하였다.

표 3-20 EGYPT 2020의 5개 시나리오

시 나 리 오
• 일반적인 추세 시나리오(a reference/trend/business-as-usual scenario) • 신 자본주의 시나리오(A neo - capitalist scenario) • 신 사회주의 시나리오(A neo - Socialist scenario) • 이슬람국가 시나리오(An Islamic state scenario) • 대중, 사회합의, 사회적 결속 시나리오(A popular/social consensus/social solidarity scenario)

EGYPT 2020 프로젝트는 시나리오 형성에 있어서는 여러 참여자들의 참여를 강조하였으나, 주로 전문가 중심의 수행위원회들에 의해 이루어졌다. 대부분의 미래연구가 외국 또는 국제기구에 의해 이루어지고 있는 반면, The Egypt 2020 프로젝트는 NGO가 주축이 되어 이루어졌다. 실제로 프로젝트를 계획하고, 조직화하고, 지속적인 모니터링은 학자들로 구성된 핵심집단에서 수행하였고, 각 개별 이슈에 대한 프로젝트도 개별 연구 집단을 구성하여 이루어졌다. 학자들로 구성된 핵심집단은 다양한 학문적 측면을 고려하여 다양한 전문분야의 교수들로 이루어져 있다. 또한 자료수집, 모델링과 시뮬레이션 작업, 시나리오 쓰기와 일관성 분석,

49) www.EGYPT2020.org

관련 웹사이트를 설계하고 유지하는 것은 별도의 조직CMU : Computing and Modeling Unit에서 담당하였다. 그리고 프로젝트 정책, 업무계획과 관련된 결정은 조정위원회에서 이루어졌으며, 또한 프로젝트에서 살펴보는 각 주제에 대한 전문성을 가진 전문가로 구성된 자문위원회를 통해 전체적인 프로젝트 활동이 이루어진다.

2) 문제점

EGYPT 2020 프로젝트를 통해 이집트 미래연구의 필요성을 강조하여 인식시켰고, 또한 미래연구의 기본적 목적 및 접근방법들에 대한 많은 학자들의 연구를 가능하게 하였다. 그리고 이 EGYPT 2020연구는 요르단과 시리아 등의 인접국가에 영향을 주어 각 국가별 미래연구가 일어날 수 있도록 하는 계기가 되었다. 그러나 이러한 미래에 대한 추세연구는 국가전략을 수립하기 위해 의도적으로 이루어진 활동은 아니므로, 국가전략과의 연계와 활용에 있어서는 불분명하고, 기술적 제약으로 인해 일반시민의 참여를 강조함에도 불구하고 충분한 참여활동을 보장하지 못하는 한계를 가지고 있다.

(4) 라틴 아메리카의 미래예측 전개과정[50]

1996년 11월 아르헨티나, 볼리비아, 브라질, 칠레, 멕시코, 베네수엘라 등의 라틴아메리카 국가들이 볼리비아의 Santa Cruz de la Sierra에서 미래예측활동과 협력방안을 토론하기 위해서 회의를 가졌다. 그 회의는 UNIDOUnited Nations Industrial Development에 의해서 주관되었다. 영국을 포함한 유럽과 일본에서 온 회의 참가자들은 그들의 미래예측 수행경험들을 제시하고자 초대되었다. 라틴아메리카 특히 브라질은 이미 소규모의 미래예측 활동들을 전개해 왔으나, 미래예측을 수행하기에는 여러 가지로 부족한 점이 많았다. 회의 결과, 라틴아메리카 국가들은 각 다른 미래예측방법들을 가지고 앞으로 미래예측을 수행하기로 결의하고 이를 안건으로 채택하였다. 이들 국가들의 몇몇 전문가들로 구성된 핵심그룹은 두 번째로 마드리드에서 별도의 회의를 가지고 예측활동에 관한 다음과 같

50) www.unido.org

은 상세한 계획을 마련하였다.

- 미래예측 개념을 촉진
- 예측수행자에 대한 교육훈련 및 지원
- 2~3개의 다국가간 연구의 형태로 실제적인 예측경험 나눔
- 예측센터 설립

이러한 계획은 브라질, 칠레, 콜롬비아, 우루과이, 베네수엘라의 국가과학기술자문회의 뿐만 아니라 UNESCO, 스페인의 ANEP 등에 의해서 지원될 것이다. 이들 국가들의 미래예측은 그 지역의 특정 수요를 충족하고 다른 국가에서 응용되고 생산될 수 있는 유망기술과 제품에 초점을 맞출 것으로 기대되며 다른 저개발국가들이 접근할 수 있는 미래예측 활동의 지침서 또는 가이드라인을 제공할 수 있다.

(5) 뉴질랜드 미래예측 전개과정[51)]

뉴질랜드 정부는 지식혁명에 의한 새로운 패러다임 변화를 인식하고 21세기 지식경쟁력을 강화하고자 Foresight Project를 추진하고 있다. Foresight Project는 기존의 공급자 위주의 과학기술연구에서 탈피하여 철저하게 수요자 위주의 연구로 변화하는 새로운 방식으로 운영되기 때문에 더욱 주목할만하다. 장기적인 미래 지식사회 비전을 우선적으로 설정하고 비전을 구현하는 수단으로 과학기술연구를 활용한다. 정보기술을 활용하여 과학기술연구의 수요자와 공급자, 지원자가 손쉽게 상호작용할 수 있는 장을 마련하고 각계각층의 이해관계를 취합·반영하여 과학기술연구의 공공투자를 추진한다. 이러한 모든 행위는 하나의 연결되어 일회적인 것이 아니라 지속적인 과정 그 자체로 계속된다.

추진단계는 다음과 같다.

- 1단계(1997. 7～) : 미래의 지식 수요에 관한 사고틀 정립
- 2단계(1998. 3～1998. 10) : 부문별 전략 개발 및 취합

51) www.nca.or.kr(뉴질랜드 Foresight Project)

- 다양한 집단과 부문들로부터 바람직한 미래 구현에 필요한 핵심역량과 전략적 성과에 관한 의견을 수집

• 3단계(1998. 8～1999. 3) : 과학기술연구의 새로운 우선순위 설정
- 도출된 목표를 효과적으로 달성하기 위하여 높은 수준에서 정부의 과학기술연구투자 정책과 전략을 수립
- 특히 정부는 다음 네 가지 요인을 고려하여 정책 및 전략을 수립
  ① 지식이 창출하는 효과의 역동성을 고려하여 기본원칙을 설정
  ② 개별 집단과 부문별로 추구하는 미래의 성과와 역량을 정형화된 형식에 의해 수집
  ③ 지난 5년간의 과학기술연구 투자 효과를 분석하여 반영
  ④ 광범위한 분야의 전문가들로부터 급속히 발전하는 과학기술 동향 및 그에 따른 사회변화에 관한 정보를 수집

• 4단계(2000. 7～) : 새로운 투자 전략의 이행

프로젝트 참여대상은 미래에 관심 있는 모든 개인과 집단들로 다양한 관점들을 반영하고자 하기 때문에 가능한 한 세분화하여 작은 부문으로 참여하는 것을 권장하고 있다. 이들의 참여과정은 다음의 [그림 3-23]과 같다.

프로젝트 운영도구를 살펴보면 'Innovation Link : 2010' 온라인 데이터베이스로 Foresight Project와 관련된 정보를 수집 · 관리하며 격주간으로 전자 뉴스레터 Foresight Flash를 발행한다. 누구든지 데이터베이스에 축적된 정보를 검색할 수 있으며, 프로젝트에 참여하고자 하는 개인이나 집단은 특정 관심 분야에 등록하거나 부문을 형성하여 전략을 제출할 수 있다. 또한, Talk-Foresight는 전자우편에 기반한 포럼으로 Foresight Project와 관련된 쟁점을 제기하거나 질문할 수 있다.

관련자별 활용방식은 다음과 같다.

• 연구에 대한 수요자
- 이들의 요구사항이 연구자들에게 전달되며 연구기금 관리조직들과 연계

그림 3-23
뉴질랜드 미래 예측 프로젝트 참여과정[52]

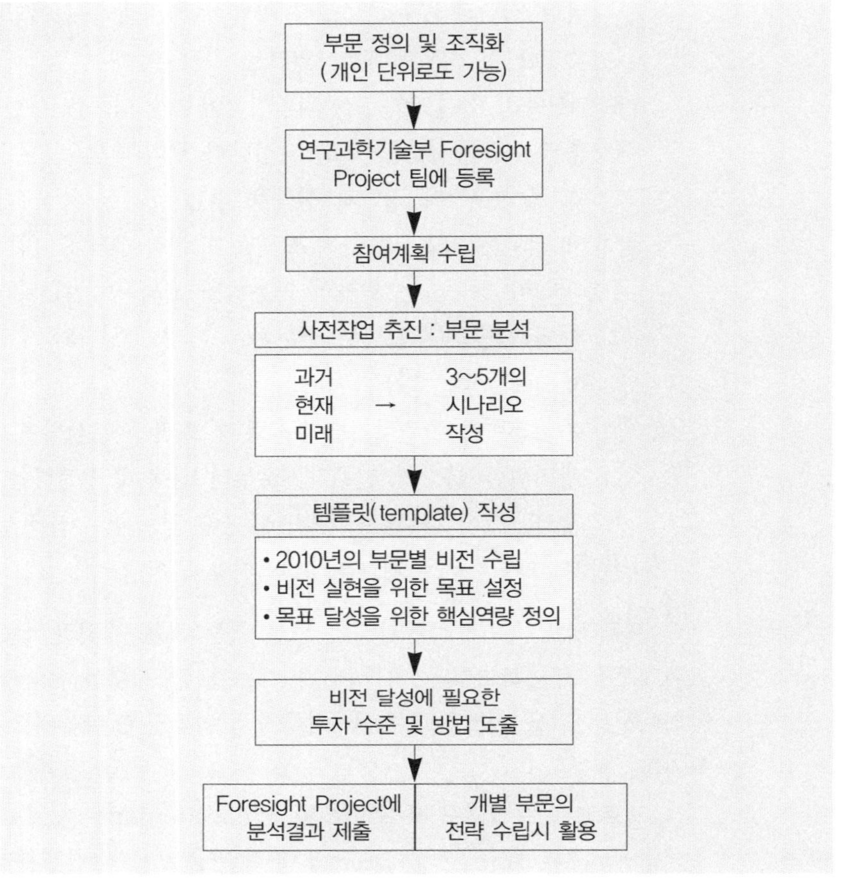

- 유사한 수요를 지닌 타 부문과의 협력 및 시너지 효과 창출을 기대

• 연구자 및 공급자
- InnovationLink : 2010은 연구 수요에 대한 지표를 제공
- 연구자들은 스스로를 그러한 요구를 충족시킬 수 있는 연구공급자로 등록 가능

• 공공연구기금 관리조직
- 과학기술연구 프로그램의 포트폴리오 구성시 연구의 수요자, 공급

52) www.nca.or.kr/homepage/main/data/trend.nsf/0/3b53808cee0bce46c9256912003571ce?OpenDocument

자 등 모든 관련자들과 함께 협의 가능

- 정책입안자
  - 과학기술연구의 공공투자에 대한 우선순위 설정에 도움을 주고 공공연구의 목적을 보다 명확하게 함.

(6) 중국의 미래예측 전개과정[53]

1994년 국가발전에 필수적인 핵심기술들을 선정하기 위하여 미래예측 활동을 수행하였다. 미래예측은 국가적 차원의 과학기술정책에 관한 의사결정에 있어서 매우 중요한 역할을 한 것으로 중국 내 간주되고 있으며, 대만은 여러 단계의 과학기술 발전전략을 설정하기 위해서 미래예측 방법론들을 활용해오고 있다.

특히 중국의 과기부 주관으로 과학기술촉진발전연구센터에서 2002년 6월부터 2003년 12월까지 수행된 중국의 기술예측보고서2003을 보면 다음과 같은 사항을 알 수 있다.

- 수요조사를 통한 기술개발과제 발굴
- 1, 2차에 걸친 델파이 조사를 통한 전문가 의견 수렴 및 핵심기술 개발과제 도출, 종합분석 및 국가 핵심기술의 선정 등 3단계 과정 거침
- 산 · 학 · 연 1,000명 이상의 전문가를 활용하고 40여 차례 이상의 전문가 회의 및 세미나를 개최
- 경제 및 사회 수요분석과 전문가 설문조사를 통해 IT분야 75개, BT분야 83개, 신소재분야 64개 등 3개 분야에 총 222개 기술개발과제 발굴

영역 Ⅰ : 첨단기술산업 발전에 대한 기여도가 높고, 경제효율도 높은 분야

영역 Ⅱ : 첨단기술산업 발전에 대한 기여도는 낮으나, 경제효율은 높은 분야

---

53) 한국산업기술 평가원 전략기획실, "주요국의 산업기술정책이슈 조사 : 중국의 기술예측보고서," 2003.

표 3-21 중국 첨단기술 산업분야의 기술적 특징과 정책과제

구 분	영역 Ⅰ	영역 Ⅱ	영역 Ⅲ	영역 Ⅳ
기 술 특 징	경쟁이전 단계의 기술	실용단계의 기술	기초연구 또는 최첨단 기술	경쟁이전단계 또는 최첨단 기술
첨단기술 산업에 대한 촉진 작용	비교적 크다	비교적 작다	비교적 작다	비교적 크다
경 제 이 익	비교적 크다	비교적 크다	비교적 작다	비교적 작다
정 책 제 안	• 우선 발전 • 정부와 기업의 공동투자	• 정부 유도 • 민간기업주도 R&D 및 산업화	• 소수의 기술 선택과 집중 • 정부투입 필요	• 일부 기술의 선택개발 • 적절한 발전

영역 Ⅲ: 첨단기술산업 발전에 대한 기여도는 낮고, 경제효율도 낮은 분야

영역 Ⅳ: 첨단기술산업 발전에 대한 기여도는 높으나, 경제효율이 낮은 분야

(7) 스웨덴의 미래예측 전개과정[54)]

스웨덴의 미래예측 프로젝트로는 'Teknisk Framsyn for Sverige' 라는 기술 미래예측 Technology Foresight이 있다.

이 프로젝트는 1999년~2000년에 Teknisk Framsyn라고 불리는 첫 번째 스웨덴 기술예측(Technology Foresight)이 실행되었다. Foresight행위의 목적으로는 스웨덴 자국을 위한 높은 전문지식과 기술에서의 미래영역을 예측하고, 기업과 조직에서의 미래지향적 업무영역을 육성하는 것이 목적이다.

2003년에 시행된 두번째 Teknisk Framsyn 프로젝트는 첫 번째 프로젝트의 기본 가정들이 시간의 흐름에 따라 변했기 때문에, 첫 번째 프로그램을 업데이트하는 과정을 포함하며 시작되었다. 그럼에도 불구하고 첫 번째 프로젝트에서 사용되었던 투입요소 및 기본 가정들은 두 번째 프로젝트에서도 여전히 유용하게 인식되었다. 그래서 두 번째 프로젝트에서는

54) http://www.tekniskframsyn.nu(스웨덴의미래예측프로젝트 'TekniskFramsynforSverige')

성공적인 완성과 내용적 업데이트가 필요하였다.

두 번째 프로젝트도 물론이고, 첫 번째 technology foresight는 교육, R&D에 적절한 강조를 두는 미래 기술발전에 대한 통찰력과 비전을 만들어서, 스웨덴 사회의 성장과 발전을 육성하는 데 목적이 있다. 프로젝트의 중요한 또 다른 목적은 기술적, 경제적, 사회적 프로세스 사이의 장기적이고 미래지향적인 상호작용을 육성하는 Best Practice에 대하여, 다양한 이해관계자 및 행위자들이 함께 토론하는 장을 만드는 데 있다. 프로젝트의 기간은 약 10년~20년이다.

두 번째 Teknisk Framsyn은 다음의 중요 다섯 가지 분야를 포함한다.

- 국제적 foresight 프로젝트의 분석과 스웨덴에서의 결과와의 비교
- 1999~2000년에 연구되었던 panel 보고서의 업데이트
- 전문적이고 기술적인 관점에서의 현재와 미래의 변화상에 대한 분석(EU의 확장, 인구학적 발전 등에 대한 예측)
- 미래에 예상되는 미래지향적 관점에서의 과학 및 기술적 고찰
- 다른 분야에서의 연구결과를 토대로, 몇 가지 포괄적인 문제점들에 대한 논의(교육, 연구, 부의 발생에 있어서의 선호 등)

또한 다양한 기관과의 연계를 통하여 미래예측 프로젝트를 시행하였다. 그 기관들로는 IVA, NINNOVA, KK-Stiftelsen, NUTEK, Vetenskapsradet, Sven나 Naringsliv, LO 등과 함께 연구를 진행하였다.

연구방법으로는 각 분야에 대한 패널기법이 바탕이 되었고, 부분적인 시나리오 기법이 도입되었으며, 델파이 기법은 지양되었다.(No Delphi, some scenario use)

Teknisk Framsyn의 중요 연구분야는 다음과 같다.

- Health, Medicine, Care and Biological Natural Resources(생물학적 자연자원)
- 사회적 인프라스트럭쳐
- 스웨덴의 혁신시스템

- 서비스 산업
- 기술과 그의 환경
- 생산시스템Production system
- 정보통신시스템information and Communication system
- 물질과 공동체 내에서의 물질의 흐름materials and Materials Flows in the Community
- 교육과 학습education and Learning
- 스웨덴 Foresight 프로젝트와 다른 나라의 Foresight 시행과의 비교

(8) 덴마크의 미래예측 전개과정[55)]

덴마크의 미래예측 프로젝트로는 'Danish National Technology Foresight' 가 있다.

2000년에 덴마크 정부는 24million DKR의 비용을 2001~2004년 동안 'National Technology Foresight' 프로젝트에 배정했다. 정책발의는 최초에 Ministry of Trade and Industry에 의해 다루어졌다. 그러나 2001년 11월 새로운 정부가 들어서면서 Ministry of Science, Technology and Innovation으로 주관업무가 이동했다.

Technology Foresight 프로젝트의 목적은 덴마크 기업들과 덴마크 사회의 발전을 위한 새로운 기술이 적용될 수 있는 영역을 명확히 예측하는 데 있다. 그래서 정책발의는 연구, 교육, 규제, 소비자 정책, 기술적 인프라스트럭처와 관련된다. 동시에 이 프로젝트는 사기업과 공공연구 및 지식기관 사이의 새로운 연계와 관계를 촉진하는 데 목적을 둔다.

Technology Foresight 프로젝트는 본래, DK21전략DK21 Strategy이라고 불리는 정부프로젝트의 한 부분이었다. 이 전략의 목적은 어떻게 산업발전정책이 지속적인 사회의 발전을 지원하는지에 대한 것이다. 비록 이 전략이 새로운 정부가 들어서면서 전체 전략프로젝트가 진행되지 못하였지만, technology foresight 프로젝트는 살아남아 진행되었다. 따라서 덴마크 technology foresight 프로그램은 제한된 재정과 인력으로 시행된 4년

55) http://www.teknologiskfremsyn.dk/site/index.php(덴마크의 미래예측 프로젝트 "Danish National Technology Foresight")

간의 pilot 프로젝트적 성격을 가진다.

프로젝트의 기본 아이디어는 정책형성 수단과 같은 foresight의 잠재력을 테스트하고 널리 이해될 수 있는 혁신시스템을 실천하기 위해서, 지속적으로 책임을 질 수 있는 정부부처ministry를 위하여 테스트하는 것이다. 정부부처의 예로서는 the Ministry of Science, Technology and Innovation, the Ministry of Education, and the Ministry of Economy, Trade and Industry가 있다.

4년이라는 프로젝트 기간 동안 10~12개의 Foresight 연구가 수행되었고, 2~3개의 Foresight 수행을 매년 실행하는 것을 목적으로 하였다. 2002년에는 3개의 Technology Foresight가 시행되었고, 또 다른 두 개의 foresight는 2003년에 시행되었다.

'Danish National Technology Foresight'의 중요 연구분야는 다음과 같으며, 정책형성 이전의 기업 및 사회 전반에 공급적 측면을 가지는 분야가 주를 이룬다.

- 컴퓨터의 보급
- Green technology
- Medical and health technology
- 나노기술Nanotechnology
- 위생시설sanitation

(9) 우리나라 미래예측 전개 : 미래예측조사(2005~2030)보고서의 개념도

1) 과학기술예측조사(2005~2030)의 전개

세계 선진국들의 미래예측에 대한 관심이 1970년대부터 대두되어, 여러 시행착오를 거치면서 다양한 측면에서의 미래예측의 적용 및 활용이 이루어지고 있는 반면, 우리나라의 경우 미래예측에 대한 논의는 조금씩 이루어지고 있으나, 정책과 전략수립이라는 측면에서 국가 차원에서의 미래예측의 적용 및 활용은 거의 이루어지지 못하고 있다.[56] 우리사회 및 경제, 삶 전반에 어떠한 변화를 가져올 것인가에 대한 고민과 사회의 변

56) 8개 분야 총 761개 미래기술 과제를 도출하였지만 전문가들이 돌아가면서 원고를 쓰는 정도임(신태영, 1994).

화가 기술을 어떠한 영향으로 발전 혹은 변화하게 할 것인가에 대한 심도 있는 논의가 반영되었다. 즉 과학기술예측조사(2005~2030)에서는 기술과 사회의 상호작용을 적극적으로 반영하려는 시도의 출발점을 제시하였다는 데 큰 의미가 있다고 평가한다.

그림 3-24 과학기술예측조사(2005~2030)의 개념도[57]

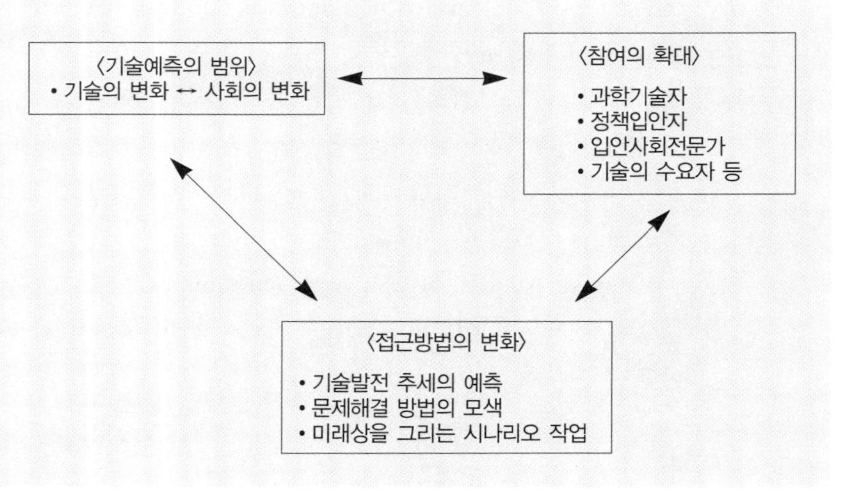

최근에는 우리나라에서도 미래예측의 중요성을 인식하고 미래전략과 관련한 조직을 구성하는 등 정보통신부의 미래정보전략본부의 노력을 보여주고 있으나, 아직까지 세계 및 국제기구에서의 미래예측활동에 있어서, 우리나라를 세계 정보통신 강국으로 나아가게 한 IT 분야에서 뿐만 아니라, 각 전문분야에서의 관련 전문가들의 미래예측활동에 대한 참여는 극소수에 제한되고 있으며, 국내의 미래예측을 위한 연구활동 역시 미비한 것이 현실이다.

2) 미래예측의 추진근거

과학기술 예측이 경제 · 사회적 수요에의 대응과 전략적 기술기획 및 연구개발 등 다양한 분야를 위한 유용한 정보로서 그 중요성이 증대됨에 따라 과학기술정책연구원과 한국과학기술기획평가원이 1994년과 1999년

57) 과학기술부, "기술예측조사(2005~2030)보고서," 2005.

그림 3-25 과학기술예측 추진근거[58)]

과학기술예측 관련 과학기술기본법 및 시행령 법조항 주요내용[일부개정 2005.12.30 법률 7805호]

과학기술기본법 주요내용	• 제13조(과학기술예측 등) : 정부의 과학기술예측을 향한 노력 – 주기적으로 주요 과학기술통계와 지표를 조사 및 분석함 – 과학기술이 발전할 추세를 예측 각 결과를 과학기술 정책에 반영(1항) – 예측 결과를 바탕으로 새로운 기술의 발굴과 개발에 노력함 • 제20조(한국과학기술기획평가원의 설립) – 한국과학기술기획평가원(기획평가원)이 과학기술발전추세의 예측을 수행함을 명시(4항 3호)

과학기술기본법 시행령 주용내용	• 제22조(과학기술예측 등) – 미래의 과학기술발전추세에 관한 예측(과학기술예측)을 5년마다 실시, 그 결과를 과학기술기본계획에 반영(2항) – 과학기술부장관은 과학기술예측을 실시하기 위해 필요하다고 인정하는 때에는 연구기관, 대학 및 국가연구개발사업에 참여하는 기업 등에 관련 자료의 제출을 요청 권한(3항) – 과학기술부장관은 과학기술예측의 실시결과를 위원회어 보고하고 이를 공표하여야 함(4항) – 과학기술예측은 한국과학기술기획평가원에 위탁하여 실시(5항) – 관계 중앙행정기관의 장은 과학기술예측과는 별도로 소관 분야에 대한 과학기술예측 또는 기술수요조사를 실시 가능 → 이를 실시한 때어는 그 결과를 위원회에 보고 공표해야 함(6항) – 관계 중앙행정기관의 장은 과학기술예측 또는 기술수요조사 결과 토대로 국가발전을 위한 핵심기술을 발굴하고 소관 국가연구개발 사업에 적극 반영 및 추진함(7항)

시사점		
• 국민의 삶의 질 향상을 위한 핵심기술을 발굴하고 국가개발 사업으로 적극 반영하고 추진할 수 있는 법제도 마련	• 과학기술부뿐만 아니라 중앙행정기관의 필요하다고 판단시 언제든 중요 연구분야, 기술 실현시기, 기술개발 저해요인 분석 등 기초자료를 제공받을 수 있고 기획을 위해 활용할 수 있는 제도 마련	• 기술예측조사는 기술과 사회 현재와 미래 사이의 상호작용을 할 수 있는 동적인 과정임을 의미함

58) 과학기술기본법 제13조(과학기술예측 등), 과학기술기본법 시행령 제22조(과학기술예측 등) 2003년 7월부터 본격 추진된 과학기술예측조사(2005~2030)는 과학기술기본법에 의해 시행된 최초의 사업으로서 과거 독립 연구기관에서 자체적으로 실시된 기술예측조사에 비해 활용 및 결과의 책임성에 대해 차별화된 의미를 내포하고 있음.

제1회 및 제2회 과학기술예측조사를 국가적 차원에서 실시하여 발표한 이후 2001년 1월 과학기술발전을 위한 기반을 조성하고 과학기술 혁신을 통한 국가경쟁력의 강화 및 국민의 삶의 질 향상을 목적으로 하는 '과학기술기본법'이 제정되면서 과학기술 예측의 필요성과 중요성은 더욱 강조되었다. 이러한 취지가 반영되어 과학기술기본법에서는 과학기술예측조사를 정기적으로 실시하여 그 결과를 과학기술정책에 반영할 것을 명시하고 있다.

06 ●●●
주요국가 미래예측 비교 · 평가

1. 주요국가 미래예측 활동 비교

국가단위별 프로젝트와 미래예측 진행활동 등을 살펴보면 중요한 세 가지 축을 발견할 수 있다.

첫째는 예측기간으로 5년 단위 미만을 Short-Term, 5년에서 15년 사이의 예측 기간을 Middle-Term, 15년 이상의 장기간 예측을 요하는 것을 Long-Term으로 각각 나타낼 수 있다. 둘째는 미래예측 분야별로 미래예측 분야가 정책Policy분야에 해당되는 것으로 정부정책, 법 · 제도의 정비, 추진체계와 같은 국가의 정책적 측면에 해당되는 분야를 의미하고, 수요 · 활용적 측면Use은 미래 변화상에 대한 시민사회의 수요 및 활용과 같은 대응적 측면을 의미하고, 공급 · 기술적 측면Technology미래 변화상에 대한 IT · BT · NT 등의 공급적 측면을 의미하는 것을 들 수 있다. 마지막으로 미래예측 적용수준을 나타낸 것으로 세계적 차원Global, 국가적 차원National, 그리고 지역적 차원Local의 적용 수준인지를 보여주는 것이 중요한 변수로 찾아낼 수 있었다.

이러한 주요 변수를 바탕으로 각 국가별 간위의 중요한 프로젝트별로 접근하면 다음과 같다.

표 3-22

3차원적 분석을 통한 각국의 미래예측 현황분석

1	태국, 페루, 아르헨티나, 브라질, 우루과이, 베네수엘라	ST, T, N
2	대만, 싱가포르, 말레이시아, 필리핀, 인도네시아	ST, P, N
3	뉴질랜드 - 2010 Foresight	MT, U, N
4	중국 - 기술보고서 2003	MT, T, N
5	EU The future of European's Region	LT, P, G
6	미국 2020 글로벌 트렌드, 영국 Foresight Future2020	LT, U, G
7	한국 - 2005~2030, 이집트 - 2020 Project	LT, U, N
8	일본 - 2030, 프랑스 - Technologies cles 2005	LT, T, N
9	EU- NEST project	LT, T, G
10	스웨덴 - Teknisk Framsyn for Sverige	LT, T, N
11	덴마크 - Danish National Technology Foresight	ST, T, N

그림 3-26

각 미래예측 프로젝트의 3차원적 분석

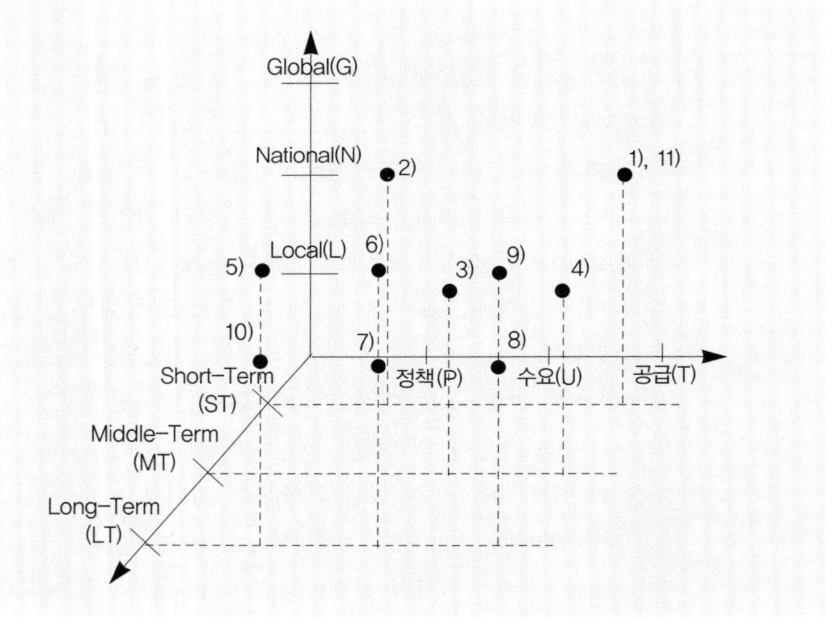

그림 3-27

3차원적 분석표의 Short-Term 기준 2차원 분석표

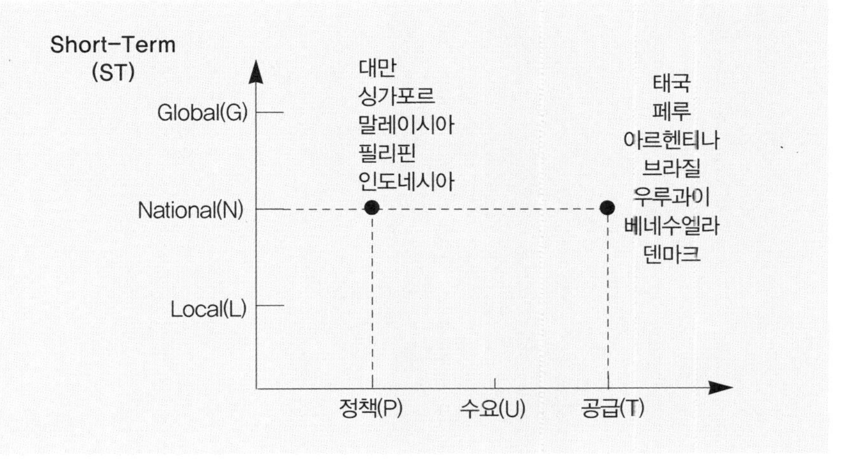

그림 3-28

3차원적 분석표의 Middle-Term 기준 2차원 분석표

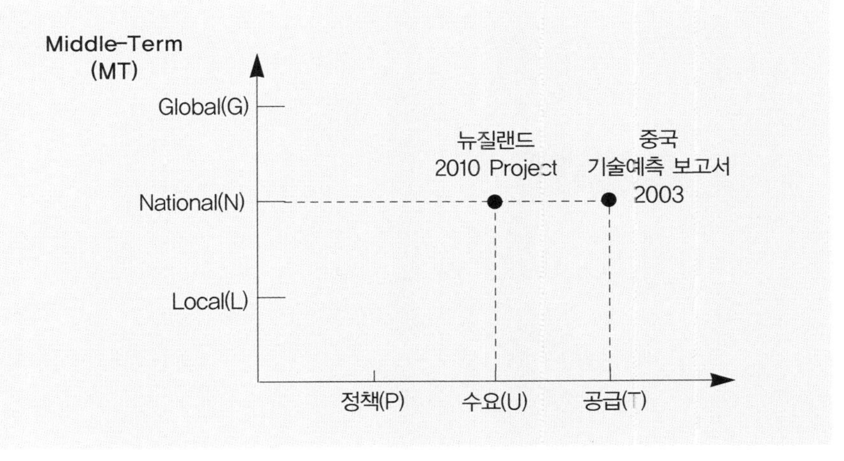

각 국가별 단위의 프로젝트 현황을 분석하면 다음과 같은 정책시사점이 도출된다.

(1) 예측기간 측면

선진국의 미래예측 활동을 보면 미래예측의 기간이 15년 이상, 즉 중·장기 예측을 위한 노력을 기울이고 있음을 알 수 있다. 반면 개발도상 국가들의 예측기간을 보면 그 분야의 전문성이라든지 전문가집단의 한정된 자원으로 인해 단순히 5년 이하부터 15년 이하까지 단·중기적인

그림 3-29
3차원적 분석표의 Middle-Term 기준 2차원 분석표

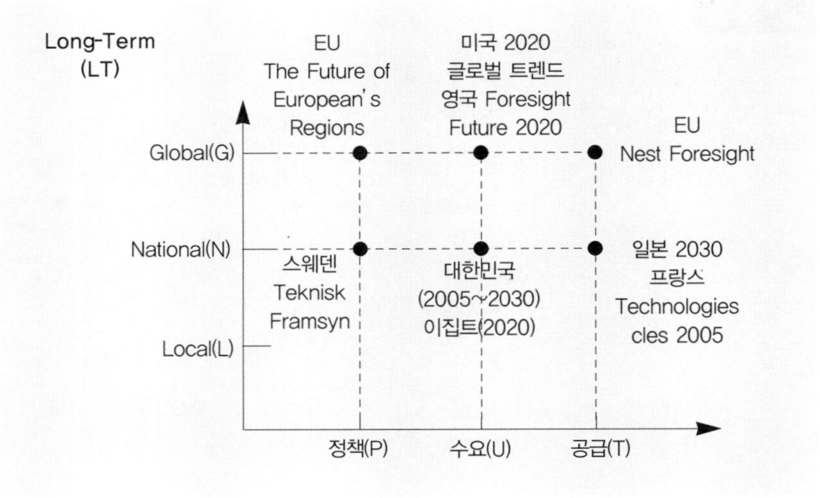

기술개발을 위한 국가전략기술기획을 선도하기 위한 미래예측을 초점을 두고 접근하는 것을 알 수 있다.

정책 시사점

- 미래예측이란 미래 어느 시점 대안들을 현재에 선택하는 것으로 특히 15년 이상의 중장기적 미래예측 전략 수립은 실현되어야 할 바람직한 미래 구현 측면에서 매우 중요한 반면 접근하기 어려운 것이 현실임.
- 이러한 문제를 해결하기 위한 우리나라 환경에 맞는 미래예측 방법론 연구와 이를 응용할 지식기반 인력 풀Pool 양성이 시급함.

(2) 미래예측분야 측면

특히 주목할만한 것은 아직도 저개발 국가들을 포함한 개발도상국들의 미래예측 활동의 움직임은 이집트의 Sabri Abdalla 교수의 개인 프로젝트와 태국의 Chiang Mai 대학의 미래예측 프로젝트 사례에서 보듯이 국가 핵심 미래예측 활동을 수반하는 기관이 개인 또는 학술기관에 의존하고 있다는 것을 알 수 있다. 이러한 예측 오류가능성이 높은 점에도 불구하고 국가의 공급·기술적 측면의 전략기획과 기술개발에 로드맵 정도로 활용되는 문제점을 지니고 있다고 할 수 있다.

정책 시사점

- 사례분석을 통해서 살펴보면 국가별 수준의 미래예측은 사회적 수요(Needs)와 기술개발 차원의 공급, 이를 지원할 수 있는 정책적 측면과의 통합적분석이 중요함에도 여전히 분리된 분야로 미래예측에 활용되고 있는 실정임.
- 따라서 일반시민의 사회적 니즈와 민간영역의 원천기술과 응용기술의 우선순위 개발 그리고 이들 요구를 공공영역에서의 예산확보 및 법제도 확립 같은 정책적 측면의 고려가 함께 이루어져야 하며 정책-수요-공급의 상호연관성 및 상호작용을 이끌어낼 수 있도록 미래예측 계획을 수립하고 체계를 마련해야 함.

(3) 미래예측 적용수준 측면

특히 미국과 영국의 프로젝트는 세계적 차원의 시민사회의 수요 및 활용을 위한 트렌드를 이끌어가는 현황을 보여주고 있었다. 반면 개발도상국가들의 미래예측의 노력은 선진 국가들의 미래예측활동을 따라하는 식의 미래예측활동을 보여주고 있는데, 그 수준이 국가적 · 지역적 수준에 머물고 있다는 것을 알 수 있다.

정책 시사점

- 미래예측 방법론을 가지고 있는 나라와 가지고 있지 않은 나라와의 차이는 범세계적 주도 국가에 합류하느냐 그렇지 못하느냐와 연결됨.
- 우리나라의 세계적인 사이버 인프라를 바탕으르 범세계적인 적용수준의 미래예측 활동 주도하는 시도해야 함. 이를 위해 범세계적인 미래예측 포탈을 구축하여 U-시대를 주도하기 위한 패널분야를 선정하여 이를 효과적으로 운영하는 방안을 모색하고, 특히 한정된 자원환경 안에서 국가 경쟁력 확보, 글로벌 시장 트랜드 주도, 후발국가에 대한 U-시대 기반 인프라 소개 및 기술력 홍보 등을 할 수 있는 역량을 기르는 훈련 및 교육을 함께 시도할 필요 있음.

2. 미래예측 방법 적용 비교분석과 한계점

이전에 살펴본 미래예측 사례들은 아직도 진행중인 활동이다. 즉 각국에서 미래예측에 대한 연구활동을 진행해 왔으나, 그 미래가 직접 실현되었는가를 볼 수 있는 시점은 아직 아니다. 시간의 흐름에 따라 그 예측된 내용들이 나타날 수 있도록 미래예측결과를 통해 전략추진의 노력이 이루어질 수 있는 아직 진행중인 프로젝트이다. 따라서 아직 미래예측활동이 실패다 성공이다라고 단언하기는 어렵다.

그러나 우리의 지식경쟁력을 제고하고 과학기술연구 투자의 효율성을 향상시키며, 나아가 새로운 패러다임으로 전환하여 지식기반사회로의 발전을 촉진하기 위하여 이러한 새로운 시도를 검토 · 도입하는 것은 매우 의미 있는 일이다. 더불어 각국의 Foresight Project 추진방식과 성과를 비교 · 분석하여 우리에게 적합한 모델을 정립 · 적용하는 노력이 요청된다. 지금까지 살펴본 미래예측을 위한 활동사례들을 방법론의 측면에서, 예측분야의 측면에서, 예측의 용도 측면에서 살펴보면 다음과 같다.

표 3-23 사례분석을 위한 준거 및 조작적 정의

대분류	소 분 류	약어	조작적 정의
방법론	시나리오기법(Scenario)	Sc	시나리오기법을 사용한 미래예측 프로젝트
	델파이기법(Delphi)	De	델파이기법을 사용한 미래예측 프로젝트
	패널기법(Panel)	Pa	패널기법을 사용한 미래예측 프로젝트
	기타	ect	기타 기법을 사용한 미래예측 프로젝트
접근방법	Top-Down 방식	TD	정부기관의 주도하에 이루어진 상위하향식 미래예측 프로젝트
	Middle-Up 방식	MU	전문연구기관등 산 · 학 · 관의 참여가 이루어진 미래예측 프로젝트
	Bottom-Up 방식	BU	시민단체 등 다양한 주체의 참여가 이루어진 하위상향식 미래예측 프로젝트
참여인원	소수	15-	프로젝트 참여인원이 15명 이하
	다수	15+	프로젝트 참여인원이 15명 이상
참여수준	전문가 참여(Expert)	Ex	분야별 전문가만이 미래예측 프로젝트에 참여
	이해관계자 참여 (Stakeholder)	St	미래예측 주제와 관련된 다양한 주체 및 이해관계자들이 미래예측 프로젝트에 참여
방 식	공개 방식(Open)	Op	민간연구소, 시민단체 등에게 프로젝트의 과정을 공개로 프로젝트 진행
	비공개 방식(Close)	Cl	전문가 집단만이 참여하여 프로젝트의 과정을 외부에 비공개로 프로젝트 진행
	온라인 방식(On-line)	OL	ICT를 활용한 프로젝트 진행
용 도	단순추세(Trend)	Tr	트렌드 분석을 위주로한 미래예측 프로젝트
	전략기획(Planning)	Pl	미래의 특정 목적에 대한 로드맵으로서의 디래예측 프로젝트
	평가(Evaluation)	Ev	향후 나아갈 Vision을 제시하기 위한 목적의 미래예측 프로젝트
분 야	정책(Policy)	P	정부정책, 법 · 제도의 정비와 같은 국가의 정책적 측면
	수요 · 활용적 측면 (Use)	U	미래 변화상에 대한 시민사회의 수요 및 활용과 같은 대응적 측면
	공급 · 기술적 측면 (Technology)	T	미래 변화상에 대한 IT · BT · NT 등의 공급적 측면
적용수준	Global 수준 적용	G	초국가적 수준의 미래예측 프로젝트
	National 수준 적용	N	한 국가 수준의 미래예측 프로젝트
	Local 수준 적용	L	특정 지역 수준의 미래예측 프로젝트
예측기간	Short-Term	ST	5년 미만의 단기간 미래예측 프로젝트
	Middle-Term	MT	5~15년의 중기간 미래예측 프토젝트
	Long-Term	LT	15년 이상의 장기간 미래예측 프로젝트
정책이전 여 부	Bandwagon 효과 의도	BW	Bandwagon 효과 의도 있음
	Bandwagon 효과 의도 없음	None	Bandwagon 효과 의도 없음

이러한 준거기준을 바탕으로 앞에서 살펴보았던 각 국가들의 미래예측 프로그램들을 분석해보면 다음과 같은 결과를 도출할 수 있다.

표 3-24 각 국가의 미래예측 프로그램 분석 결과(1970~2005)

구 분	방법론	접근 방법	참여 인원	참여 수준	방식	용도	분야	적용 수준	예측 기간	정책 이전 여부
미 국	Sc,De,Pa	TD,MU	15+	Ex,St	Op	Tr,Pl	P,U,T	G,N,L	LT	BW
영 국	Sc,De,Pa	TD,MU	15+	Ex,St	Op,OL	Tr,Pl	P,U,T	G,N,L	LT	BW
일 본	Sc, De	TD,MU	15+	Ex,St	Op,Cl,OL	Pl,Ev	P,U,T	N	LT	BW
대한민국	Sc, De	TD,MU	15+	Ex	OLCl	Pl	U,T	N	LT	None
프랑스	Sc, De,	TD,MU	15-	Ex	Op,Cl	Tr	T	N	MT	None
E U	Sc	TD,MU	15+	Ex	Op	Pl, Tr	U,T	G	LT	BW
이집트	Sc	MU	15-	Ex	Cl	Tr	U	N	LT	None
중 국	De	TD,MU	15+	Ex	Op	Pl	T	N	MT	None
뉴질랜드	Sc	MU,BU	15+	Ex,St	Op,OL	Pl	U	N	MT	None
태 국	De, ect	MU	15+	Ex,St	Cl	Ev	T	N	ST	None
라틴아메리카	De	TD	15-	Ex	Cl,OL	Pl	T	G, N	ST	None
남아프리카공화국	Sc, De	TD	15-	Ex	Op	Pl	U,T	N	LT	None
인도네시아	De, ect	TD	15-	Ex	Cl	Pl	T	N	ST	None
필리핀	De, Pa	TD	15-	Ex	Cl	Pl	T	N	ST	None
스웨덴	Sc,Pa	MD	15+	Ex,St	Op,OL	Ev,Pl	P,T	N,L	LT	None
덴마크	Sc,Pa,ect	TD	15+	Ex	Cl	Pl	T	N,L	ST	None

(1) 개발도상국의 한계점

개발도상국들이 당면하고 있는 미래예측의 한계점은 다음과 같다.

- 중 · 장기적인 미래예측활동의 접근에 어려움이 있다.
- 단기간의 예측이 가능한 단기적인 미래예측 활동에 중점을 두고 있다.
- 한 국가를 선도할 단순 기술개발을 위한 전략적 도출에 어려움이 있다.

그 이유로는 전문가집단 구성이 어렵고, 전문성 검증에 어려움이 있기 때문이다.

정책 시사점

- 각 국가별로 시민들의 의사결정과정과 정책형성과 정책결정까지의 과정들이 상이함에도 불구하고 이러한 현실에 대한 고민 없이 무분별하게 선진국가의 미래예측 기법을 따라한다는 것은 위험한 발상임.
- 실제 사회문화적 영향을 주도하고 변화시키는 집단이 바로 시딘들임. 미래예측 활동에 앞서 이들의 속성을 파악하고 정부-시민-시장영역이 모두 함께 미래예측의 중요성을 인식할 수 있어야 하며, 미래예측에 참여하고 미래예측을 통한 결과를 적극적으로 활용하기 위한 네트워크 구축을 위한 방안이 선행되어야 함

(2) 다양성

- 획일화된 기법에서 탈피하여 다양한 상황론적 접근법의 적용을 시도하고 있다.
- 다양한 이해관계자들과 전문가들로 하여금 각 분야에 대한 온라인 미래예측활동을 지원하고 결과를 활용하고 있다.
- 미래예측의 혼합을 통한 결과를 도출하고 있다(예: 델파이와 시나리오기법의 혼합).
- 정책, 수요, 공급분야에 대한 미래예측의 방법론의 차별화가 이루어지고 있다(예: 수요분야에서는 이해관계자들의 범위를 다양하게 선정).

정책 시사점

- 차별화된 우리나라 환경에 적합한 방법론 연구 필요. 그밖에 무엇보다 미래예측을 연구하고 수행하는 전문가 집단Players이 이를 먼저 인식하고 우리나라 환경을 먼저 이해하고, 환경과 상황에 적합한 미래예측을 개발하고 활용할 수 있는 역량을 높이는 공동의 장을 마련하는 것이 필요.
(미래예측을 수행하고 연구하는 전문가집단 간에 협력할 수 있는 장場을 마련하는 것)

(3) 참여의 범위

- 미래예측 활동의 참여범위에 대한 전문가의 영역이 확대되고 있는 추세이다.
- 전문가뿐만 아니라 각 분야에 해당하는 다양한 이해관계자를 포함시키는 미래예측 활동이 증가하고 있다.

정책 시사점

- 인터넷을 활용한 미래예측 포탈 구축 및 운영하여 다양한 전문가 및 비전문가 참여를 유도하며 이들에 대한 미래예측의 중요성, 미래예측 활용, 미래예측조사 결과에 대한 정책형성과 결정참여, 미래예측 방법론에 대한 교육 및 연구개발을 위한 제언 등을 시도해야 함.
- 특히 미래 성장의 원동력인 젊은 세대의 미래예측 역량 강화를 위한 교육 및 훈련 목적의 특별하고 접근하기 편한 미래예측 포털의 운영도 고려해봐야 함.

(4) 공급 · 수요 · 정책의 측면에서의 시사점

- 선진국일수록 공급 및 수요측면의 트렌드를 분석하기 위한 미래예측 활동이 이루어진다.
- 정책측면을 다루기 위한 미래예측 활동은 아직 미비한 실정이다.

정책 시사점

- 정책-수요-공급이 상호 연결되고 상호작용할 수 있는 미래예측 활동 접근이 필요함.

(5) 용도의 측면에서의 시사점

- 시나리오 미래예측 활동은 모든 가능한 트렌드 분석에 초점을 두고 있다.
- 델파이 미래예측 활동은 단기간에 예측 가능한 기술 전략 기획에 초점을 두고 있다.

정책 시사점

- 기획, 추세 그리고 평가를 내포하는 미래예측 활등은 국가의 정책결정과정에서 필수.
- 현재 급변하게 변화하는 사회환경 안에서 시대의 흐름의 변화를 잘못 예측하는 것에 대한 리스크는 분명 클 것이기에 단순한 추서에서 기획 나아가 평가까지 아우르는 미래예측 활동에 초점.

(6) 온라인의 충분한 이용에 대한 강조

- 델파이 방법이 가지고 있는 용이성과 범위의 포괄성의 장점을 살려 온라인을 활용한 전문가 의견을 수렴하려는 노력이 일본을 중심으로 확산되고 있다.

정책 시사점

- 사이버 인프라를 최대한 살려 공간에 구애를 받지 않는 실시간 델파이기법과 같은 미래예측 활동을 수행하는 방안을 강구해야 함.

(7) 정책이전 효과기대

- UNIDO 등과 같은 국제기구의 도움을 받아 미래예측 활동을 수행한 라틴 아메리카 등은 저개발국가에 미래예측 활동을 위한 지침서 내지 가이드로 보급하기 위한 정책이전효과를 감안하여 지원하고 있다.
- 영국이나 미국 그리고 일본의 경우 각 미래예측 활동보고서는 그 자체가 정책이전효과를 나타낸다.

정책 시사점

- 정책이전효과는 단순히 지침서 내지 가이드의 역할을 넘어 후발국가에 대한 기술이전과 트랜드 주도와 같은, 부의 파급효과를 불러오는 장점이 있음.
- 선진국가일수록 산업경쟁력 주도 차원에서 이런 정책이전 의도를 가지고 미래예측 활동을 하며 보고서 형태로 후발국가에 선전함. 현재 우리나라

역시 앞선 IT 기술력을 바탕으로 한 U-시대를 전수하기 위한 미래예측 활동을 범국가적 차원에서 시도할 필요 있음.

UNIDO, EU 등의 국제기구를 통해 라틴 아메리카와 다른 여러 국가에서도 미래예측이 실험 적용되고 있다. 그리고 미래예측과 관련된 전문가 양성을 위한 노력이 이루어지는 등 세계 각국에서 미래예측을 위한 다양한 활동들이 전개되고 있다. 선진국들의 미래예측 활동에 대하여 개발도상국들은 다각적인 노력을 기울이고 있다. 이는 선진국을 단순히 모방하고 따라하려는 정책이전효과bandwagon effects 때문이 아니다. 그것은 개발도상국이 당면하고 있는 급속한 기술의 발전과 흐름 및 변화에 능동적인 대응이 요구되고 있기 때문이며, 또한 산업활동의 정보화가 진전되면서 연구개발 집약화, 지식집약화의 심화에 대한 대응의 필요성이 증대되고 있기 때문이다.

특히 개발도상국들에서 과거 선진국 모방 일변도의 기술진보가 한계에 다다르고, 국제기술환경이 악화되는 상황에서 미래모델의 상실에 대한 대응의 필요성이 증가하고 있기 때문이라고 볼 수 있다. 이러한 추세로 미루어 볼 때 앞으로 세계 각국은 미래예측 활동을 정기적이고 대규모로 수행할 것으로 판단되며, 개도국들은 선진국과의 기술 격차를 좁히기 위해서 미래예측 활동을 통한 전략적 기술과 제품을 발굴하여 이에 대한 투자를 증대시켜 나갈 것으로 기대되어 선진국과의 경쟁은 점점 더 치열해질 것으로 보인다(김형수 · 신태영, 1997).

이렇듯 선진국에 비해 현저하게 뒤떨어져 있는 개발도상 국가들의 입장에서는 기술격차 해소를 위한 전략적인 접근이 필요하다. 선진국과 같이 정보수집 전문조직을 설치하는 등 광범위한 기술탐색 활동을 활성화하고, 현재 5년마다 실시하는 것으로 되어 있는 과학미래예측조사를 상시화 할 필요가 있다(박병원, 2005).

또한 선진국들 중에서 'UN 미래보고서'의 지속가능발전지수 성과표 상위 10위 안에 랭크[59]되는 스웨덴과 덴마크와 같은 복지국가형 선진국

59) 스웨덴 1위, 덴마크 7위(박영숙 · 제롬글렌 · 테드고든, UN 미래보고서, 2006).

에서는, 사회 전반에 걸쳐 파급효과를 낼 수 있는 공급적 측면의 기술적 technological인 사항에 대한 미래예측이 기본바탕을 이루는 특징을 보이고 있다. 이러한 기술적 특성을 바탕으로 사회 전반에 파급되는 효과를 기대하는 과정에서 기술적 요소 이외의 사회적, 문화적 요소의 미래발전을 이끌어낼 수 있는 방향으로 미래예측이 진행되고 있다.

Foresight Project는 아직 진행중인 프로젝트들이 대부분이기 때문에, 성공사례와 실패사례의 분석이 사실상 불가능하다. 그러나 각 국가별 단위의 과학과 기술 그리고 지식 등의 경쟁력을 다양하게 모색하고, 과학기술연구 투자의 효율성을 향상시키며, 나아가 새로운 패러다임으로 전환하고 촉진하기 위한 새로운 시도를 검토 · 도입하는 것은 매우 의미 있는 일이다. 따라서 본 연구는 각 국가별 그리고 각 국가들의 Foresight Project별 특징을 다양한 방법으로 비교 · 분석한 결과를 토대로 미래예측 활동의 국가수준과 현실에 적합한 모델을 정립 · 적용하는 노력에 의미를 두고자 한다.

07 ●●●

우리나라의 미래예측 활동 적용방안

현재 우리나라는 과학기술기본법 제13조에 근거하여 한국과학기술기획평가원이 미래과학기술비전과 전략기술발굴을 목표로 한 과학기술예측조사가 매 5년마다 수행되고 있다. 여기서 수행된 결과물은 우리나라의 과학기술정책의 과학기술기본계획에 자연스럽게 반영하고 있다. 도출된 미래예측과제는 8개 기술분과에서 총 1,201개 과제를 제안하였으며 분과내, 분과간 과제별 유사성과 중복성에 대한 검토를 거친 뒤 조정이 이루어졌었는데, 이 중 809개 과제를 확정하였으며, 기술분석위원회를 통하여 최종적으로 8개 분과 813개 과제로 기술예측대상과제를 확정하였다. 기술전문분과 8개 분야(우주와 지구분야, 소재와 생산분야, 정보와 지식분야, 식량과 생물자원분야, 생명과 건강분야, 에너지와 환경분야, 안전분야, 국토관리와 사회인프라분야)는 전문가를 활용한 델파이 조사가 이루어졌고, 이와 동시에 시스템 변화분과 2개 분야(경영과 혁신분야, 과학기술과 사회문화분야)에서는 시스템 변화 시나리오 기법으로 미래예측 활동이 이루어졌다.

현재 우리나라의 미래예측 방법론은 총 3단계의 연구단계를 거쳐 진행되었는데 1단계에서는 미래사회 전망 및 니즈/이슈 도출단계로 4대 주체, 15개 대분류, 43개 소분류로 2030년까지의 미래사회 전망과 경제사회적 니즈/이슈를 선정하였다. 2단계 연구에서는 후보기술과제도출과 델파이 조사를 통한 종합분석이 이루어졌다. 그리고 마지막으로 3단계 연구에서는 사회시스템의 변화에 대한 미래사회의 시나리오를 작성하였다. 여기서 사용된 주요 기법들의 모음이 바로 현재 우리나라의 미래예측 방법론이라 할 수 있다.

한국과학기술기획평가원이 수행한 미래예측 방법론을 살펴보면 2차례의 전문가를 활용한 델파이 조사와 동시에 미래사회시스템 변화에 대한 시나리오 작성이 연계되어 수행되었음을 알 수 있다. 델파이 조사에서는 온라인 델파이 조사 시스템을 2003년 12월에 자체적으로 구축하여 설문응답자가 직접 선택하여 임시로 저장할 수 있게 구축하였으며, 우선순위에 의한 다중선택이 가능하도록 설계되어 있다. 1차조사에서는 761개 기술과제를 각 분야별 전문가를 대상으로 설문조사하는 방식으로 25일간 진행되었으며, 연이어 진행된 2차조사에서는 1차 설문 응답자를 대상으로 분석결과를 제시하고 자신의 응답내용에 대한 수정이 가능하도록 재설문을 19일 동안 실시하였다. 이 조사에 참여한 전문가들은 한국과학기술기획평가원, 한국학술진흥재단, 한국과학재단에 등록된 박사학위 이상의 전문가 집단들이었다.

과학기술기획평가원이 수행한 과학기술예측 조사 진행 과정은 다음의 [그림 3-30]과 같다.

그림 3-30 한국과학기술기획평가원 예측조사 진행방법

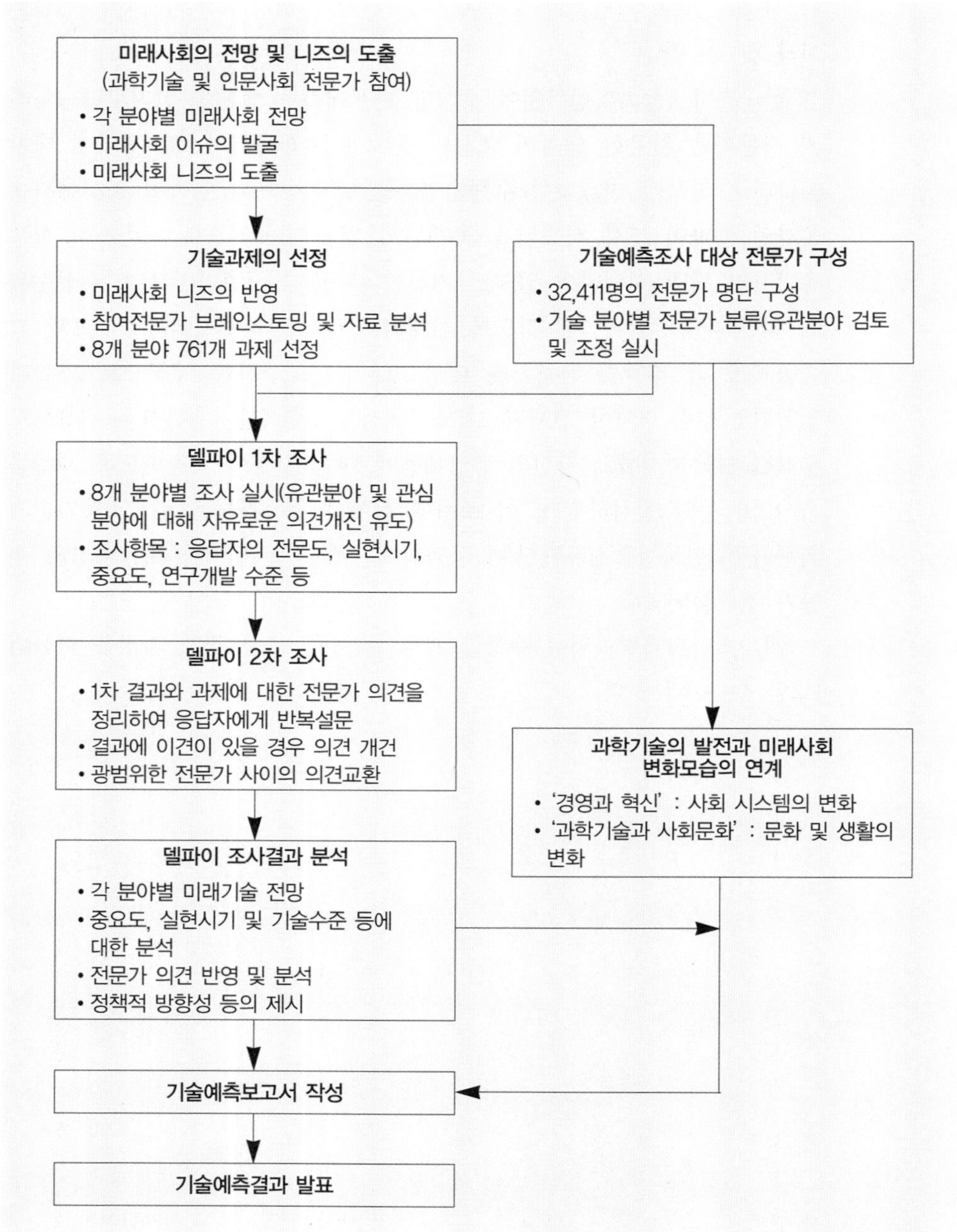

08 ●●●
우리나라 미래예측 방법론의 문제점 및 해결방안

1. 미래예측 방법론의 문제점

(1) 시각의 조화가 필요함

- 공학적 시각과 사회적 시각의 조화 필요 미래예측 방법론에서 사회와 공학의 동시 접근이 이루어져야 함에도 기술예측조사와 미래사회시나리오가 분리되어 진행되고 있는 실정이다.
- 형식적으로 미래예측 방법론이 동시에 진행된 것처럼 보이지만 실제는 기술예측 조사는 공학적인 접근이 주가 되었으며, 미래사회 변화모습에 대한 시나리오 작성에는 실제 사회적 접근이라기보다 기술변화에 대한 단순한 시나리오를 작성한 수준이다.
- 진행초기 단계에서 마무리 단계까지 공학적 기술예측 조사가 이루어지는 전과정 동안 기술의 발전으로 이루어질 사회의 다양한 변화에 대한 모색하는 방안 강구하고 기술 발전이 가져다 줄 긍정적인 측면과 부정적인 측면에서의 법제도적 접근도 함께 모색할 수 있는 방안 마련을 마련해야 한다.

(2) 미래예측 기법의 부재

- 국가 수준의 미래예측 보고서를 살펴보면 평균적으로 3개 이상의 미래예측 기법이 활용된 것을 알 수 있다. 하지만 한국과학기술기획

평가원의 미래예측 방법론에서는 전문가만을 활용한 델파이 기법 하나만 활용되었다.

- 따라서 다양한 미래예측 기법 마련이 필수적이다.
- 미래예측 조사시 3개 이상의 기법이 마련되어 있어야 한다.
- 한국적 상황에 맞는 미래예측 기법의 연구가 필요하다.

(3) 다양한 이해관계자 참여부족

- 현재 국가기술예측 조사에서는 한국과학기술기획평가원, 한국학술진흥재단, 한국과학재단에 등록된 박사학위 이상의 전문가 집단들이 참여하고 있음. 실제 앞서 언급했던 외국문헌에서는 다양한 이해관계자들이 참여하고 있다.
- 전문가 집단, 시민 집단, 민간기업의 연구개발 집단, 세계 전문가 집단 등 경쟁력 있는 다양한 이해관계자들이 포함된 지식 풀Pool이 필요하다.

(4) 전문가의 부재

- 전문적으로 예측하고 기획하는 사람들이 부족한 실정이다.
- 미래예측 방법론을 체계적으로 연구하고 미래예측 수행기관에 방법론에 대한 가이드할 수 있는 전담 인력을 양성할 필요가 있다.
- 실제 국가 미래예측 진행시에 전문가와 이해관계자 풀Pool을 조직하고 원활한 예측 프로젝트를 진행할 수 있는 매니저 역할도 수행할 수 있어야 한다.

2. 문제점 해결방안

(1) 사이버 인프라의 활용

- 사이버 인프라를 적극 활용할 수 있는 미래예측 방법론 마련이 필요하다.

우리나라 초고속 인터넷 환경을 적극적으로 활용하여 실시간 미래 예측 포탈 사이트를 활용하여 다양한 이해관계자들의 의견을 종합할 수 있는 방안 필요하다.

- 국가 미래예측 사회변화에 대한 시나리오 기법 적용시 네티즌들의 다양한 의견을 종합할 수 있는 사이버 공간 마련(기획을 준비하면서 국정 홍보 효과 동시 모색)하여야 한다.
- 기존의 정부기관의 정보화 전략기획실, CIO 등 조직들 사이버 인프라 상에서의 미래 전략적 관리 방안으로 적극적으로 미래예측 방법론을 주도할 수 있는 역량 배양 프로그램을 마련하여야 한다.

(2) 백데이터의 체계적 관리와 활용

- 미래예측에서 미래의 기술과 사회변화의 흐름을 알기 위해선 과거의 데이터back-data들의 중요성을 간과해서는 아니된다.
- 국가 기술예측에서 주요하게 논의되는 과제들의 데이터를 특별 관리하여 미래예측 방법론에 활용할 수 있는 제도적 기반을 마련하여야 한다.

(3) 미래예측 · 미래전략 역량 강화

- 미래예측 방법론은 실제 현장에서 적용 가능한 것을 도출하기 위해 논의되는데 실제 중앙정부, 지방정부, 기술을 주도하는 민간 사업기관, 기술을 누리는 일반 시민들의 입장에서 미래예측 방법론을 적용한다는 것은 서로 다른 이해관계로 인해 그 결과가 다를 수 있다.
- 미래예측 방법론에 참가할 사용자User들이 우선 그 프로젝트에 대한 목표와 역할 그리고 임무를 먼저 숙지시키고 이해시켜야 한다.
- 미래예측 방법론의 표준 매뉴얼 보급 및 교육이 필요하다.

(4) 포괄 맥락적 접근방식(STEEPV)의 활용

STEEPV[60] 방식에서는 사람들에게 사회, 기술, 경제, 환경, 정치 그리

60) Social, Technology, Economics, Ecological, Politics, Values & Norms

고 가치에 기초한 요소들이라는 제목하에 요소들과 이슈를 밝히도록 요청하는 것이다.

이것은 광범위한 이슈들이 고려되도록 하기 위한 유용한 자극이며 방법이므로 미래예측 활동에서 체계를 잡기 위해 필수적으로 고려되어야 한다.

(5) 주요국가 우수사례 벤치마킹

중장기 미래전략 수립에 필요한 많은 전문가 인력을 확보, 환경에 맞는 미래예측 방법론을 마련, 미래전략연구소 및 전략기구를 보유, 초국가적 수준에서 기타 사조직에 이르는 다양한 영역의 미래예측활용 경험 존재, 마지막으로 미래예측 결과물을 적극적으로 활용했던 주요 국가를 선정한다면 바로 영국과 미국을 들 수 있다.

1) 영국의 우수사례

① 인터넷을 기반으로 한 지식 풀

- 인터넷을 기반으로 한 지식 풀Knowledge-Pool이 도입되어 있어 삶의 질을 향상시키기 위한 문제해결 및 지속가능성을 모색하고, 다양한 이해관계자들의 참여와 미래예측 결과의 활용과 확산을 주도할 수 있으며, 정책형성과 정책결정에 있어 적극적으로 반영할 수 있는 기반이 되는 제도가 준비되어 있다는 점.
- 지식Pool 형성은 분야별 패널과 핵심주제패널분야 나아가 협력 프로그램을 상호연관 그리고 상호작용의 핵심으로 성공적인 미래예측의 주요 요인으로 등장.

② 전방위적 미래예측 제시

- 장기적 분석 및 종합, 참여적 네트워크 형성, 행동방향 3가지 요소를 가지고 정책결정을 위한 의사결정과정에 필요한 지식과 변화요인들의 네트워킹을 통해 미래전략을 수립할 수 있음.
- 기획-미래연구-네트워킹을 통한 전방위적인 미래예측fully-fledged foresight 활동은 참가자들 사이에서 책임감을 형성시킬 수 있으며, 네트워크를 기반으로 한 올바른 전략 수립과 지식공유에 도움이 될

수 있다.

③ **젊은 층 대상 미래예측**

- 10~20세 사이의 젊은이들을 대상으로 미래 경향과 소비 패턴을 예측Young Foresight할 수 있는 교육 및 훈련을 위한 프로그램 시작했고,
- 미래예측 활용 능력에 조기교육을 도입함으로써 미래사회 주도적인 리더 양성에 주력하고 있음.

④ **작업제휴관계 형성**

- 미래기술 정보제공 목적 외에도 새로운 시장의 기회와 기술 동향에 접근하기 위해 과학자와 산업계 간의 최적화된 새로운 작업제휴관계working partnership를 형성하려는 목적.
- 이러한 관계 설정은 영국의 혁신체제상 주요 문제점인 산업계와 과학기반 간의 취약한 연계성을 해결하려는 의지를 나타낸 것으로 볼 수 있음.
- 소수의 전문가들만 이해할 수 있는 비전이 아닌 미래를 창출하기 위한 적극적인 수단으로 누구나 공감할 수 있고, 이해관계자들의 다양성을 통하여 불확실성을 명확히 밝혀주는 실효성 있는 정책수립을 위한 반영을 위해 노력하고 있다는 점.

⑤ **영국의 미래전략기구**

- 모든 정부 부처에 전략국장직Strategy Directcrs 신설
- 정부혁신수행실, 총리실 산하 미래전략실, 국가운영정책연구센터가 통합되어 2002년부터 총리실 산하의 미래전략처Strategy Unit를 신설하고,
- 미래전략처의 역할은 영국생존전략 가이드 개발, 고위공무원 훈련, 미래전략포럼, 각 부처 전략국장을 위한 네트워크 및 협력체계 구축 시도하였다.

2) 미국의 우수사례

① **장기적 전략**

- 장기적인 기술전략의 수립과 기술의 경제적 응용에 관련된 유용한 분석을 통하여 과학기술 우선순위 설정에 초점을 둔 미래예측 실시
- 정책적 개입을 필요로 하는지에 관한 정책 연관성을 먼저 확인하고,

핵심기술로서의 차별성을 요구하며, 참가하지 않은 사람들이 똑같은 미래예측 방법으로 접근했을 때, 역시 논리적으로 우선순위의 변동이 없는지 여부를 확인하는 작업

② 미국 국가정보위원회의 다양한 예산확보 및 인적자원 확보

- 미래의 구체적인 시나리오를 제시하고 있는 국가미래보고서 등이 많은 미래예측 관련 전문가들이 참여한 가운데 지속적으로 발간되고 있으며, 공공 부문의 전체연구 개발 예산이 우리나라의 20배가 넘으며, 연구개발 행정체계 또한 각 기관에 분산되어 있음
- 학자, 기업인, 정부관료, 시민단체, 각 미래연구기관들 연구진들이 미국 국가정보위원회NIC 컨퍼런스 워크숍을 열어 1,000여명이 참석하여 지구촌 권력변화와 사회 각 분야의 변화를 예측함.

3) 주요국의 우수사례에서 주는 시사점

① 영국과 미국의 경우

영국과 미국은 다민족 다문화 국가이기에 이들을 통합하기 위한 국가전략 또한 다양한 시각의 조화와 통합 그리고 협력을 필요로 하였다. 하지만 우리나라의 경우 단일민족과 단일문화로서 미래예측의 필요성에 대한 인식 공유를 확대하기 위한 방안을 강구해야 한다.

영국과 미국은 인구 및 지역적 방대함은 다양한 위기에 노출되었고, 그때마다 그것을 해결하기 위한 전략의 소중함과 필요성 인식하였다. 한정된 공간에서 이루어지는 위기의 패턴의 단일화로 인해 전략의 소중함과 필요성을 잘 인식하지 못하였다.

또한 영국과 미국은 세계 패권을 유지하기 위한 자원 개발과 천연자원의 선점, 그리고 새로운 노동 인력 창출을 위한 미래예측의 중요성을 인식하였다. 그러나 부의 성장측면에서 미래예측이 활용되고 있으나, 여전히 사회문화 영향에 대한 미래예측이 부족한 것이 현실이고, 이를 개선하기 위한 노력이 필요하다.

② 공통된 인식과 합의

미래산업개발 필요성에 대한 정부-시민-시장의 공통된 인식과 합의가 있어야 한다. 또한 시민사회 영역과 민간영역 공공영역의 파트너십의

형성이 필요하다. 이를 위해 미래예측에 대한 계약, 조정, 네트워킹, 협조, 제휴, 협력 같은 파트너십을 구축하기 위한 방안을 강구해야 한다.

③ 미래예측에 대한 인식

미래예측은 단순한 부의 성장이 아닌 삶의 질과 미래의 성장 원동력에 관련된 것이다.

따라서 미래전략가들의 인식의 변화가 선형되어야 한다. 즉, 단순한 부의 창출을 위한 미래예측이 아니라 인간 삶의 질을 포함하는 포괄적 접근법의 필요성에 대한 인식 변화가 필요하다.

④ 예산과 제도

다양한 인적자원을 보유하고 이를 활용할 수 있는 예산확보 및 제도적 기반이 마련되어야 한다. 미래예측의 행위자가 제약 없이 활동할 수 있는 여건의 마련이 시급하다. 또한 이들의 역량을 높이기 위한 교육 및 훈련, 여기에 따른 예산의 마련도 강구되어야 한다.

⑤ 과거의 데이터의 활용

과거 데이터(10년 기준)를 활용할 수 있는 역량을 보유하고 있어야 한다. 통계청과의 연계를 통해서 바람직한 미래를 설계하기 위한 추세분석에 필요한 데이터를 활용할 수 있는 방안을 마련해야 한다.

⑥ 네트워크 융합

미래예측 활동시 범부처 간 협력할 수 있는 네트워크 융합체계를 갖춰야 한다. 각 부처에 미래전략실을 마련하여 국가 차원의 미래전략 설계를 디자인할 수 있는 네트워크 융합체계를 마련해야 한다.

⑦ 청년의 참여

미래예측 활동에 젊은 세대들이 참여하는 방안을 마련해야 한다. 미래예측에서 중요한 지속가능성 측면에서 젊은 세대들의 미래예측 역량 강화와 여기에 수반되는 미래예측 포털 구축 및 운영이 이루어져야 한다. 여기서 운영되는 미래예측 포털은 미래사회에서의 관심경향과 소비패턴에 초점이 맞춰진다.

4) 적용 가능한 미래예측 방법론을 위한 시사점

현재 한국의 미래예측 방법론은 위에서도 열거했듯이 델파이 기법과 시나리오 서술 기법만으로 구성되어 있다. 외국의 미래예측 보고서와 외국 문헌 등을 통해서 비교해 볼 때 국가 수준의 미래예측 방법론으로서 적당하다고 판단할 수는 없다. 미래예측 방법론 체계 정립이 무엇보다 다시 재고할 필요가 있다고도 할 수 있는 것이다. 따라서 현재 미래예측 방법론에서 모색되고 있는 기법은 총 33개 정도이다. 미래예측 기법은 창의성, 상호작용, 경험, 전문성의 기준으로 분류가 가능한데, 그 분류는 아래의 [그림 3-31]과 같다.

그림 3-31 미래예측 방법론 모형도

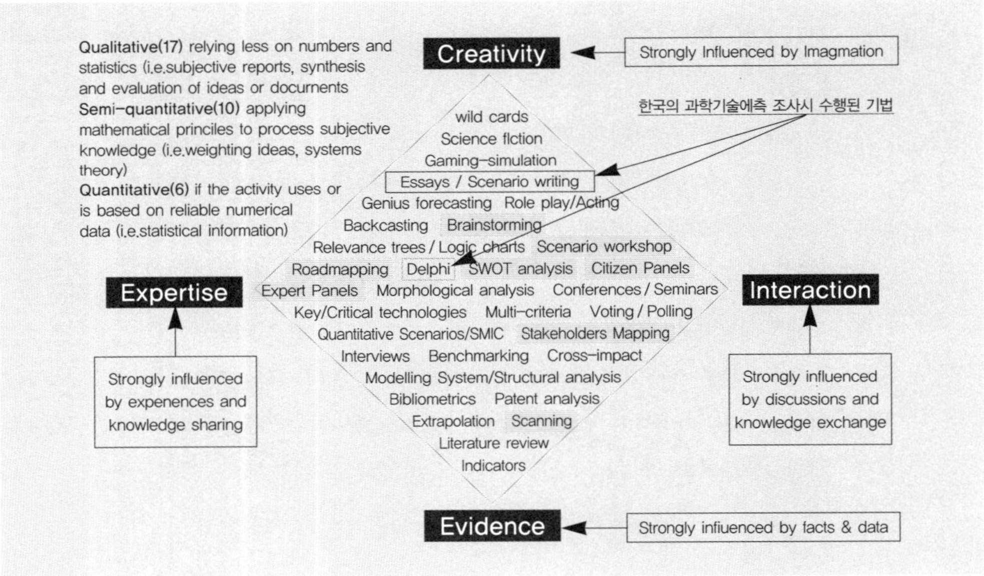

※ 출처: Rafael Popper (2006), www.self-rule.org

위의 열거된 방법론 중에서 어느 것이 좋은 방법이고 몇 가지를 선정하는 것이 옳은 것인지는 판단할 수 없다. 하지만 여기서 먼저 고민되어야 할 것은 우리나라 환경과 상황에 맞는 미래예측 방법론을 보유하고 있는지에 대한 성찰이 선행되어야 할 것이다. 국가에서 발표하는 비전들은 시장과 시민들이 외면하고 있는 현실에서 '모두 함께' 미래예측 활동에 참여하고 활용할 수 있는 시스템에 관한 접근이 이루어져야 할 것으로 보인다. 다만 다행스러운 것은 미래예측에 대한 시대의 요구에 부응하여 미래예측에 관심을 가지는 이들과 각 부처에 미래전략전담 조직이 신설이 논의되고 있어 이들의 역량을 기대할 수 있을 것이다. 문제는 기존의 미래연구에서는 미래에 대한 예측의 실패와 과정에서의 시행착오에 대한 리스크가 존재하지 않았으나 바람직한 미래를 설계하지 못하면 국가 생존에도 영향을 줄 수 있는 시대로 바뀌었다. 따라서 미래예측에 대한 전반적인 공감대를 시작으로 중장기적으로 우리의 모습을 내다볼 수 있는 법제도적 기반 마련에 심혈을 기울여야 할 것이다.

- 미래예측기법의 사용에 있어 다양한 상황과 필요에 따라 다양한 예측기법을 적절하게 혼용하여 사용.
- 제한된 전문가만이 아니라 다양한 이해관계자들의 참여를 강조하는 참여적 네트워크 형성을 통해 비전문가들의 지식이나 참여를 강조.
- 미래예측의 결과 역시 단순추세, 전략기획, 비전형성, 평가 등의 다양한 목적으로 활용.
- 국가의 경제적, 사회적, 문화적 환경, 예측대상과 고객층, 이용 가능한 예산 및 기간, 활용 가능한 전문가의 수와 참여 정도, IT활용요소 등의 다양한 상황론적 기준을 충분히 고려하여 접근할 수 있는 정교화 작업이 필요.
- 정책-수요-공급영역을 통합하는 미래예측을 위한 정책체계와 제도 마련이 필요.
- 국가미래예측활동을 위해 다양한 미래예측을 위한 방법론에 대한 연구는 물론 미래예측 전문가 양성, 국가의 제도적 지원 등의 정책적 차원에서의 다각적인 노력이 필요.

참고문헌

Australian Government. 2003. National Hydrogen Study. Commonwealth of Australia.

Barreto, L.; A. Makihira; K. Riahi. 2003. The hydrogen economy in the 21st century: a sustainable development scenario. Int. Jour. of Hydrogen Energy 28, pp. 267-284.

Bossel, U., Eliasson, B.,Taylor, G. 2003. The Future of the Hydrogen Economy: Bright or Bleak?, 15 April 2003. Available from www.efcf.com/reports/hydrogen_economy.pdf.

Bunger, U. 2004. Towards a European Hydrogen Energy Roadmap. www.HyNet.info.

Eriksson, E.A. 2003a. External Scenarios for Nordic H_2 Energy Introduction. Draft Report, www.h2foresight.info

Eriksson, E.A. 2003b. Scenarios Sketches for Nordic H_2 Energy Introduction. Draft Report, www.h2foresight.info

National Energy Technology Laboratory (NETL), 2000. Vision 21. Technology Roadmap. Washington D.C.

Ramirez-Salgado, J. and Arquimedes Estrada-Martinez. 2004. Roadmap towards a sustainable economy of Mexico. Journal of Power Sources.

U.S. DoE. 2002. National Hydrogen Energy Roadmap Workshop . Proceedings. Washington D.C.

4 국가미래전략기구

"조직은 미래예측 방법(Foresight)을 개발해야 하는데, 그것은 현대성이 만들어내는 끊임없는 변화에 대처하기 위한 것이다."

— 1931년 하버드 경영대학원에서 행해진 강의에서

Alfred North Whitehead

01 ●●●

국가미래전략기구의 중요성

1. 미래사회 변화와 도전

현대는 미래사회로부터의 엄청난 속도의 변화와 도전으로 상상하기 어려운 국가 과제를 제시하고 있고, 그에 대한 해결 능력을 요구하고 있다. 지식기반사회로의 패러다임 변화, 고령화 사회 도래, 기후변화와 자연재해의 급증, 에너지 부족과 자원고갈 증대, 지역 계층간격차 심화와 갈등 증대 등의 글로벌 환경변화와, 국가적으로는 남북분단의 위기, 주변강대국들의 견제와 도전이 지속되고 있다. 또한 국내적으로는 사회 각 분야의 상호 연계성과 의존성이 증대하는 가운데 교육, 실업, 복지, 환경 문제 등의 과제들이 난마처럼 얽혀 있는 것이 현실이다.

2. 미래예측과 국가비전 · 국가정책

우리는 그 동안 과거와 현재의 문제와 해결에 함몰되어 대부분의 국가 예산과 노력을 투입하였으며, 미래를 준비하는 데 소홀히 하였다. 미래예측에 근거한 국가적 미래 비전의 마련과 이에 바탕을 둔 정책수립과 추진에 대한 관심을 소홀히 하였다. 그 결과 무수한 사회적 갈등과 분열이 우리 국정의 발목을 잡아 왔다. 빠른 환경의 변화에 대응하고 갈등과 분열을 해결하기 위한 국가적 대비와 국정운영추진체제를 우리는 아직 마련하지 못하였다. 그 결과 우리는 짧은 기간 동안 부분적인 성공을 거두었지만, 미래와 글로벌을 향한 도전은 근본적인 한계에 부딪히고 있다. 이미 선진국들은 국가 미래정책의 중요성을 인식하고, 이에 대비한 국정운영추진체제를 마련하고, 이를 적극적으로 국정운영에 활용하고 있음을 주목하여야 한다. 영국의 미래전략처Strategy Unit, 미국의 정보위원회National Intelligence Council 핀란드의 미래상임위원회Committee for the Future 등이 그 일부 예들이다. 이와 함께 선진국들은 이러한 기관들을 중심으로 중장기적 국가미래 비전과 정책을 주기적으로 수립하고 국민들을 대상으로 이러한 비전을 공유하게 함과 동시에 공무원들에 대한 미래예측교육을 필수화하고 있다.

3. 또 다른 미래를 향한 국정운영체제

우리는 미래의 우리나라에 대한 국내외 도전들을 예측하여 분석하고 이를 정책으로 반영할 수 있는 국정운영추진체제 마련을 국가 어젠더 중 가장 높은 우선순위에 놓고 준비하여야 한다. 이 추진체제를 중심으로 각 부처가 미래의 비전을 공유하고 정책들을 연계하고 조정할 수 있도록 하여야 하며, 우리나라가 유연성과 개방성을 바탕으로 미래와 글로벌을 향하여 나갈 수 있도록 하여야 한다. 국가와 국정 전체에 걸친 새로운 발상의 전환 없이는 우리에게 '또 다른 밝은 미래' another future는 다가오지 않을 것이다.

본 장에서는 우리나라의 국가미래전략기구에 대한 방향을 제시하기 위하여 영국, 미국, 그리고 핀란드 사례를 살펴보고자 한다.

02 ●●●
영국의 국가미래전략기구: 미래전략처

1. 설치 배경

현재의 영국 미래전략기구는 성과혁신처the Performance and Innovation Unit: PIU와 총리 산하의 미래전략처를 통합하여, 2002년 미래전략처strategy unit로 새롭게 탄생하였다. 미래전략처의 목적은 정부 전반의 장기적이고 포괄적인 역량을 개발하고 정책을 혁신함으로써 정부의 목표가 달성될 수 있도록 돕는 것이다. 미래전략처는 총리 직속 기관으로 내각에 위치하고 있으며, 미래전략처의 업무는 이에 관한 최종결정권을 가진 총리에게 보고된다.

2. 주요 역할 및 소관 업무

(1) 주요 역할

영국 미래전략처의 주요 역할은 국가전략을 재검토하고 총리에 대한 정책자문을 통하여 국가정책들의 우선순위 설정에 도움을 주는 것이다. 또한 정부의 전략적 역량 형성을 제고시키고 효과적인 전략과 정책을 개발하는 데 있어 정부의 각 부처를 지원하는 역할을 한다. 또한 특별한 경우에는 전략적 감사를 통해 영국 정부의 긴급 현안 이슈와 도전적인 과제에 대한 사고를 효과적으로 검증하고 전 행정 부처로 확산시키는 역할도 한다.

영국 미래전략처는 다양한 프로젝트 등의 수행을 통해 매우 광범위한 범위의 국가적 문제와 이슈를 다루어 오고 있다. 즉, 원칙적으로는 미래전략처는 모든 국내문제에 개입할 수 있고, 필요에 따라서는 국제문제에 관심을 가질 수도 있다. 예를 들면 영국은 주로 국내문제를 다루고 있지만 마약이나 이민 프로젝트 같은 국제문제를 다루기도 한다.

미래전략처는 중장기적 미래에 관한 국가 프로젝트만 수행하는 것은 아니다. 미래전략처는 국가정책수립에 있어서 경향을 분석하고 문제에 대한 실질적인 분석을 수행하고 이를 적용한다. 업무의 예로는 사회 정의 공공서비스 개혁, 내무, 복지, 경제적 인프라구조, 에너지와 환경, 지방의 역할, 세계 속의 영국, 가족정책 등이 있다.

(2) 핵심업무

미래전략처의 핵심 업무는 총리에 대하여 신뢰성 있는 자문과 분석을 제공하는 것이다. 미래전략처는 다양한 부서들과의 협동작업을 통하여 백서, 청서 또는 다양한 이슈의 정책보고서, 또는 일반인들에게 제공되는 전략검토보고서 등의 다양한 형태의 결과물을 만들어 낸다. 이를 통해 정책문제의 근본 원인을 알아내기 위한 분석 역량을 향상시키고, 문제를 찾아가는 전략적 정책 형성 능력을 제고하며, 중요한 국가적 도전과제들을 확인한다.

이러한 과정을 통하여 구체적으로 정책이나 정책수단을 변화시키고 현안을 분석하거나 그것들과 관련된 문제들이 고려되는 방법을 재구축하는 데 기여하며, 중앙정부의 전략적 역량을 제고시키는 역할을 수행한다. 또한 경제적 사회적 관련 결과물에 있어서도 실질적인 효과를 보여주고 있다.

(3) 전략적 감사

미래전략처는 특별한 경우에 전략적 감사를 수행하기도 하는데, 이는 영국의 전반적인 성과를 평가하고 영국과 영국정부가 직면할 미래 도전과제와 기회들을 확인하기 위해서이다. 또한 현재의 전략과 정책에서 어떠한 허점들이 있는지 숙고할 기회를 제공할 수 있고, 동시에 정치적으로 드러나지 않을 수 있지만 일정기간 이후에 대두될 수 있는 문제를 확인하려는 목적도 있다. 즉 현재와 미래의 미래전략처의 업무를 확인하는 것이다. 이러한 것은 2003년[1]과 2005년[2]에 발간된 전략적 감사보고서 Strategic Audit Report에서 그 수행내용이 잘나타나 있다. 화이트 홀영국 관청 소재지에서 열린 행정특별위원회The Public Administration Select Committee의 전략적 사고에 관한 보고서[3]는 2007년 3월 6일에 발행되었다. 그것은 본 기관의 업무를 외부적 관점에서 평가하고 있다.

3. 특 징

(1) 업무수행

미래전략처는 중요성도 고려되지만 긴급한 문제에 초점을 맞추어 업무를 수행한다. 대부분의 업무는 특정 문제에 관련된 2~6명의 사람들로 구성된 팀 프로젝트로 운영된다. 유동적인 몇몇 프로젝트는 총리의 요구

1) Strategy Audit: Discussion Document(2003) 2003년 상반기 동안 전략청은 부처별 영역을 가로지르는 전략적 선택과 미래의 우선순위에 관하여 고려하기 위해 각 부처들과 작업을 진행하였다. 그 과정은 장기간의 경향에 대한 분석과 다른 국가들에게 영국이 모범이 되도록 하는 것을 포함한다. 이것은 그 작업을 간단하게 요약한 것이다. 이 자료는 최종적이거나 포괄적으로 다루려고 하지 않는다. 그리고 우리는 현재 검토가 이미 끝난 몇몇 사안들에 대해서는 여기에서 다루지 않았다. 이 자료는 국제적 비교에 널리 의존한다. 이것은 최근 것은 드물고 지금보다는 1990년대 후반에 영국이 수행한 것을 설명하는 데 더욱 적합하다. 그러나 영국의 장기적인 성과를 그리는 데 유용한 도구이다.

2) Strategic Audit: Progress and challenges for the UK전략적 감사보고서: 영국의 진보와 도전과제(2005): 2004년 말, 영국이 직면할 도전과제와 진보를 평가하기 위해 총리는 전략청이 두 번째 감사보고서에 착수할 것을 요청했다. 이 "전략적 감사보고서: 영국의 진보와 도전과제"는 정책 형성의 사실적 환경과 더욱 폭넓은 토론의 장을 만들기 위한 균형 있고 객관적인 평가를 제공하는 데 목적이 있다. 이 보고서는 영국이 많은 주요 영역에서 중요하고 지속적인 진보를 만들어 왔다는 것을 보여준다. 이것은 경제의 안정, 생산성의 격차를 줄이는 것, 교육적 성취를 향상시키는 것, 어린이와 연금수령자의 재산을 다루는 것, 지속적으로 범죄를 감소시키는 것, 그리고 건강과 건강보험의 수용력을 향상시키는 것 등의 전반적인 업적을 포함하고 있다. 다른 영역에서 도전 과제는 증가하는 운송인프라 수요의 충족, 충분한 주택 공급의 보장, 작업장으로 돌아가는 가장 소외된 집단의 일터로의 복귀, 최빈곤가정의 변화 기회 제공 등 장기적이고 구조적이다.

3) "Governing the Future" – second report of session 2006-07, House of Commons하원의회, The Public Administration Select Committee.

나 다른 싱크탱크의 투입을 통하여 수행된다. 몇몇 프로젝트는 2~3명이 4~6주간 진행할 수 있고 또 다른 프로젝트는 10명 정도가 팀을 구성하여 수개월 동안 진행한다. 프로젝트를 끝낸 후에 팀은 해산하고 다음 프로젝트로 이동한다. 몇몇 작업은 한 번에 끝나는 반면, 공공서비스 개혁이나 내무 등과 같은 문제에 관한 작업은 계속될 수 있다.

미래전략처는 전체적이면서도 전 부처를 수평적으로 연계시킬 수 있는 크로스 커팅cross cutting식 접근을 강조한다. 정책의 효율적인 집행을 위한 바탕을 마련하기 위해 미래전략처는 중앙정부 부처나 다른 기관들과 연계하여 때로는 합동으로 업무를 수행한다. 미래전략처의 내부 조직의 구성원은 상주 공무원과 계약직 전문가나 파견근무자 등으로 구분되며 이들이 함께 임무를 수행한다. 공무원은 일반적으로 정부부처로부터 차출된다. 비 공무원은 민간부문에서 선발되는데, 학계, 싱크탱크, 비정부기구NGO 그리고 해외전문가 등으로부터 임용되며 이들 모두는 공무원 법에 의해 보호된다.

(2) 핵심원리

근본적으로 강조되는 원리로서, 문제 이슈나 사안이 부각될 경우 분석적 엄밀성과 증거가 기반이 되는 접근을 강조한다. 미래전략처의 작업은 정부정책으로 반영되어 발표됨으로써 그 결실을 맺는다. 따라서 관련 정책이 후속적으로 실행될 수 있을 뿐만 아니라 바람직한 실용적이고 수용 가능한 해결책을 찾아갈 수 있어야 한다.

4. 구 조

영국 미래전략처의 구조는 [그림 4-1]과 같이 처장Director을 중심으로 행정관리부서, 처장 자문 · 지원부서, 지식 · 자료 관리부서를 두고 있다. 또한 행정서비스 혁신, 내부업무, 경제 및 기반시설, 복지혁신, 사회정의 구현 등의 5개 주요 국내정책 현안들을 다룰 위원회를 구성하고, 이에 따른 프로젝트 수행팀을 구성 운영하고 있다.

그림 4-1 How the Strategy Unit is structured

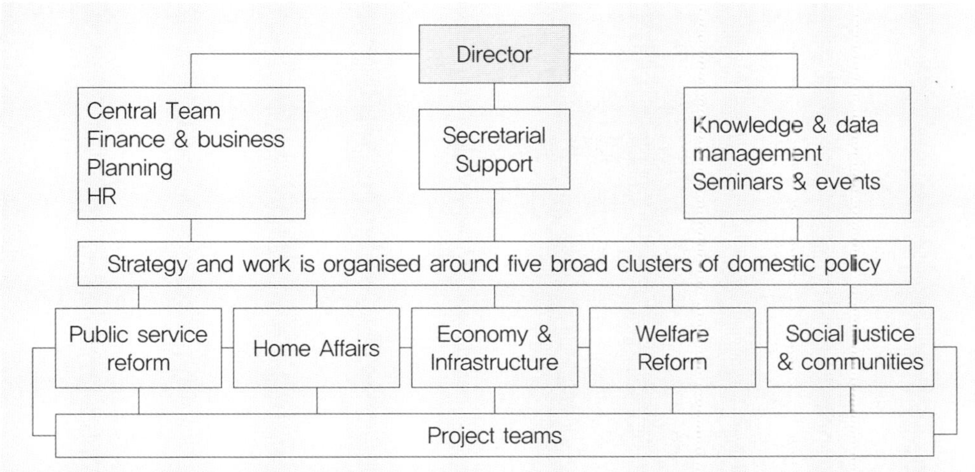

※ 출처: 영국 미래전략처 홈페이지

미래전략처는 내각에 위치하나 본 기관의 업무에 관하여는 최종결정권을 갖는 총리에게 보고한다. 2007년 현재 Stephen Aldrige 장관이 미래전략처의 책임자다. 미래전략처에는 계약직 전문가 25명과 파견 근무 공무원 25명을 합쳐 약 50여명이 있다. 소속원은 조직에서 일상의 반복적 업무를 수행하지 않는다. 오직 정책 프로젝트에 투입되고 거기에 초점을 맞추고 매진할 수 있다. 이것이 바로 영국 미래전략처의 중요한 핵심 성공 요소이다. 소속원은 창의적이고 분석적이며 계량적 연구들에 대한 연구 방법론에 능숙해야만 한다. 팀은 또한 유연한 기술과 때로는 선택된 부문에서 세부적인 산업적 전문성을 가지고 있어서 그들이 현안을 이해할 뿐만 아니라 영향을 끼칠 수도 있다.

또한 미래전략처는 그 실행을 위해 서비스공급처Delivery unit라 불리는 자매기관이 있다.

5. 주요 보고서

영국 정부는 이렇게 얻어진 미래 전략들이 적절히 수행되었는지를 평가하기 위해 전략적 감사보고서를 작성하도록 하고 있는데, 2003년부터 본격적으로 그 보고서가 출간되기 시작하였다. 그 중 주요 보고서를 살펴보면 다음과 같다.

(1) 「국가생존전략 가이드북」

「국가생존전략 가이드북(*Strategy Survival Guide,* 2004)」은 영국 내각 사무처 전략단에서 정부의 전략개발 지원 및 전략적 사고 촉진을 위하여 출간되었다. 크게 두 개의 분야로 구분되는데 '전략개발'은 정책의제설정, 연구분석, 전략방향결정, 정책수립 등 전략사업의 4단계별 과제와 산출물을 설명하고, '전략기법' 부분은 인력 및 사업관리, 이해관계자 및 의사소통관리, 체계적 사고, 근거자료 구축, 대안의 평가, 집행계획수립 등 정책수립 6개 분야에 필요한 기법, 접근법을 소개하고 있다.

(2) 「디지털 전략」

「디지털 전략(*Connecting the UK:the Digital Strategy,* 2005)」은 정보통신 기술의 발달에 따른 일자리 변화와 홈네트워크의 변화로 인한 신기술 문화에의 적응이 영국의 미래번영에 직결됨을 강조하면서 구체적으로는 인터넷 선도 집단과 한계 집단과의 격차를 완화시키기 위한 정책적 노력을 촉구하였다.

(3) 「전략적 감사보고서」

「전략적 감사보고서(*Strategy Audit,* 2003, 2005)」 – 상술.

(4) 「정책검토보고서」

전략청은 장기적이고 범부처 연계성 크로스 커팅 정책 문제를 조사하는 6개의 수행 그룹(경제역학, 환경과 에너지, 공공서비스, 보안 · 범죄와 사법, 지방의 역할, 세계 속의 영국)을 설립했다. 수행 그룹working group 회의는 총리가 의장이 되며 내각의 구성원이 출석하였다. 이를 통해 만들어진 보고서가 바로 「정책검토보고서(*Policy Review,* 2007)」이다.

(5) 기 타

2005년 2월에는 「세계 불안 위협의 전략적 대응(Investing in Prevention: An International Strategy to Manage Eisks of Instability and Improlve Crisis Response)」보고서를 통해 세계경제의 불안요인에 대한 예방적 투자를 강화하고, 사회 전반의 유인체계를 이에 맞춰 조정하며, 국제적인 책임의식 강화와 함께 위기 대처능력을 개선하는 것이 필요하다고 주장하였다.

2005년 1월에 발표한 「저소득층 미래전략(Improving the Prospects of People Living in Areas of Multiple Deprivati on in England)」은 빈민지역에 사는 사람들의 생활이 더 악화될 가능성이 높다고 보고 구체적으로 경제의 활성화와 실업해소를 위한 지역 경제의 소생, 주거 및 기역환경 개선, 빈민 지역을 위한 공공서비스 확대지원 등의 정책을 제시하였다.

이외에 영국 전략청의 주목할만한 보고서로는 「장애인 미래전략(Improving the Life Changes of Disabled People)」(2005), 「런던프로젝트(London project Report)」(2004) 등이 있다.

03 ●●●

미국의 국가미래전략기구: 국가정보위원회NIC

1. 임 무

미국의 국가정보위원회NIC, National Intelligence Council는 정보위원회IC, Intelligence Community의 중장기 전략수립을 위한 센터이다. 그 기능은 다음과 같다.

- 정보위원회의 수장인 DNI[4]를 지원한다.
- 정보위원회에 질문하는 정책입안자들에게 핵심보고서focal point를 제공한다.
- 정부에 속하지 않는 학술계의 전문가들에게까지 영역을 넓히고, 개인부문에서 정보위원회까지 영역을 넓힌다.
- 정책입안자들의 변화하는 요구에 응답하기 위해 정보위원회가 가진 자원을 재할당하는 것을 돕는다.
- 정보위원회가 발간하는 국가정보예측NIE, National Intelligence Estimates을

4) 미국의 모든 정보기관을 총괄하는 국가정보국DNI이 탄생하면서 정보 왕국으로 불렸던 미 중앙정보국CIA의 명성은 옛 말로 남게 됐다. 그 동안 CIA 국장의 실질적인 힘은 대통령에 대한 일일보고와 각 연방 정보 부서의 정보 총괄 기능에서 나왔다. CIA 국장은 오전엔 각 정보기관에서 취합된 정보를 대통령에 보고하고, 오후엔 CIA 책임자로서 첩보수집 및 비밀작전을 지휘해 왔다. 그러나 CIA와 다른 14개 정보기관을 감독하는 DNI가 출범하면서 CIA 국장은 이 두 권한 모두를 잃게 됐다. 워싱턴 포스트는 곧 네그로폰테 신임 국가정보국장이 대통령 일일보고를 하게 될 것이라고 밝혔다. 또 정보를 생산해온 수 십 명의 CIA 분석가들과 국가정보평가보고서를 내온 국가정보위원회도 DNI로 옮겨진다, "CIA, 정보왕국의 시대 종언"[한국일보, 2005.02.27].

포함한 다양한 보고서 작성을 주도한다.

미국의 국가정보예측NIE은 DNI의 가장 권위 있는 국가정보이슈를 진단 분석하는 보고서이다. NIE는 미래 이벤트 코스 등을 포함한 다양한 여건을 고려한 조정된 진단을 포함한다. NIC의 목표는 정책입안자들에게 분석한 판단이 미국의 정책에 적합한지 여부와 관계없이 최고 수준의, 솔직하고 편견이 없는 정보를 제공하는 것이다. 국가정보공무원NIO, National Intelligence Officers의 주요 기능은 다음과 같다.

- DNI에게 조언한다.
- 정기적으로 상위 정보 사용자와 상호작용을 하고 그들의 현재와 장기간 요구를 지원한다.
- 최고 품질의 예측 정보를 효율적이고 다양한 여건을 반영하는 과정에서 만들어 낸다.
- 외부 전문가를 고용하여 그들의 지식과 통찰력을 활용한다.
- 정보위원회의 분석 전문가들의 요구와 능력을 평가하는 일을 돕는다.
- 전략적 경고, 개선된 분석 도구, 방법론 등에 대해 정보위원회의 분석전문가들과 협력을 증진한다.
- 정보수집, 평가, 획득을 유도하는 데 실제적인 우선순위를 갖는다.

2. 역사적 배경 및 조직

NIC는 설립한 지 25년이 되었고, 지속적으로 '예측' 정보(국가보안 이슈에 대한 예측평가)를 상위 미국정책입안자들에게 제공한다. 제2차 세계대전 이후 중앙정보그룹Central Intelligence Group, 1946과 초기 CIA가 그 일을 대신했고, 보고예측국ORE, Office of Reports and Estimates이 예측정보를 작성했다. ORE-1은 1946년에 이슈화 되었고, Harry Truman 대통령이 소련 팽창에 대한 미국정책을 선언할 때까지 대소련정책 및 군정책을 처리하였다.

국가예측국ONE, Office of National Estimates은 1950년에 ORE가 세 개의 기능국으로 나누어지면서 생겼다. 첫째는 기초 연구를 수행했고, 두 번째는 일간요약보고서를 작성했고, ONE은 '국가정보예측NIE, National Intelligence

Estimates'에 대해 조정하는 역할을 담당했다. 1950년 가을 처음으로 NIE에서 필리핀 공산주의자들의 무장행동에 대한 전망을 다루었다. NIE는 미국 정보위원회를 포함하는 조직에서 특별한 프로세스를 개발하는 일을 계속 지속하였다. 또한 국가안보에 대한 지식 주제들을 평가하고 어떤 결과를 예측할 수 있는지 알기 위해 현재 상황을 넘어서 장기적으로 보았다.

정보요구에 대한 반응성을 증진시키기 위해 국가예측국 전문가들은 1973년에 국가정보공무원National Intelligence Officers으로 전환시켰다. 이 그룹의 전문가들은 1979년에 국가정보위원회NIC의 위원이 된다. 이 위원회는 중앙정보부서Central Intelligence에게 정보위원회의 수장으로서 보고하고, 전체 위원회의 의견을 조정하여 대표한다.

지난 25년간 국가정보위원회는 전략적 사고에 대한 모든 원천의 핵심을 개발했다. 정부의 내 · 외부에 있는 최상의 가용한 전문가들을 발탁해서 중앙 정보부서나 미국 정부의 정책입안자에게 현재의 복잡한 국제적 이슈에 대한 권위있는 정보를 제공하여 왔다.

그림 4-2
미국 국가정보 위원회 조직도

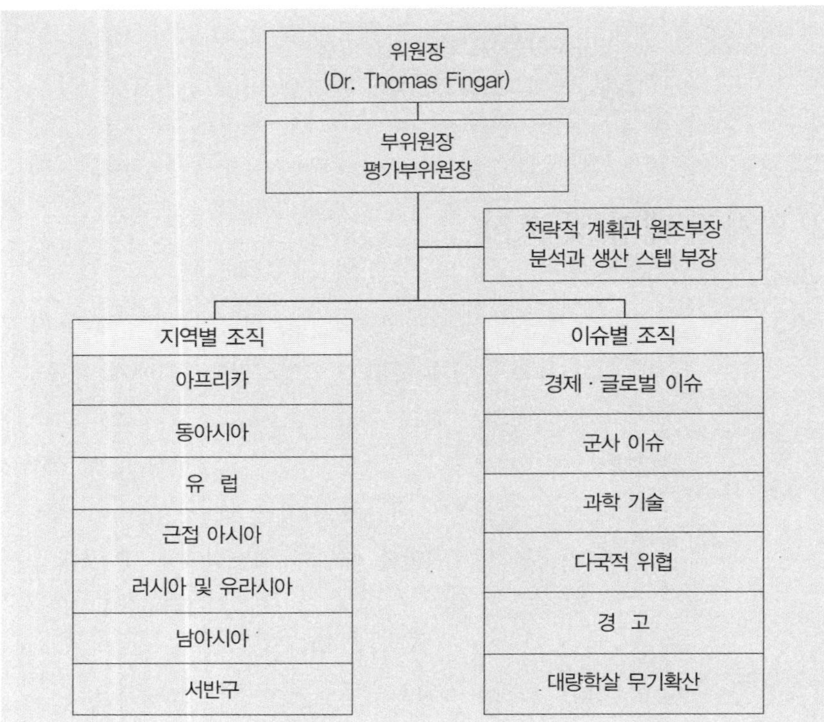

3. 연계 이슈

(1) 보안과 정보환경

글로벌 파워로서 미국은 다양한 분야의 보안에 관심이 있다. 게다가 정보위원회는 반드시 정책입안자들에게 아프카니스탄과 이라크에서 미군의 보호를 위해 즉각적인 위협을 감시하는 것과 같이, 위기의 상황에 국가 안보에 영향을 끼칠 수 있는 다른 이슈들과 국가에 대한 정보를 제공해야 한다.

위기가 점점 더 고조되고, 의사결정자들의 정보 요구가 수시로 변화하고 있는 21세기가 진전되어 감에 따라, 지구 전체의 문제를 모두 다 다룰(global coverage) 수 있다는 입장은 현재 심각한 도전에 직면하고 있다. 따라서 이러한 맥락에서 볼 때 미국 정보위원회는 고도의 훈련된 전문인력을 보유하고 있다 할지라도 미국 고위 지도자들이 잠재적으로 관심을 가질 수 있는 지구상의 모든 주제들에 대해 대비하기 어려운 것이 현실이다.

(2) 세계 전문가 예비 프로그램의 미션

이 프로그램 목적은 정보위원회 활동을 세계적으로 확장하는 것이다. 즉, 정부 밖의 학자, 전문가들을 발굴 · 활용하는 것이다. 수많은 국가 안보 이슈를 포함한 중요한 정보는 개방하여 활용 가능토록 한다. 따라서 정보위원회 외부 전문가들은 NIC의 협력자로서 기여하게 된다.

이 프로그램은 우선 현재의 트랜드와 사건을 이해하는 데 관심을 두고 가까운 미래에 영향을 끼칠 문제를 프로젝트화 한다. 고위 정부지도자에게 정보위원회 내외에 있는 미국 최상의 전문가를 제공한다. 우리는 전문가 심층성을 높여 검색을 손쉽게 하고, 의사결정에 적합한 정보를 제공함으로써 정보가 야기할 수 있는 위험을 감소시킨다.

(3) NIC 구성

NIC를 구성하는 전문가들은 높은 수준의 학계, 회사 또는 두뇌집단에서 발탁되었다. 그들은 최소한 특별한 지역이나 다국적 논제에 대해서 10년간 종사한 미국 시민이며, 광범위한 지역을 여행한 사람들이다. 또한 그들은 광대한 분야의 이슈에 대한 역사적인 이해를 가지고 있다. 그들은 영향력 있는 인본주의, 외교, 경제, 군사 위기에 대해 경고하는 정책입안자들이 있는 정보위원회를 지원하고 이런 위기에 대해 보다 나은 이해를 할 수 있도록 한다. 이 프로그램은 분석가 및 의사결정자에게 이끌어낼 수 있는 추가적인 수단을 제공한다. 과거에 NIC 관련 전문가들에 의해 다루어지는 주제들은 중앙아시아의 안보와 갈등에 대한 이슈로부터 세계 인구학적 트랜드 분석을 포함한 영역이었다. 또한 사하라사막의 아프리카에서 테러리스트들의 도전, 물 충돌, 생명공학 혁신에 이르기까지 그 관심 주제들이 넓어졌다.

원래 NIC 협력자들은 그들의 전문화된 영역에서 주기적인 배경보고를 하고 공식적인 세미나에서 분석가들을 만나는 일을 한다. 어떤 경우에 그들은 대통령이나 다른 상위 정책입안자에게 보고할 '국가정보예측' 문건에 대한 독특한 견해로 기여하기도 한다.

이 프로그램은 '제임스 본드'와 같은 유형은 아니다. 참여자들은 국가 컨설팅 자원으로 생각되는 것이지 정보를 수집하거나 미국정부의 이익을 위해서 어떤 행동을 하는 것은 아니다. NIC 협력자들은 그들의 전문성과 지식을 엄격하게 사용해서 미국의 지도자들이 복잡한 외국의 트랜드와 사건들에 대해 보다 잘 이해하도록 돕는 것이다.

(4) 관 리

NIC 협력자들은 그들의 시간과 노력에 대해 보상받는다. 어떤 사람은 정기적으로 보고서를 업데이트한다. 다른 사람들은 경우에 따라 컨설팅을 한다. 정보위원회는 평문 정보를 협력자들과 함께 공유하고 다른 전문가들과 함께 공식적인 컨퍼런스에 참여할 기회를 제공한다.

또한 비밀성이 필요하다. 비록 미국 정부가 협력자들의 공헌에 감사를 표현한다고 하더라도 정부 외의 포럼 참여자들에 따라 협력자들의 허락이 있을 경우에 한해서이다.

4. 주요 보고서

(1) 「세계 미래 조망」

「세계 미래 조망(*Mapping the Global Future : Report of NIC 2020 Project*, 2004)」은 미국국가정보위원회가 전세계 1천명 이상의 전문가들의 자문을 받아 2020년까지 지구촌에 변화를 야기할 주요 글로벌 트렌드의 영향력과 파급효과를 분석해 놓은 보고서이다.

1) 2020년까지의 메가트렌드

이 보고서에서는 글로벌화라는 메가트렌드가 앞으로 15년 뒤인 2020년까지 세계경제의 성장과 생활수준 향상을 추동하는 핵심동력이 될 것으로 보고 있다. 중국을 비롯한 신흥강국들이 세계경제에서 차지하는 비중이 늘어나는 만큼, 향후 세계경제의 핵심적인 불확실성으로 작용할 것이다. 그러나 한편으론, 향후 10년 내에 글로벌화 추세가 지연 또는 중단될 가능성도 배제할 수 없다고 보고서는 지적하고 있다. 중국과 인도 등 제3세계의 놀라운 성장에도 불구하고 사하라 이남의 아프리카, 유라시아, 중동, 라틴아메리카 등 지구상의 많은 국가들과 지역은 여전히 가난과 부패 속에 방치될 것이며, 한 국가 내에서도 개발지역과 미개발지역 간의 격차가 확대될 것이다. 그 결과 이들 지역은 테러와 조직범죄, 그리고 전염병의 온상이 될 것이라는 것이다. 한편 동 브고서는 중국과 인도 등지의 비효율적인 금융시스템에 따른 글로벌 금융위기의 발발 가능성, 그리고 지구촌 전역의 이상기후와 자연재해의 가능성도 2020년 세계를 위협하는 주요 요인으로 다루고 있다.

2) 미래에 대한 두 가지 시나리오

동 보고서는 2020년 지구촌의 미래와 관련해 다음과 같은 두 가지 시나리오를 제시하고 있다. 하나는 '다보스Davos의 세계'로 세계경제가 미국의 지도력 하에 안정적으로 성장하며, 중국 등의 부상과 더불어 글로벌화가 좀 더 비서구적인non-western 얼굴을 하게 된다는 시나리오이다. 새롭고 포괄적인 세계질서의 구축에 미국과 중국 등이 협력하며, 급진 이슬람의 저항을 무리없이 수용하는 매우 낙관적인 시나리오이다. 또 다른 시나리오는 '신 칼리프Caliphate의 시대'이다. 종교적 급진주의에 의해 추동되는 전 지구적인 움직임이 구체화되면서 기존의 서구적 규범과 가치관에 도전하고, 미국과 중국, 러시아 등 강대국들 사이에 불화와 불신이 커지는 경우이다. 동시에 테러와 WMD 확산에 대한 우려가 크게 증폭되면서 지구 전역에 불안과 공포가 확산되는 시나리오이다. 동 보고서는 2020년 지구촌이 이 두 시나리오 사이의 어느 지점에 위치할 것으로 전망하면서, 지구촌의 안정과 발전을 위한 미국의 더 많은 역할을 주문하는 것으로 결론을 대신하고 있다.

(2) 「세계 추세 2015」

「세계 추세 2015(*Global Trend 2015 : A Dialogue About the Future With Nongovernment Experts*, 2001)」는 CIA의 후원으로 다방면의 민간 전문가를 초빙하여 탄생한 '2015년 세계경향'Global Trends 2015, 약칭 'GT 2015'라 불리는 이 보고서는 앞으로 15년간 우리나라를 비롯한 동아시아 문제부터 세계 패권의 향방까지 망라돼 있다. 이 보고서는 인구통계와 자원 경향은 어느 정도 유추 가능한 반면, 기술과 경제발전 등은 인간이 만들어나가는 것이기에 상대적으로 앞을 내다보기 어렵다고 밝혔다. 전자는 현재를 밀도 있게 관찰하면 예측 가능한 자연현상이지만, 후자는 결국 우리가 만들어나가는 미래 그 자체이기 때문이다.

04 ●●●

핀란드의 국가미래전략기구: 미래상임위원회

1. 개 관

(1) 설치배경

핀란드 국회는 1992년 정부에 단기적 정책입안이 아닌 장기적 정책개발 로드맵을 요구하게 되고, 1993년에 「미래상임위원회」를 만들어 미래를 준비하는 정부의 비전을 국회에 제출하도록 요구하게 되었다. 현재 핀란드는 200명의 국회의원, 8개 정당, 14개 국회상임위 중 미래상임위원회가 예산책정 등에서 각 부처가 미래 전략적 시각을 도입하고 국가전략의 조감도를 파악하고 있으며, 부처 간의 전략적 협력이 이루어지고 있는지와 기본적인 국가전략과 적합한 정책이며 예산배정인지를 심의한다. 이것은 부처이기주의, 지역이기주의를 방지하여 예산낭비를 막기 위함이다.

(2) 국가미래전략에 관한 법률 제정

새 집권정부는 "15년 후의 과학적인 미래예측 후 「국가미래전략」을 제시하지 않으면 안 되도록 하는 것"을 법으로 정해 놓았다. 이를 법제화한 이유는 미래에 대한 이슈를 지금 해결하거나 바꾸지 않으면 안 되도록 강제하려는 의지를 표명하기 위한 것이다. 즉, 국가의 장기적인 미래를 위해 전략적인 의사결정과 지속성 있는 정책을 유지하려고 한 것이다. 정권은 바뀌지만 국가의 존재는 영원해야 하기 때문이다.

이 법에 따라 핀란드정부(총리실)는 '15년 후의 미래상'과 그 당시의 문제해결방안, 이를 위해 지금 시급히 시작해야 하는 일들을 어떻게 정책입안할지 등 2004년 1년 내내 수백명이 연구한 결과를 2005년 2월 1일자로 핀란드 총리실 이름으로 책으로 발간하였는데, 「핀란드 정부 미래보고서 Finish Government's Report on the Future」, 부제는 '핀란드 모든 연령층을 위한 정부보고서'이다.

이 연구의 중요한 과제는 인구분포의 변화, 인구정책 그리고 다가오는 미래변화에 따른 사회변화를 예측하는 것이다. 고령화로 인한 핀란드정부의 고령인구 복지비용 증가뿐만 아니라 노동력의 감소로 인한 경제력 약화에 대한 도전, 미래사회발전의 신성장동력 찾기 등을 연구하여, 미래인구변화에 따른 새로운 인구정책의 필요성, 출산율 장려와 이민정책 확대, 고령인구의 건강유지 지원 및 경제활동연장, 아동과 청소년 지원 적극장려, 취업률과 생산성 확대, 사회보장제도의 개혁, 지방분권화를 위한 재정자립, 고령인구를 자원과 경제활동인구로의 변환정책 및 방안, 국제사회변화에 따른 경제발전전략을 제시했다.

2. 활동 및 내용

미래 상임위원회는 그 위원회에 보내진 국회문서들을 검토하고, 요청이 있을 경우 책임분야를 포함하여 미래의 개발요소 혹은 개발모델과 관련성이 있는 미래 문제들에 대해 다른 상임위원회에게 제안을 하기도 한다. 그들은 미래 연구와 관련된 연구를 수행하며, 그것은 방법론을 포함한다. 위원회는 기술개발을 평가하고 기술사회에 영향을 미침으로써 국회의 일부로서 기능한다.

(1) 미래상임위원회의 역할

미래상임위의 역할은 총리실과 정부 각 부처와 대화를 나누면서 정책입안 시 장기적인 미래시각을 부여하는데, 핀란드 정부는 항상 연정을 하기 때문에 이러한 대화는 필수적이다. 총선 이후 집권한 다음 해에는 정부가 미래에 관한 정책을 내 놓는 것을 의무화 하였다. 즉, 2년째 되는 해에 미래보고서를 제출해야하는데, 이 보고서는 선거공약이 아니라 집권 정부가 15년 후를 정확하게 분석하고, 미래에 관한 비전과 전략을 밝히며, 4년간의 국가운영을 평가할 수 있는 장기적 안목의 정책구조를 밝히는 것이다. 미래에 관한 정책입안, 대책 및 장기전략은 국민생활에 어떠한 영향을 미치는지에 대한 미래예측을 의무화 하였다. 예를 들면 글로벌화 해가는 국제사회, 지구촌 기후 환경변화, 장기적인 에너지정책, 민주주의 발전, 첨단기술발전에 대비하는 15년 후의 미래장기전략을 제시해야 한다. 이 같은 미래보고서가 나오면 의회의 미래상임위에서 조사한 후 이에 대한 답장을 의회에 제출하게 되어 있다.

국가미래전략의 수립 및 실행과정을 정리하면 다음과 같다.[5]

① 총리실은 전문가 및 연구기관의 자문을 토대로 보고서를 작성하고,
② 완성된 국가미래보고서는 국무회의 승인 후 의회에 제출하며,
③ 총리실과 미래상임위는 지역미래포럼을 공동개최, 여론수렴의 과정을 거친다.

(2) 국가미래보고서

1990년대 소련붕괴로 인한 북유럽의 동반 붕괴 속에서 핀란드는 1993년에 미래생존전략으로 국가미래보고서를 국민에게 발표하면서 위기를 함께 극복하자고 설득하였다. 이 국가미래보고서에는 글로벌화로 인해 무역시장을 세계시장으로 돌려야 하며, 세계시장의 수요가 무엇인지 연구하여야 한다는 점, 지구촌 미래예측, 세계 속에서의 핀란드, 유럽 속에서의 핀란드, 지구촌 인구분포, 핀란드의 경제 및 일자리 창출을 위한 정책, 핀란드의 과학기술, 사회복지와 지역사회개발, 인구변화로 인한 사회 및 가족구조 변화가 포함되었다.

총리실이 미래상임위원회의 요청으로 작성한 정부 미래보고서로는 '핀란드의 미래와 정책대안'(Future of Finland and Alternative Policies of Action, 1993), '핀란드와 유럽의 미래'(Finland and the Future of Europe, 1996), '기술과 공정경쟁-책임 있고 적극적인 핀란드'(Skill and

5) 정재호. "핀란드의 생존전략, 자주·통합 그리고 혁신," 나라경제. 2007. 3 pp. 94-96

Fair Play－an Active And Responsible Finland, 1997), '핀란드 2015 : 균형발전' (Finland 2015 : Balanced Development, 2001), '모든 연령층 사람들을 위한 좋은 사회' (Good Society for People of All Ages, 2004)가 있다.

2001년 제출된 정부 미래보고서는 EU의 미래에 대한 3개 시나리오(① 통합 · 단일화, ② 분열 · 다양화, ③ 위기 · 교착화)를 설정, 핀란드의 미래를 분석하였다. 한편, 2004년 제출된 정부 미래보고서는 인구구조 변화에 따른 인구정책 개발, 다양한 연령층의 건강개선 방안, 노령 인적자원의 활용 등 주로 고령화 대책에 대해서 논의하고 있다. 미래상임위는 정부가 제출한 미래예측보고서 검토 외에도 미래 기후, 인구, 기술발전, 정보사회 관련 국정과제 수행, 미래예측방법론 연구, 전문가 연계 네트워크를 추진해 왔다.

총리실 또한 1993년 이후 부처 간 수평적 네트워크를 조직함으로써, 부처별 미래전략을 종합하여 국가미래전략을 수립하고 있다. 2004년 3월 노동부는 총리실을 포함한 정부 부처들의 미래예측 관련 실무책임자로 구성된 '정부 미래예측 네트워크' Government Foresight Network를 조직하였다. 이 위원회는 정부 부처들의 미래예측 관련 견해차이 조정, 지역수준 미래예측 업무지원을 목표로 2007년 5월까지 활동하였으며, 대화와 토론을 통하여 미래의 환경에 대해 포괄적인 합의에 도달하고 협력을 촉진하기 위해 회의와 포럼을 개최하였다.

(3) 미래상임위원회의 구성

17명으로 구성된 미래상임위에는 각 상임위 소속 의원들이 들어온다. 미래상임위는 반드시 미래연구소를 산하에 두고, 특히 미래사회변화예측과 첨단과학기술발전에 대한 전문적인 보고서를 만들고 있다. 미래상임위의 미래연구소는 각 대학과 손잡고 다양한 연구를 할 뿐 아니라, 세계미래포럼을 개최하여 우선 타국의 미래연구를 배우고 지구촌의 미래성장동력, 기술예측 및 사회예측에 대한 연구를 위해 각 분야의 전문가 60여명을 모아 미래연구소에 배치한다.

연구진들은 대부분 자신들의 직장으로부터 사직하고 정규직으로 근무하면서 매년 2회에 걸친 국회 전체회의에 참석하여 미래예측에 대한 연구결과를 보고하고, 특정 사안이 있을 때 항시 전문가들의 도움을 받는다. 민간전문가들은 국가미래정책 제안뿐만 아니라 자신의 영역에서 국민을 설득하는 역할을 하며, 특히 은퇴한 최고지식층에서 젊은층까지 다양한 연령층의 전문가들이 함께 국가성장동력 발굴을 담당하게 된다.

사회 전반의 대표성이나 지역색 없이 국제미래예측전문가, 행정가, 경제전문가, 사회복지전문가, 대학교수, 과학자, CEO, 은퇴한 정치인이나 전직대통령, 언론인 등이 참여한다. 처음에는 국제미래전략전문가가 타국의 미래연구네트워크를 끌어오고 미래연구를 배우는 작업부터 한다. 다양한 연령층을 유입하는 이유는 국민 참여를 유도하고 국민설득을 위함이다. 미래연구소에 다양한 국민들을 포함시키는 것이 최대관건이다.

핀란드 미래상임위 17명은 국민과의 대화, 미래의 민주주의에 관한 의회청문회를 개최할 때 핀란드 최대 재즈 페스티발 현장에서 하며, 언론이 관심을 가지고 프라임타임 방송에서 중계된다. 이 위원회의 관심주제는 미래 지구촌사회의 변화, 2100년의 민주주의 변화이며, 아울러 최근의 최대관심사는 고령화 · 저출산 대책이다.

그림 4-3 총리실 주도 부처 간 미래 예측 네트워크

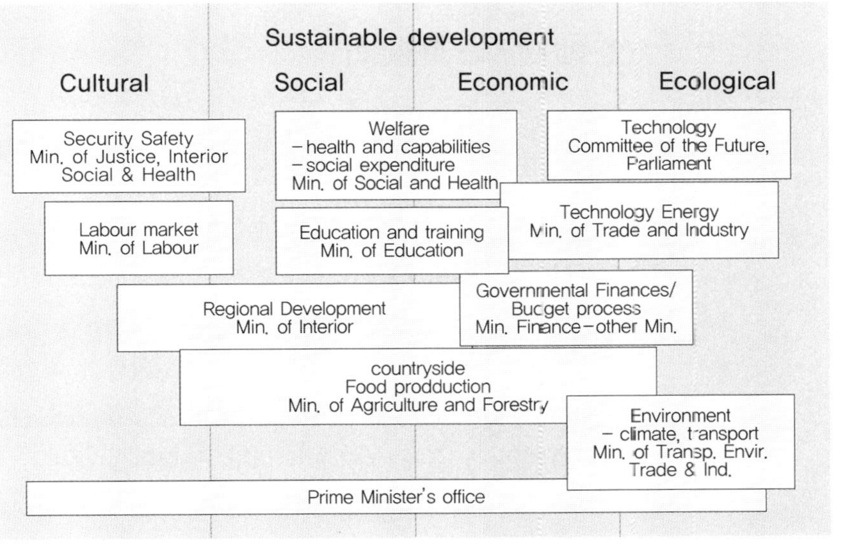

※ 출처: Kirjavainen. R(2006)

3. 성 과

(1) 미래전략 마련 절차의 특징: 통합과 거버넌스

핀란드의 국가발전 중장기 전략 마련 절차의 첫 번째 특징은 국회와 정부 간 미래대화제도를 통해 주요 이슈에 대해 정기적으로 국가발전 중장기 전략을 마련하는 제도적 장치를 마련하고 있다는 점이다. 두 번째 특징은 국가발전 중장기 전략 수립에 있어 국회로 대표되는 정치권이 행정부와 함께 적극적인 역할을 해나가고 있다는 점. 세 번째 특징은 중장기 전략 마련에 있어 다양한 주체들로부터 거버넌스(정부-국회-국민)체제를 통한 광범위한 의견 수렴 절차를 거쳐 국민적 합의과정을 중시한다는 것이다.

핀란드 정부와 국회는 상호 협력을 통해 국민들에게 국가발전 중장기 전략을 정기적으로 제시해 핀란드가 지향해야 할 혁신의 방향을 제시하고 있는 것이다. 이러한 국회와 정부 간 미래대화제도는 핀란드가 사회적 합의와 혁신을 통해 세계 최고 수준의 국가경쟁력과 복지 수준을 지속적으로 발전시켜 나가는 원동력 중의 하나가 되고 있는 것이다.[6)]

(2) 미래전략과 혁신관리[7)]

1) 국가적 차원의 미래전략 추진

핀란드와 러시아 간 겨울전쟁으로부터 얻은 긍정적인 경험은 역으로 애국심 등 다시 사회통합의 요인으로 작용함으로써 통합, 혁신, 자주 세 요소 간에는 선순환의 기제가 형성될 수 있음을 핀란드 역사는 보여주고 있다.

또한 핀란드 사례는 선순환 가능성을 현실화하기 위해서는 비전의 제시에 의한 선택과 집중, 정부 부처 업무의 총괄조정 등 더 많은 절차와 노력이 필요하다는 점을 보여주고 있다. 미래환경 전망과 국가역량 분석에 근거한 국가장기전략의 수립 및 정책대안의 선택 관련 국론 수렴 과정에 있어서 핀란드 의회 산하 미래상임위원회의 역할과 함께, 지식기반

6) 국정브리핑 "'핀란드 2015'는 어떻게 탄생했나," 2007.1.5. 발췌.
7) 정재호. 전게서. pp. 96-97.

네트워크 국가로 전환함에 있어서 총리실의 수평적 그물망 구축 및 총괄 조정 또한 국력의 시너지효과를 극대화하는 데 주도적인 역할을 했음은 부인할 수 없다.

2) 미래전략에 기반한 혁신체제

한편, 핀란드 총리실이 수행한 핀란드 혁신체계의 강점요인 분석에 의하면, 핀란드 혁신체제는 합의선택과 집중, 균형, 협력연계, 신뢰를 통한 효율성과 통합성시너지 효과에 근본적인 강점이 있으며, 장기적으로 교육훈련과 연구개발을 통해 축적된 인적자본 축적이 중요하다는 점을 강조하고 있다

여기에서 핀란드 혁신체제의 강점 요인들 대부분이 사회통합적인 요인들이라는 점을 특히 주목할 필요가 있다. 혁신과 통합은 국가경쟁력의 필수 불가결한 중요 요소로, 마치 동전의 양면과 같이 동시 추진될 수 있을 뿐 아니라, 또한 동시에 추진돼야 함을 시사한다 하겠다.

표 4-1 핀란드 혁신체제의 강점[8)]

강점 요인	주요내용
합 의	• 기회에 대한 역량의 집중 • 교육, 연구, 개발, 실행(상업화)
균 형	• 목표: 경제 – 환경 – 웰빙(삶의 질) • 지원목표: 기초 – 응용 – 산업연구개발 • 지원수단: 경쟁 – 배분
협력 네트워크	• 대학 – 기업 • 대기업 – 중소기업(전략적 동반자) • 지역 – 전국 – 세계 • 혁신체제 참여자 간 연계 • 기술예측 – 공공연구 – 산업연구
신 뢰	• 반부패, 성향(성격) • 전략적 사회 동반자적 의식 • 자금지원기관의 독립성 • 전략적 예산 배분, 권한이양

※ 출처: Kirjavainen. R(2006)

8) 정재호. 전게서. p. 97 재인용.

4. 주요 보고서

(1) 「정보사회의 역량개발 보고서」

「정보사회의 역량개발 보고서(*IPAIT V: Human Competency Development in the Information Society*)」는 2007년 1월 핀란드 헬싱키에서 개최된 정보기술을 위한 국제의원연맹IPAIT: International Parliamentarians' Association for Information Technology의 다섯 번째 총회에서 발간된 보고서이다. 이 총회의 아젠다는 '정보화 사회에서의 인간 능력 개발'이었으며, 36개 세계 각국의 의회로부터 115명의 대표가 참석하였으며, 강연과 패널 토론 등을 통해 '헬싱키 선언'을 발표했다.

(2) 「러시아 2017」

「러시아 2017(*Russia 2017: three scenarios*)」은 핀란드와 가장 많은 영향을 주고 받으며 최근 그 중요성이 더욱 커지고 있는 보고서이다. 러시아의 개발에 대해 세 가지 시나리오를 제시하고 있는 이 보고서는 단순히 외교부에서 총괄할 수 있는 범위를 넘어 핀란드와 경제적 정치적 관련성이 큰 러시아를 총체적으로 바라보고 있다. 미래상임위는 그 동안 작업을 주로 몇 가지 테마에 초점을 맞추어 진행해 왔기 때문에 이번 프로젝트는 조금 새로운 작업이라고 하였다.

05 ●●●

우리나라 미래전략기구 설계를 위한 시사점

외국의 사례분석을 통하여 몇 가지 우리나라의 국가미래전략기구 설계를 위한 시사점을 제시하면 다음과 같다.

1. 범정부 차원의 중장기적 관점

영국의 미래전략처SU는 특정한 소관 부처를 넘어서서 광범위한 국내외 문제에 대하여 개입할 수 있다는 특징을 갖고 있다. 특히 미래전략을 특정 부문 내지 특정 단위부처에 국한하지 않고, 범 부처적 협조와 연계를 통하여 순조롭게 집행이 될 수 있도록 설계하는 것이 중요하다. 우리나라와 같이 부처 갈등이 높으며 부처간 정책 조정이 어려운 국가에서는 이러한 설계는 필수적이다. 특히 영국의 미래전략처의 조직의 특성에서 관찰할 수 있는 것은 메트릭스 조직의 특징이다. 즉 미래전략처의 팀들이 부처와 연결되어 연계된 공동 임무를 수행함에 있어서 상호 유기적인 임무 수행이 가능하도록 조직 디자인이 되어 있다는 점이다.

2. 인하우스 싱크탱크

영국의 미래전략처는 국정 최고책임자인 총리에게 신뢰성 있는 자문과 분석을 제공할 수 있도록 정책 연구를 병행하는 인하우스 싱크탱크 기능의 특징도 가지고 있다. 미국의 정보위원회도 이와 같이 국가기구로서 인하우스 싱크탱크가 구성되어 전문가들을 중심으로 국가 차원의 주요 이슈들에 대해 장기적이고 미래예측 분석을 통하여 양질의 정책정보를 만들어 정책입안가들에게 제공하여 주는 역할을 수행하고 있다. 즉 전문성 있는 국가기구로서 인하우스 싱크탱크로서 미래전략분석기구의 중요성을 강조된다. 국가 내부의 인하우스 싱크탱크는 외부의 민간연구소, 학계 등을 포함한 외부의 싱크탱크와 연계된 미래예측과 미래전략을 위한 거버넌스적 협력의 중요성을 인식하여야 할 것이다.

3. 미래지향적 입법환경

핀란드와 미래상임위원회와 같이 의회에 미래전략기구를 설치하는 것이 중요하다. 중장기적 관점의 미래 환경변화를 고려한 입법 활동의 중요성을 감안할 때 국회 내 미래전략을 분석하고 준비할 수 있는 기구의 설치는 정부의 미래전략기구와 상호 협조 보완적 관계를 통하여 시너지 효과를 낼 수 있는 중요한 미래를 위한 국정설계가 될 것이다. 특히 의회 차원에서 각 부처가 예산책정 등에서 각 부처의 미래 전략적 시각을 도입하고 있는지, 국가미래전략 전체를 잘 파악하고 국정 수행을 하는지, 부처간 전략적 협의가 잘 이행되고 있는지의 여부를 점검하는 것은 우리나라에 매우 중요한 시사점이다. 미래상임위원회가 국정의 총책임자인 총리실과 각 부처와의 대화를 바탕으로 정책 입안시 장기적인 미래시각을 반영하는 국정메커니즘을 갖고 있다는 점은 우리나라의 국정에 의미하는 바가 크다. 핀란드의 가장 두드러진 특징은 정권이 바뀔 때마다 15년간 장기 국가미래전략 수립을 법제화하여 신임 총리의 의무사항으로 하고 있다는 점이다. 이것은 정권이 바뀌더라도 국가가 일정한 방향으로 바람직한 미래를 향하여 발전할 수 있도록 보정할 수 있는 국정 메커니즘이다.

4. 미래지향적 평가/감사의 중요성

미국의 미래전략 관련 중요 기관 중 하나는 GAOGovernment Accountability Office이다. GAO의 주요 기능은 연반정부의 예산, 재정운용 평가와 감사, 미국의 전반적인 주요 정책과 프로그램에 대한 감사를 담당한다. 미국의 특징 중 하나는 장기적 관점의 평가와 감사를 강조한다는 점이다. 따라서 미래예측을 바탕으로 정책수립을 하여 합리적이고 타당한 사업계획을 바탕으로 예산 수립과 집행을 하고 있는지를 점검하고 있으며, 자연스럽게 미래전략적 요소가 강조된다는 점이다. 최근 미국 GAO 원장인 David M. Walker가 강조한 "시대에 뒤졌거나 불필요하거나 효과적이지 못한 프로그램 또는 정책에 지출하는 비용은, 우리가 새로운 도전과제에 대처할 수 있는 자원을 희생하여 마련된다"는 말은 '우리나라의 감사원이 추구하여야 할 가장 중요한 상위가치' 로서 '미래예측력' 의 중요성과 이에 기반한 미래지향적 감사의 의미와 가치를 다시 생각하여야 할 것이다.

5. 국정최고지도자 직속체제 미래전략기구

영국의 미래전략처는 총리 직속으로 국가전략을 중장기적 관점에서 재검토하고 우선순위를 설정할 수 있도록 미래예측과 정책분석활동을 통하여 신뢰성 있는 정보를 제공하는 등 정책자문을 수행한다. 우리나라도 영국의 미래전략처와 같이 국가최고지도자인 대통령 직속의 범정부 차원에서 중장기적 관점의 체계적인 미래전략을 수립하고 실행하는 국가미래전략기구 설립이 필요하다.

표 4-2 세계 주요국의 미래전략 기구와 역할

	영 국	미 국	핀 란 드
기구	미래전략처(SU) (총리 소속)	국가정보위원회(NIC) (DNI 소속)	미래상임위원회 (국회)
역할	• 총리에 대한 자문과 정책분석 직보 체제 • 범부처 차원의 국가중장기 관점의 발전전략 마련 • 정책의 범부처 수평적 크로스 컷팅 역할 수행 • 인하우스 싱크탱크 정책분석과 연구	• 인하우스 싱크탱크의 기능수행 • 광범위한 학계, 전문가 등 외부의 싱크탱크와 연계 활동 • 국가정보예측 등 정보수집 · 분석, 리서치 중심 • 고위지도자와 정책입안가들에게 최상의 정보제공을 목적으로 함	• 예산 책정 등에서 각 부처의 미래전략적 시각 도입의 점검 • 각 부처가 국가미래전략 전체 파악 여부 점검 • 부처간 전략적 협력의 여부 점검 • 총리실과 각 부처간 대화를 통해 정책입안시 장기적인 미래시각을 부여
특징	• 광범위한 국내외 정책이슈에 대한 개입 • 국가정책의 우선순위 설정, 각 부처 지원 • 메트릭스 조직을 통한 각 부처와 유기적 협조 관계 확립	• 전략적 사고에 대한 핵심 개발 • 국내외 최상의 전문가 발탁 연계 • 관련 전문가에 대한 보호 관리에 대한 강조	• 15년간의 미래예측에 기반한 장기적인 국가미래전략제시 의무 입법화미래전략 제시의 법제화(4년에 한번 국가미래보고서 발간)
시사점	• 국정최고지도자인 대통령 직속 • 범부처 협조 조정 • 장기적 국가미래전략 • 광범위한 주제(국내외)	• 국내외 전문가들에 대한 발굴과 지속적인 관리 • 인하우스 싱크탱크와 외부 싱크탱크의 연계 협력 • 정책결정자들에게 적합한 최상의 정보의 제공	• 입법부와 행정부의 미래전략의 연계 • 장기 미래전략의무 입법화 • 미래전략적 시각의 이법 통제 강화 • 미래전략 수립에 있어서 협동과 거버넌스

06 ●●●

국가미래전략운영체제 추진 방향

1. 우리나라 국가미래전략운영체제의 의의와 중요성

우리나라의 현시점은 어느 때보다 국가적으로 중요한 시기이다. 우리나라가 새로운 현재의 한계를 극복하고 도약하느냐 아니면 후퇴하느냐의 기로에 서 있다. 이와 관련된 가장 핵심적인 변화의 시작은 국가미래전략기구를 어떻게 성공적으로 설계하고 마련하는가에 달려 있다.

우리는 그 동안 미래예측에 근거한 국가적 미래 비전 마련과 이에 바탕을 둔 정책수립 및 추진에 대한 관심을 소홀히 하였다. 그 결과 무수한 사회적 갈등과 분열이 우리 국정의 발목을 잡아 왔다. 빠른 환경의 변화에 대응하고 갈등과 분열을 해결하기 위한 국가적 대비와 국정운영 추진체제의 부재로 미래와 글로벌을 향한 도전은 근본적인 한계에 부딪히고 있다. 이미 선진국들은 국가 미래정책의 중요성을 인식하고 이에 대비한 국정운영추진체제를 마련하고 이를 적극적으로 국정운영에 활용하고 있음을 주목하여야 한다. 영국의 미래전략처Strategy Unit, 미국의 정보위원회National Intelligence Council 핀란드의 미래상임위원회Committee for the Future 등이 그 예이다.

외국의 사례분석을 통하여 몇 가지 우리나라의 국가미래전략기구 설계를 위한 시사점을 제시하면 다음과 같다.

2. 우리나라 국가미래전략운영체제의 설계 관점

첫째, 범정부 차원의 중장기적 관점의 중요성: 영국의 미래전략처SU는 특정한 소관 부처를 넘어서서 광범위한 국내외 문제에 대하여 개입할 수 있다는 특징을 갖고 있다. 특히 미래전략을 특정 부문 내지 특정 단위부처에 국한하지 않고, 범 부처적 협조와 연계를 통하여 순조롭게 집행될 수 있도록 설계하는 것이 중요하다. 우리나라와 같이 부처 갈등이 심하고, 부처간 정책 조정이 어려운 국가에서는 이러한 설계는 필수적이다.

둘째, 인하우스 싱크탱크와 외부 싱크탱크의 연계: 영국의 미래전략처는 국정 최고책임자인 총리에게 신뢰성 있는 자문과 분석을 제공할 수 있도록 정책 연구를 병행하는 인하우스 싱크탱크 기능의 특징도 있다. 미국의 정보위원회도 이와 같이 국가기구로서 인하우스 싱크탱크가 구성되어 전문가들을 중심으로 국가 차원의 주요 이슈들에 대해 장기적이고 미래예측 분석을 통하여 양질의 정책정보를 만들어 정책입안가들에게 제공하여 주는 역할을 수행하고 있다.

셋째, 미래지향적 입법 환경의 중요성: 핀란드의 미래상임위원회와 같이 의회의 미래전략기구 설치의 중요성이다. 중장기적 관점의 미래 환경 변화를 고려한 입법 활동의 중요성을 감안할 때 국회 내 미래전략을 분석하고 준비할 수 있는 기구의 설치는 정부의 미래전략기구와 상호협조의 보완적 관계를 통하여 시너지 효과를 낼 수 있는 중요한 미래를 위한 국정설계가 될 것이다. 특히 각 부처가 예산책정 등에서 각 부처의 미래전략적 시각을 도입하고 있는지, 국가미래전략 전체를 잘 파악하고 국정수행을 하는지, 부처간 전략적 협의가 잘 이행되고 있는지 여부를 의회 차원에서 점검하는 것은 우리나라에 매우 중요한 시사점을 제시한다.

넷째, 미래지향적 평가/감사의 중요성: 미국의 미래전략 관련 중요 기관 중 하나는 GAOGovernment Accountability Office이다. GAO의 주요 기능은 연반정부의 예산, 재정운용 평가와 감사, 미국의 전반적인 주요 정책과 프로그램에 대한 감사를 담당한다. 미국의 특징 중 하나는 장기적 미래예측에 바탕한 미래지향적 관점의 평가와 감사를 강조한다는 점이다. "우리나라의 감사원이 추구하여야 할 가장 중요한 상위가치"로서 '미래예측력'의 중요성과 이에 기반한 미래지향적 감사의 의미와 가치를 다시 생각하여야 할 것이다.

다섯째, 국정최고지도자 직속체제 미래전략기구: 영국의 미래전략처는 총리 직속으로 국가전략을 중장기적 관점에서 재검토하고 우선순위를 설정할 수 있도록 미래예측과 정책 분석활동을 통하여 신뢰성 있는 정보를 제공 하는 등 정책자문을 수행한다.

이제 우리나라도 범국가적으로 국정미래전략 메커니즘을 준비하여야 한다. 영국의 미래전략처와 같이 국가 최고지도자인 대통령 직속의 범정부 차원에서 중장기적 관점의 체계적인 미래전략을 수립하고 실행하는 국가미래전략기구 설립이 우리나라의 새로운 도약을 위하여 매우 절실한 시점이다.

3. 우리나라 국가미래전략운영체제 설계 방향

(1) (가칭) 국가미래전략처 신설

수장은 장관급으로 대통령 직속으로 신설하는 것이 바람직하다. 기존의 미래전략 유사 기능을 잠재적으로 가진 조직들을 통폐합한다. 예를 들면 기획예산처, 대통령자문정책기획위원회 등이 그 대상이 될 수 있다.

- 국가미래전략처의 기능은 미래기획운영기능, 미래전략예산기능, 미래정책조정기능(각 부처전략실 기능총괄), 미래국가자원기능(미래지향적 인적물적자원정책기능), 미래국가경쟁력기능, 미래국가위기대처기능(국가재난 및 국정위기관리기능), 미래사이버인프라정책기능 등을 수행하는 역할을 포함한다.
- 국가미래처는 인하우스 싱크탱크로서 국정두뇌 역할을 수행하도록 한다. 특히 미래예측에 기반한 중장기정책연구 기능을 강화한다.
- 각 부처 미래전략실은 국가미래전략처와 부처들을 유기적으로 연계하도록 메트릭스 조직으로 운영되도록 설계한다.

1) 외부 싱크탱크와 연계강화

외부 싱크탱크와의 연계를 강화하여 외부 미래예측 미래전략 전문가들과의 네트워크를 통하여 중장기정책 수립과정의 내부의 제한된 역량을 보완하여 나가도록 한다.

2) 각 부처 미래전략실 신설

각 부처 미래전략실을 신설하고 장관 직속으로 운영하도록 한다. 미래전략실장은 국가미래전략처와 유기적인 관계를 갖도록 하여 국가 중장기적 관점의 정책들이 각 부처로 공유되도록 하고 부처간 조정이 이루어지도록 한다.

3) 각 지방자치단체 미래전략기획 부서 신설

각 지방자치단체도 미래전략기획 부서를 신설 강화하도록 하고 지방자치단체장 직속으로 운영되도록 한다.

4) 국가미래전략처 지원 기관

• 재경부

재경부는 국가미래전략처의 중장기 관점의 국가전략에 맞추어 국가재정정책을 운용할 수 있도록 기능을 조정한다.

• 국가정보원과 통계청

국가정보원의 미래전략기능을 강화한다. 즉 미래전략을 위한 정보수집과 분석기능을 강화한다. 특히 국제적 이슈와 관련된 정보수집 능력을 강화한다.

통계청의 경우 기존의 통계자료 수집체계를 획기적으로 개선하고 자료 축적 기능을 강화하여 국가정책 수립을 위한 분석기능을 대폭 강화하여야 한다.

• 중앙인사위원회

전공무원들이 미래전략역량을 강화할 수 있도록 미래예측과 미래정책을 강화할 수 있는 인력 정책을 수립한다. 특히 중앙공무원교육원의 미래전략역량 강화를 위한 프로그램 마련이 중요하다.

• 감사원

감사원의 기능을 중장기적 관점의 미래지향적 정책 평가와 감사를 할 수 있는 체제로 전반적으로 변화시킨다. 즉 미래전략 감사기능을 강화한다.

이러한 감사기능의 변화를 통하여 각 부처와 지방자치단체가 미래전략역량을 강화할 수 있도록 유도한다.

(2) 국회 (가칭) 미래상임위원회 신설

국회 내에 미래상임위원회를 신설한다. 미래지향적 국정이 이루어질 수 있도록 견제하는 기능을 강화한다. 국회의 미래지향적 입법기능과 예산정책역량을 강화하여 예산 책정에 있어 미래지향적 관점에서 이루어졌는지를 국회 미래상임위원회가 모니터링하는 기능을 수행한다. 이러한 기능을 지원하기 위하여 입법조사처와 국회예산정책국의 중장기 미래정책 기능을 강화하도록 한다.

(3) 사법부 : 미래지향성 강화

헌법재판소와 대법원을 중심으로 한 미래사회 환경변화에 적응 가능한 헌법적 가치에 대한 연구기능 강화와 과거 판례에 대한 체계적 관리를 바탕으로 국가 운영 방향을 미래지향적으로 창출해 낼 수 있는 기능이 강화되어야 한다.

이를 위해 구체적으로는, 판례와 사례연구를 통한 미래사회 전체의 규율과 가치체계에 대해 헌법적 수준에서 관리가 가능한 조직 역량강화가 필요하다.

그림 4-4 미래전략 국정운영체제 구상

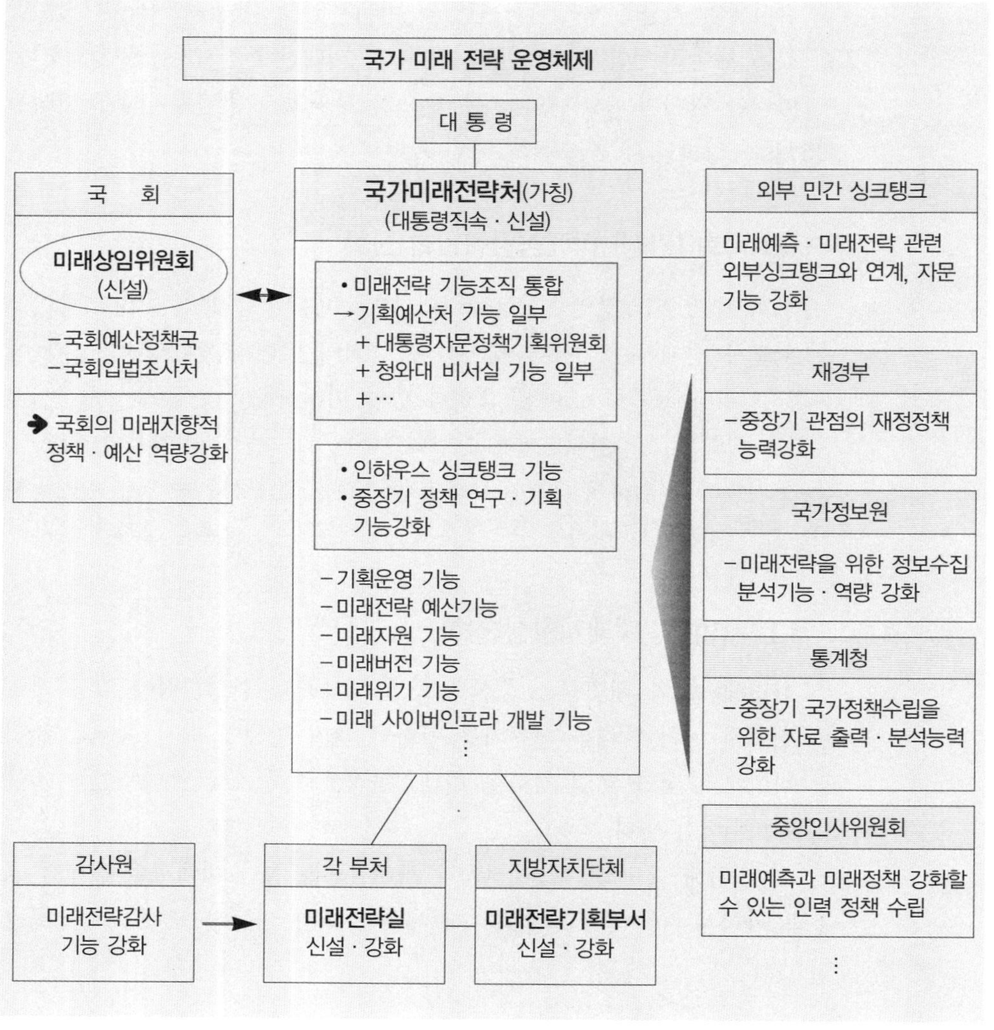

참고문헌

Strategy Audit. 2003, 2005. PMSU

Strategy Survival Guide. 2004. PMSU

Connecting the UK: the Digital Strategy. 2005. PMSU & DTI

Policy Review. 2007. PMSU

박영숙. 2007. "미래비전 제시 위한 심포지엄 – 외국의 국가미래전략기구 및 한국형 미래전략기구 추진체제," 발제문.

정재호. "핀란드의 생존전략, 자주 · 통합 그리고 혁신," 나라경제. 2007. 3

박영숙. "미래예측의 기본규칙과 외국의 국가미래전략기구 설치사례."

이병문. 「핀란드 들여다보기: 북유럽 복지국가 생생 리포트」. 매일경제신문. 2007. 7.

전상길 · 한문기 역. 「핀란드 의회의 지식경영」. Suula. R-Markkula. M.-Mustajarvi. O. 미래경영신서. 미래경영개발연구원. 2006.4

영국 전략청 홈페이지 http://www.cabinetoffice.gov.uk/strategy/

Past Work Areas http://www.cabinetoffice.gov.uk/strategy/work_areas/past.asp

Current Work Areas http://www.cabinetoffice.gov.uk/strategy/work_areas/index.asp

http://www.dni.gov/nic/NIC_home.html

http://www.kang4you.com/ – 외국의 국가미래전략기구 설치 사례

http://www.eduskunta.fi

5

국가미래를 위한 전략과 정책

Toward Another Future : Foresight and Future Strategy

“결과를 포사이트하는 것의 목적은 미래를 예언하는 것이 아니다. 그것은 현재의 활동의 의미를 규명하는 것이다. 그리고 현재의 활동을 통일된 의미로 확보하는 것이다.”

—Dewey, 1988

01
제언 1: 국가미래를 위한 지식융합운동

국정운영과 미래예측 메커니즘의 중요성

'세계 11대 경제대국 대한민국', 'IT 강국'의 명칭을 비롯하여 다양한 분야에서 세계의 주목을 받는 것이 오늘날의 대한민국의 위상이다.

우리가 오늘날 이 자리에 이르는 과정이 선진국에 대한 끊임없는 벤치마킹으로 이루어져 왔으나 우리나라가 모방하여야 할 대상이 이제 더 이상 없다는 점에 주목하여야 할 것이다. 더욱이 우려해야 할 바는 선진국들의 국정운영의 시스템을 분석할 때 우리나라의 치명적인 취약점을 발견하게 된다는 점이다. 그것은 바로 '국정운영을 위한 미래예측 메커니즘'의 존재 여부이다. 이 부분은 다양한 분야의 국가경쟁력의 기반이 된다는 점에서 심각한 국가적 현안 과제로 인식하여야 할 것이다.

올바른 '미래예측' foresight과 그에 기초한 정책의 시행이 우리나라에 가장 절실한 부분이다. 미래에 대한 비전을 확립하고 일관된 정책을 수립하는 메커니즘과 안정적인 집행 절차를 갖추어야 한다. 과거의 많은 정책 실패의 사례가 이를 방증傍證한다. 미래에 대한 올바른 예측과 비전이 결여된 정책은 이해관계가 복잡하게 얽혀 있는 현실 사회의 어느 구성원도 설득하지 못한다. 이러한 정책은 더 큰 사회적 갈등을 야기할 뿐이다. 사회적 분열이 막대한 국가적 손실의 결과로 되돌아온다는 것을 우리는 너무나 잘 알고 있다. 미래에 대한 올바른 예측과 비전을 결여하고 있는 국정운영은 '선장 없는 배의 항해'와 같다. 아무리 사회 구성원들이 각자의 역할을 잘 수행한다 하더라도 이러한 상황에서 기대할 수 있는 결말은 표류, 난파 등의 파국뿐이다.

불확실성 극복과 미래 정책 역량

분단이라고 하는 특수한 역사적 상황과 강대국들에 둘러싸인 우리나라의 지정학적 특성, 높은 대외 에너지 의존도 등을 비롯한 동태적인 위협 요인들의 상존으로 인하여 우리나라는 끊임없는 위기 속에 놓여 있다. 이러한 불확실성이 높은 상황에서 지속적인 국가 미래 발전을 위해 우리가 선택할 수 있는 대안적 전략이 그리 많지 않다. 더구나 미래 융합기술과 융합지식의 중요성이 증대하고 있고, 사회 각 분야의 연계성과 상호작용성이 점점 높아지고, 국가간의 벽이 허물어져 그 상호간의 영향력이 점점 더 커지고 있는 오늘날의 국제적 상황은 국가 전략 수립에 있어서의 미래예측에 대한 전문성과 통합적 안목을 절실히 요구하고 있다. 국가의 미래지향적인 국정운영시스템의 개발과 작동이 무엇보다도 중요하다. 하지만 우리나라의 현주소를 돌아보면 전망은 그리 밝지 못하다. 정치권을 포함한 국가 각 분야의 정책역량은 이러한 요청에 부응하지 못하고 있다.

국가 미래를 위한 싱크탱크와 지식융합운동

이미 선진국들은 막대한 물량을 바탕으로 미래예측을 위한 전문가들의 네트워크와 싱크탱크를 만들어 운영하고 있고 이를 적극적으로 국정운영에 활용하고 있다. 그러나 이들과의 대등한 경쟁을 위하여 우리나라의 기존의 국정운영시스템, 기존의 방식으로 이러한 변화를 대처하기에는 역부족이다. 국가적 차원에서의 새로운 변화와 준비가 필요하다.

이러한 변화의 선도적 가능성을 우리나라의 지식인들에게서 찾아야 한다. 우리나라의 대학, 전문기관, 산업체 등 곳곳에 자리하는 세계적 수준의 지식인들은 그러한 변화의 원동력으로서 큰 힘을 발휘할 것이라는 점은 분명하다. 다만 사회 각 분야의 지식인 융합과 지식 네트워크의 구성이라는 시대적 과제를 '지식기반사회 패러다임의 해법'을 통해 해결해 보자는 것이다. 이러한 지식인 운동은 미래예측 방법론을 바탕으로 기존 전문분야의 지식을 새로운 차원으로 융합하여 상승시킬 것이다. 이로써 기존의 지식체계는 새로운 생명력을 얻고 국가 각 분야에 필요한 지식으로 새로이 변화해 나갈 것이다. 결과적으로는 '지식인 연대'는 우리나라가 당면하고 있는 문제를 미래지향적으로 조명하고 대안을 제시함으로써 보다 미래지향적인 논쟁거리를 제공하고 국정운영에 있어 미래의 비전에 바탕을 둔 정책수립과 집행이 이루어지게 하는 촉매가 될 것이다.

이제 '미래예측'이라는 화두를 바탕으로 지식인들이 각 분야의 틀을 넘어 더 큰 차원에서 융합의 노력을 시작할 때가 왔다. 국가의 미래를 위하여 지식인들이 힘을 합치는 일 역시 의식 있는 지식인들이 스스로의 사회적 책임을 실천하는 길임을 잊지 말아야 한다.

02

제언 2: 국가미래를 위한 사이버 인프라

대한민국 지식기반 강국인가?

우리나라는 1995년의 초고속기반 시범사업을 시작으로, 수년 전 세계 최고 수준의 초고속망 확충을 완료하였다. 또한 이러한 기반을 이용한 인터넷 활용률이 세계 최고 수준에 이른 것으로 평가되고 있다. 그러나 대한민국이 실질적인 지식기반 강국이라는 관점에 대해 근본적인 문제제기가 필요하다. 현재 우리나라의 대부분의 초고속기반의 활용이 소비와 오락을 증폭시키는 방향으로 집중되고 있는 반면, 지식기반으로 활용되어 연구와 생산을 포함하여 삶의 질, 물류, 교통, 재해방지 등에 대한 기여와 이를 바탕으로 한 국가의 경쟁력에 기여할 수 있는 인프라로서 역할을 제대로 하지 못하고 있다.

주요 선진국의 미래 전략

주요 선진국들은 연구 개발과 생산의 중추로서 사이버인프라를 구축하기 위하여 차세대 초고속지식기반인프라 정책을 강력히 추진하고 있음을 주목하여야 한다. 미국은 이미 2003년 Daniel Atkins 주도로 사이버인프라 구상을 끝내고 연방정부 주도의 계획을 본격적으로 추진하고 있으며, 영국은 E-Science 정책 수립과 추진을 통하여, EU는 Grid 정책이라는 이름으로 유럽 각 국가들의 협력과 연계를 바탕으로 실질적인 파급효과를 내고 있다. 이와 같이 선진국들은 사이버인프라를 활용하여 사이버 공간을 바탕으로 한 기초과학의 협력연구와 정보공유를 통하여 연구개발 투자 대비 효과를 극대화시키고, 짧은 시간에 양질의 연구실적을 산출하고 있다. 또한 산업현장에서도 동종과 이업종과의 연계를 바탕으로 생산현장의 경쟁력을 획기적으로 바꾸고 있다.

사이버인프라와 국가 미래 전략

우리나라는 앞선 IT기술력과 좋은 조건의 인프라를 구축하고서도 현재의 활용이라는 측면에서 보면 국가경쟁력과 삶의 질 제고를 위한 준비가 미비하고 기여가 부족한 실정이다. 기존의 인프라가 사이버인프라와 연계되어 시너지를 내지 못하고 있다. 미래의 사이버인프라의 중요 부분을 차지할 유비쿼터스 계획도 부처간에 산발적으로 추진되고 있어 과연 유비쿼터스가 실현될지도 의문이다. 이에 대한 원인은 첫째, 범국가적으로 사이버인프라를 바탕으로 한 국가경쟁력과 삶의 질 제고를 위한 미래 지향적인 비전이 설정되고 공유되어 있지 못하고, 둘째, 사이버인프라에 대한 국가 전반적인 추진의 구심점이 없으며, 각 부처의 산재된 노력이 조정 · 통합되지 못하고 있기 때문이다. 이미 우리는 전자정부 사업을 성공적으로 이끌어 전자정부 선도 국가로서의 세계의 주목을 받은 바 있다. 이 사업의 성공 요인은 국가가 주도적 리더십을 바탕으로 부처간의 벽을 넘어 협업과 정보공유를 통하여 국민과 기업이 원하는 방향으로의 적극적인 추진에 있었다는 점에 대해 누구나 동의하고 있다. 이러한 경험을 바탕으로 이제 국가적인 미래 지향적인 사이버인프라 구축과 추진에 활용하여야 한다.

미래 국가경쟁력과 사이버인프라 정책

우리나라의 경제성장이 멈추고 있는 지금 시점에 이제 우리는 지식기반경제를 바탕으로 나라 발전의 대전환의 계기를 만들어 나가야 할 것이다. 사이버인프라 정책의 성공적 추진이 전환점을 만들 수 있다. 이를 위하여 제도정비와 추진체계 정비를 통하여 범국가적 차세대 초고속지식기반 SOC 정책 추진을 강력하게 추진하여야 한다. 사이버 인프라를 기존의 인프라와 결합하여 지능형 인프라로 재탄생시킴으로써 연구 · 생산의 효율화, 물류 · 유통비용의 획기적 절감과 재해 · 재난을 최소화하고 안전하고 쾌적한 국토로 전환시켜 국가경쟁력과 삶의 질 수준을 높여야 할 것이다. 이를 바탕으로 대한민국이 고부가가치적 인력의 수요를 높임으로써 질적 수준이 높은 미래지향적 노동시장이 형성되도록 하여야 할 것이다. 미래의 세계 중심국가로서, 대한민국이 이러한 방향으로 선도하여 나아가기 위해서는, 국가적인 추진체계의 마련이 무엇보다 중요하다. 대한민국의 중장기적인 관점의 미래 예측을 통하여 미래 비전과 국가전략을 마련하고 이러한 방향으로 국가의 노력이 통합될 수 있도록 조정기제가 작동할 수 있는 시스템과 메커니즘을 국가가 마련하여야 할 것이다. 이러한 관점에서 사이버인프라 정책은 현재 대한민국에게 위기 속에서 미래를 위한 반전의 기회를 제공하고 있다.

03 ●●●

제언 3: 유비쿼터스 정책과 국가미래전략

●●

미래를 향한 유비쿼터스 정책

최근 사이버인프라 정책의 중요성이 강조되고 있다. 사이버인프라 성공의 핵심은 상호 호환성과 지속적 확장성이 보장된 공통 플랫폼과 상호 연계와 진화가 가능한 응용기반의 확보이다. 사이버인프라에는 다양한 종류와 분야가 포함되겠지만 최근 가장 관심을 집중시키는 분야가 유비쿼터스 정책이다.

유비쿼터스 분야는 우리나라가 또 다른 차원에서 글로벌 우위를 점할 수 있는 무한한 가능성을 보이는 영역으로 거론되고 있다. 그러나 유비쿼터스 분야를 성공적으로 이끌기 위해서는 미래지향적이며 글로벌 지향적인 안목으로 정책이 추진되어야 한다. 이를 위해서 범국가 차원의 사이버인프라 정책이 이를 뒷받침하여야 한다. 최근 다양한 부처에서 유비쿼터스 관련 사업들에 대해 집중적으로 관심을 보이고 각자의 중심 역할론을 주장하고 있고, 이와 함께 갈등 증폭의 우려가 더욱 높다.

다른 선진국과 달리 우리나라는 짧은 기간 동안 초고속인프라와 전자정부 등을 성공적으로 추진한 경험들을 갖고 있다. 그러나 그 과정에 시행착오가 없었다는 것은 아니다. 오히려 과거의 시행착오들을 학습의 장으로 전환시켜 향후 유비쿼터스 관련 정책들을 성공적으로 이끌 수 있는 미래전략을 제시할 수 있을 것이다.

미래예측전략과 유비쿼터스 정책

근본적으로 유비쿼터스 관련사업들은 — 대표적으로 거론되는 U-시티 사업을 포함하여 — 시민 · 기술 · 정책의 세 가지 분야가 미래예측 분석에 기반하여 동태적인 맥락성을 바탕으로 조정과 협력을 바탕으로 잘 조화를 이루어 추진되어야 한다는 점이다.

첫째, 기존의 IT 관련 사업들은 미래예측을 바탕으로 한 환경의 변화에 대한 합리적인 분석과 이를 바탕으로 한 전략 마련이 미비하였다.

둘째, 이전에는 기술 중심적인 시각에서 사업들이 추진되었다. 시민들을 포함한 수요자들의 현재 요구가 아닌 미래지향적 요구와 실현 가능한 미래기술의 상호작용적 연계가 이루어져야 한다.

셋째, 시민 · 기술의 연계와 함께, 가장 중요한 요소로서 미래의 일정 시점에서 상용화가 가능하도록 법 · 제도적 뒷받침이 이루어져야 한다는 점이다. 법 · 제도적 미비는 항상 앞선 기술의 상용화에 있어 걸림돌이 되어 왔다는 점을 잊어서는 안 된다. 최근 앨빈 토플러가 저서 「부의 미래」에서 강조한 '속도의 충돌'의 대표적인 현상이 이 것에서 비롯된다는 점을 인식하여야 한다.

넷째, 미래예측에 기반한 중장기적 시각에서의 각 이해관계자들의 상호조정 역할의 중요성이다. 특히 우리나라에서 가장 풀기 어려운 부분이 관련 부처, 중앙과 지방자치단체 등을 포함하여 유비쿼터스 관련 정책 주체들의 상호 충돌이다. 이로 인한 갈등의 증폭은 심각한 문제를 야기시켜 왔다. 이전의 많은 IT 관련 정책들은 이러한 점을 극복하지 못하고 부처간 심각한 갈등을 노정시켰고, 그 결과 재정낭비, 시간낭비 등 엄청난 대가를 치러야만 하였다.

이러한 점을 종합적으로 고려할 때 유비쿼터스 사업을 포함하여 사이버인프라 정책을 성공적으로 추진하는 것은 국가적으로 중차대한 과제이며, 이를 위해서는 우리나라의 미래지향적 범정부적 추진체계를 구성하여야 할 것이다.

미래예측기반 정책수립과 감사의 중요성

미래예측 기반의 전략 수립과 추진 그리고 그 결과를 미래예측에 기반하여 평가 · 감사하는 미래지향적 국가정책 환류시스템을 우리나라는 마련하여야 할 것이다. 2007년 감사원에서 주최한 국제행사에서 미국 감사원GAO 원장인 David M. Walker가 "시대에 뒤졌거나, 불필요하거나, 효과적이지 못한 프로그램 또는 정책에 지출하는 비용은, 우리가 새로운 도전과제에 대처할 수 있는 자원을 희생하여 마련된다"는 점을 강조하였다. 이와 함께 강조한 '감사원이 추구하여야 할 가장 중요한 상위가치'로서 '미래예측력'의 중요성과 이에 기반한 미래지향적 감사의 의미를 다시 생각하여야 할 것이다.

특히 유비쿼터스 정책을 포함한 사이버인프라의 성공적 추진을 위해서는 미래예측의 중요성을 감안하여 국가미래전략을 종합적으로 추진할 수 있는 추진체계를 어떻게 마련하는가가 우리나라의 미래의 국가경쟁력을 위한 현재의 가장 중요한 국가적 과제임을 인식하여야 할 것이다.

04 ●●●

제언 4: 미래국정운영과 국정두뇌

●●

전자정부와 국정 성과

우리나라의 전자정부 추진은 세계적으로 주목을 받아 왔다. 그러나 전자정부의 추진 성과와 효용에 대한 반성의 목소리도 높다. 근본적으로 전자정부는 두 가지 축의 영향을 받는다. 한 축은 기술진화에 대한 적응력과 관련된 축이고, 또 한 축은 전자정부의 활용과 관련된 사람과 조직문화와 관련된 축이다. 전자정부 활용도가 아주 높은 핀란드 등 유럽의 선진국들의 경우 높은 수준의 기술을 활용하고 있지 않지만, 문화적 측면에서 전자정부의 효용이 높은 수준을 유지하도록 기여하고 있다. 전자정부 추진의 성과와 효용과 관련하여 기본적으로 중요한 또 하나의 측면은 전자정부가 지원하고 한 몸을 이루고 있는 국정운영체제에 관한 것이다. 현존하는 국정운영체제가 미래지향적이 아니라 과거지향적이고 현안문제 해결 위주로 이루어져 있다면, 국정운영을 지원하고 실현하는 전자정부의 기본적인 설계와 운용의 결과도 큰 성과를 기대하기 어렵게 된다. 성공적인 국정성과는 잘 준비된 미래지향적인 국정운영체제와 함께 이를 잘 뒷받침할 수 있는 전자정부의 설계와 운영에 의하여 발현된다. 전자정부는 국정운영체제의 효율적 · 협력적 · 민주적 운영의 바탕을 제공한다. 전자정부에 대한 실질적인 평가는 전자정부 자체에 대한 좁은 의미의 평가보다는 보다 넓은 국정성과의 결과로 평가되어야 한다. 다시 말해서 미래지향적인 국정운영체제의 논의에서 전자정부는 그 바탕을 이루는 필수적인 역할을 한다.

미래지향적 국정운영체제와 차세대 전자정부

우리나라는 전자정부 자체에 대한 평가는 세계적으로 우수하면서도 전체적인 국정성과와 국가경쟁력 차원에서의 평가는 왜 그렇지 못한가에 대한 의문에 대한 실마리를 여기서 찾을 수 있을 것이다. 그것은 미래지향적인 국정운영체제에 대한 근본적인 고민 없이 전자정부 자체를 위한 전자정부 정책을 추진하였기 때문이다. 또한 기술지향적인 전자정부 추진에서 벗어나서 활용 지향성을 추구할 수 있도록 사람과 문화(공직문화와 시민문화)를 고려한 전자정부의 추진 또한 중요하게 고려되어야 한다.우리나라가 현재 처한 여건은 미증유의 불확실성 속에 놓여 있다. 공간적으로는 주변국들로부터의 샌드위치 위기론으로부터, 시간적으로는 미래로부터의 엄청난 변화와 도전이 우리 앞에 직면하고 있다. 남북분단 상황은 이러한 불확실성을 더욱 높이고 있다. 이러한 상황에서 우리나라는 표류하여 이류Second class 국가로 남느냐, 아니면 미래의 도전의 물결을 박차고 미래 글로벌 리더 국가로 발전하느냐의 기로에 놓여 있다. 미래지향적인 국정운영체제의 준비와 이를 뒷받침할 수 있는 차세대 전자정부의 설계와 추진이 이 중요한 시점에 우리나라가 바람직한 방향으로 나아갈 수 있느냐의 시금석 역할을 할 것이다.

디지털 리더십과 인하우스 싱크탱크

전자정부의 추진이 국정운영체제의 변화 노력과 조화를 이루고 이를 뒷받침할 수 있도록 하여야 한다. 이를 바탕으로 우리나라가 미래지향적인 지식기반사회, 지식기반경제로 나아갈 수 있는 기틀을 다련할 수 있을 것이다. 이제 몇 개월 후면 우리나라를 이끌 새로운 지도자가 탄생한다. 그 어느 때보다도 미래의 국운을 가를 중요한 시점에 중요한 선택을 국민이 하여야 한다. 이제 과거지향적인 아날로그 리더십을 극복하고 디지털 리더십을 바탕으로, 대한민국호를 미래와 글로벌을 향하여 희망의 대항해를 강한 추진력을 발휘하여 이끌 수 있는 지도자다운 지도자를 우리국민들은 간절히 열망한다. 차기 대통령이 가장 우선적으로 챙겨야 할 것은 미래지향적 국정운영체제에 차세대 전자정부를 연계하여 미래를 위한 정책을 마련하고 펼칠 수 있는 '인하우스 싱크탱크In House Think Tank'인 국정두뇌國政頭腦를 마련하는 것이다. 이를 바탕으로 국정의 방향을 조정하고 정책의 우선순위를 미래예측을 바탕으로 도출하여 국가적 난제들을 풀어나가야 할 것이다. 이러한 여건을 마련을 위하여 민간 분야학계, 연구계, 산업계 등의 학제적 지식융합을 위한 공동 노력이 매우 중요하며, 미래예측 방법론을 바탕으로 국가미래정책을 연구하고 전략적 대안을 제시할 수 있는 싱크탱크 역할과 중요성이 어느 때보다 부각되는 시점이다. 우리나라 국민들에게 희망을 줄 수 있는 지식기반경제의 활성화와 국민의 삶의 질 향상을 위한 미래의 정책 지향은 여기서 시작됨을 차기 대통령을 꿈꾸는 대선 주자들은 명심하여야 할 것이다.

05 ●●●

제언 5: 국가미래전략운영체제 추진 방향

●●

우리나라 국가미래전략운영체제의 의의와 중요성

우리나라의 현시점은 어느 때보다 국가적으로 중요한 시기이다. 우리나라가 새로운 현재의 한계를 극복하고 도약하느냐 아니면 후퇴하느냐의 기로에 서 있다. 이와 관련된 가장 핵심적인 변화의 시작은 국가미래전략기구를 어떻게 성공적으로 설계하고 마련하는가에 달려 있다.

우리는 그 동안 미래예측에 근거한 국가적 미래 비전 마련과 이에 바탕을 둔 정책수립 및 추진에 대한 관심을 소홀히 하였다. 그 결과 무수한 사회적 갈등과 분열이 우리 국정의 발목을 잡아 왔다. 빠른 환경의 변화에 대응하고 갈등과 분열을 해결하기 위한 국가적 대비와 국정운영 추진체제의 부재로 미래와 글로벌을 향한 도전은 근본적인 한계에 부딪히고 있다. 이미 선진국들은 국가 미래정책의 중요성을 인식하고 이에 대비한 국정운영추진체제를 마련하고 이를 적극적으로 국정운영에 활용하고 있음을 주목하여야 한다. 영국의 미래전략처Strategy Unit, 미국의 정보위원회National Intelligence Council 핀란드의 미래상임위원회Committee for the Future 등이 그 예이다.

외국의 사례분석을 통하여 몇 가지 우리나라의 국가미래전략기구 설계를 위한 시사점을 제시하면 다음과 같다.

우리나라 국가미래전략운영체제의 설계 관점

첫째, 범정부 차원의 중장기적 관점의 중요성: 영국의 미래전략처SU는 특정한 소관 부처를 넘어서서 광범위한 국내외 문제에 대하여 개입할 수 있다는 특징을 갖고 있다. 특히 미래전략을 특정 부문 내지 특정 단위부처에 국한하지 않고, 범 부처적 협조와 연계를 통하여 순조롭게 집행될 수 있도록 설계하는 것이 중요하다. 우리나라와 같이 부처 갈등이 심하고, 부처간 정책 조정이 어려운 국가에서는 이러한 설계는 필수적이다.

둘째, 인하우스 싱크탱크와 외부 싱크탱크의 연계: 영국의 미래전략처는 국정 최고책임자인 총리에게 신뢰성 있는 자문과 분석을 제공할 수 있도록 정책 연구를 병행하는 인하우스 싱크탱크 기능의 특징도 있다. 미국의 정보위원회도 이와 같이 국가기구로서 인하우스 싱크탱크가 구성되어 전문가들을 중심으로 국가 차원의 주요 이슈들에 대해 장기적이고 미래예측 분석을 통하여 양질의 정책정보를 만들어 정책입안가들에게 제공하여 주는 역할을 수행하고 있다.

셋째, 미래지향적 입법 환경의 중요성: 핀란드의 미래상임위원회와 같이 의회의 미래전략기구 설치의 중요성이다. 중장기적 관점의 미래 환경 변화를 고려한 입법 활동의 중요성을 감안할 때 국회 내 미래전략을 분석하고 준비할 수 있는 기구의 설치는 정부의 미래전략기구와 상호협조의 보완적 관계를 통하여 시너지 효과를 낼 수 있는 중요한 미래를 위한 국정설계가 될 것이다. 특히 각 부처가 예산책정 등에서 각 부처의 미래전략적 시각을 도입하고 있는지, 국가미래전략 전체를 잘 파악하고 국정수행을 하는지, 부처간 전략적 협의가 잘 이행되고 있는지 여부를 의회 차원에서 점검하는 것은 우리나라에 매우 중요한 시사점을 제시한다.

넷째, 미래지향적 평가/감사의 중요성: 미국의 미래전략 관련 중요 기관 중 하나는 GAOGovernment Accountability Office이다. GAO의 주요 기능은 연반정부의 예산, 재정운용 평가와 감사, 미국의 전반적인 주요 정책과 프로그램에 대한 감사를 담당한다. 미국의 특징 중 하나는 장기적 미래예측에 바탕한 미래지향적 관점의 평가와 감사를 강조한다는 점이다. "우리나라의 감사원이 추구하여야 할 가장 중요한 상위가치"로서 '미래예측력'의 중요성과 이에 기반한 미래지향적 감사의 의미와 가치를 다시 생각하여야 할 것이다.

다섯째, 국정최고지도자 직속체제 미래전략기구: 영국의 미래전략처는 총리 직속으로 국가전략을 중장기적 관점에서 재검토하고 우선순위를 설정할 수 있도록 미래예측과 정책 분석활동을 통하여 신뢰성 있는 정보를 제공 하는 등 정책자문을 수행한다.

이제 우리나라도 범국가적으로 국정미래전략 메커니즘을 준비하여야 한다. 영국의 미래전략처와 같이 국가 최고지도자인 대통령 직속의 범정부 차원에서 중장기적 관점의 체계적인 미래전략을 수립하고 실행하는 국가미래전략기구 설립이 우리나라의 새로운 도약을 위하여 매우 절실한 시점이다.

우리나라 국가미래전략운영체제설계 방향

(1) (가칭) 국가미래전략처 신설

수장은 장관급으로 대통령 직속으로 신설하는 것이 바람직하다. 기존의 미래전략 유사 기능을 잠재적으로 가진 조직들을 통폐합한다. 예를 들면 기획예산처, 대통령자문정책기획위원회 등이 그 대상이 될 수 있다.

- 국가미래전략처의 기능은 미래기획운영기능, 미래전략예산기능, 미래정책조정기능(각 부처전략실 기능총괄), 미래국가자원기능(미래지향적 인적물적자원정책기능), 미래국가경쟁력기능, 미래국가위기대처기능(국가재난 및 국정위기관리기능), 미래사이버인프라정책기능 등을 수행하는 역할을 포함한다.
- 국가미래처는 인하우스 싱크탱크로서 국정두뇌 역할을 수행하도록 한다. 특히 미래예측에 기반한 중장기정책연구 기능을 강화한다.
- 각 부처 미래전략실은 국가미래전략처와 부처들을 유기적으로 연계하도록 메트릭스 조직으로 운영되도록 설계한다.

1) 외부 싱크탱크와 연계강화

외부 싱크탱크와의 연계를 강화하여 외부 미래예측 미래전략 전문가들과의 네트워크를 통하여 중장기정책 수립과정의 내부의 제한된 역량을 보완하여 나가도록 한다.

2) 각 부처 미래전략실 신설

각 부처 미래전략실을 신설하고 장관 직속으로 운영하도록 한다. 미래전략실장은 국가미래전략처와 유기적인 관계를 갖도록 하여 국가 중장기적 관점의 정책들이 각 부처로 공유되도록 하고 부처간 조정이 이루어지도록 한다.

3) 각 지방자치단체 미래전략기획 부서 신설

각 지방자치단체도 미래전략기획 부서를 신설 강화하도록 하고 지방자치단체장 직속으로 운영되도록 한다.

4) 국가미래전략처 지원 기관

• **재경부**

재경부는 국가미래전략처의 중장기 관점의 국가전략에 맞추어 국가재정정책을 운용할 수 있도록 기능을 조정한다.

• **국가정보원과 통계청**

국가정보원의 미래전략기능을 강화한다. 즉 미래전략을 위한 정보수집과 분석기능을 강화한다. 특히 국제적 이슈와 관련된 정보수집 능력을 강화한다.

통계청의 경우 기존의 통계자료 수집체계를 획기적으로 개선하고 자료 축적 기능을 강화하여 국가정책 수립을 위한 분석기능을 대폭 강화하여야 한다.

• **중앙인사위원회**

전공무원들이 미래전략역량을 강화할 수 있도록 미래예측과 미래정책을 강화할 수 있는 인력 정책을 수립한다. 특히 중앙공무원교육원의 미래전략역량 강화를 위한 프로그램 마련이 중요하다.

• **감사원**

감사원의 기능을 중장기적 관점의 미래지향적 정책 평가와 감사를 할 수 있는 체제로 전반적으로 변화시킨다. 즉 미래전략 감사기능을 강화한다.

이러한 감사기능의 변화를 통하여 각 부처와 지방자치단체가 미래전략역량을 강화할 수 있도록 유도한다.

(2) 국회 (가칭) 미래상임위원회 신설

국회 내에 미래상임위원회를 신설한다. 미래지향적 국정이 이루어질 수 있도록 견제하는 기능을 강화한다. 국회의 미래지향적 입법기능과 예산정책역량을 강화하여 예산 책정에 있어 미래지향적 관점에서 이루어졌는지를 국회 미래상임위원회가 모니터링하는 기능을 수행한다. 이러한 기능을 지원하기 위하여 입법조사처와 국회예산정책국의 중장기 미래정책 기능을 강화하도록 한다.

(3) 사법부 : 미래지향성 강화

헌법재판소와 대법원을 중심으로 한 미래사회 환경변화에 적응 가능한 헌법적 가치에 대한 연구기능 강화와 과거 판례에 대한 체계적 관리를 바탕으로 국가 운영 방향을 미래지향적으로 창출해 낼 수 있는 기능이 강화되어야 한다.

이를 위해 구체적으로는, 판례와 사례연구를 통한 미래사회 전체의 규율과 가치체계에 대해 헌법적 수준에서 관리가 가능한 조직 역량강화가 필요하다.

06 ●●●
제언 6: 지도자다운 지도자를 기다리며

아날로그 리더십과 디지털 리더십

2007년 12월에는 우리나라를 이끌 새 지도자가 탄생한다. 한나라당을 비롯한 범여권의 여러 대선 후보군이 나름의 공약을 제시하며 국민을 설득하고 있다. 여론조사 결과 앞서고 뒤서는 후보들이 있기는 하지만 국민의 전폭적 지지를 얻을만한 비전과 청사진을 자신 있게 밝히고 있는 후보는 잘 드러나지 않는 것 같다. 뚜렷한 소신, 나라 발전을 꾀할 공약에 잔뜩 기대를 걸고 있는 민초들 사이에서 이를 우려하는 목소리가 높다. 그 이유는 무엇일까?

결론부터 말하면 시대에 떨어지는 공약들이 적지 않다는 것이다. 대표적인 것이 경제 부문이다. 국토 개발과 경제개발 5개년 계획 따위 '고속성장'을 지상 과제로 삼았던 1960~1970년대식 공약들이 쏟아져 나와 시대 흐름에 맞지 않는 느낌이다. 지금은 디지털 시대이자 지구촌이 한동네처럼 좁고 가까워지는 지식 정보화 사회다. 정보기술IT과 인터넷이 생활의 일부분이 되고 있다. 건설 · 토목사업, 감세 등으로 글로벌 경쟁에서 이기기에는 한계가 있다.

우리나라는 건국 이래 매우 짧은 기간에 세계 11대 경제대국으로 성장했고 세계가 괄목할 만한 변화를 이끌어왔다. 그러나 최근 몇 년간 국내외 수많은 분야에서 도전과 갈등을 겪는 등 방향과 좌표를 잃고 헤매고 있는 것이 사실이다. 더욱이 주변 강대국 사이에서의 '샌드위치 위기론'은 글로벌 환경변화에 따른 국정운영의 부적응성을 잘 나타내주는 것이라고 할 수 있다.

지식기반 사회형 경제 · 교육 혁신

더 큰 시각에서 보면 오늘날 글로벌 환경은 피터 드러커나 앨빈 토플러 등 세계적 석학들이 강조한 것처럼 '산업 사회의 패러다임'을 넘어 '지식 기반 사회 패러다임'으로 바뀌었다. 더 이상 아날로그식 사고와 정책이 통하지 않는다. 디지털식으로 바뀌지 않으면 안 되는 시대에 살고 있는 것이다.

더구나 최근 우리나라 국정운영체제와 정책들은 민간분야 변화보다 떨어지거나 제자리 걸음이다. 이에 따라 국정이 민간경제의 발목을 잡는—앨빈 토플러가 최근 「부의 미래」에서 강조한—'속도의 충돌' 현상을 가장 대표적으로 보여주고 있는 예로 분류될 정도이다.

이를 이겨내기 위해서는 시대 흐름에 걸맞는 미래 지향적 비전과 국가 정책을 펼치고 지식 기반형 경제구조 변화 및 일자리 창출, 이를 목표로 한 교육체제 개혁 등이 뒷받침되어야 한다.

지식기반 SOC 확충

핵심이 되는 것은 사이버 인프라를 바탕으로 한 지식기반 SOC사회간접자본 확충이다. 지식 연계와 융합을 촉발시켜 미래 지향적 연구 개발 및 산업 지식화를 바탕으로 경쟁력 있는 일자리를 만들어낼 수 있도록 해야 한다. 더 이상 산업사회 패러다임의 경제성장정책으로 지식기반사회를 이끌겠다는 각주구검刻舟求劍의 우를 범하지 말아야 한다. 산업사회 시절의 고도 경제성장에 대한 향수에 빠져 '한 건' 위주의 물리적 인프라나 재래식 SOC정책에 우선을 두는 어리석음을 범하지 말아야 한다는 소리다.

국가경쟁력과 국정두뇌

국가경쟁력의 핵심은 미래 지향적 국정운영체제의 제시와 이를 끌어갈 수 있는 국정 두뇌로서 '인 하우스 싱크탱크'를 어떻게 설계, 운영할 것인가에 대한 확고한 청사진과 현실성 있는 방안을 내놓는 것이다.

오랫동안 산업사회를 이끌어온 영국이 새로운 변화에 적응하지 못해 침체일로를 걷다가 최근 다시 세계경제의 변화를 주도하고 있음을 눈여겨보아야 한다. 총리 직속의 '미래전략처'가 이런 기능을 훌륭히 수행하고 있다. 이를 타산지석으로 삼아 우리도 선진국들의 행보와 변화를 직시해야 한다.

지식기반 사회형 국정운영체제 정립

미래예측을 바탕으로 한 중·장기적 관점의 정책입안과 집행, 모든 부처의 수평적 협력을 바탕으로 이끌 수 있는 지식기반사회형 국정운영체제가 이를 가능하게 할 것이다. 국민들은 '대한민국호'를 이끌 선장으로 지식기반경제형 리더십을 가지고 글로벌 세계를 향한 비전, 이를 이루어낼 수 있는 '창조적 리더십을 갖춘 디지털형 인물'을 간절히 바라고 있다.

부 록

Toward Another Future : Foresight and Future Strategy

유비쿼터스 사회 국가전략수립을 위한 미래예측기법

01 ●●●
우리나라의 유비쿼터스 사회와 미래예측

1. 미래예측에서의 정책이전 효과가 주는 시사점

본문의 각 나라 미래예측 기법에서 나타난 바와 같이 정책이전효과 Bandwagon Effect를 의도한 국가로는 미국, 영국, 일본 그리고 국가공동체인 EU로 나타났다. 여기서 주는 메시지는 이들 국가들은 미래예측 기법이 다양하며 접근방법에서는 전통적 비전전략으로서의 하향식Top-Down 방식뿐만 아니라 중상향식Middle-Up 방식을 통한 공유 및 참여의 차원에서 미래전략을 모색하였으며, 참여인원의 정도 및 참여수준에서 해당 분야의 전문가뿐만 아니라 비전문가들인 다양한 이해관계자들이 포함할 수 있는 길을 열어놓고 있다는 점이다.

유비쿼터스 사회의 도래에 따른 미래예측 활동방식도 이들 국가들에겐 좋은 기회로 작용하였다. 과거에 비공개적 절차에 따라 추진되던 것에서 공개적으로 추진되었고, 더 나아가 On-line 방식을 혼합한 과정들이 다각적으로 활용되고 있음을 알 수 있다.

미래예측에 따른 결과물은 대상Target과 고객층에 따라 공급적 측면, 수요적 측면, 정책적 측면에서 단순추세, 전략기획, 평가와 같은 상황목적론적 접근이 언제나 가능하게 개발되고 있다.

예측기간 역시 15년 이상의 장기적인 전략을 마련하기 위한 것으로

---

1) 부록은 2006년 한국정보사회진흥원 수탁 결과물.

사용되고 있으며, 적용수준 범위는 지역적 차원, 국가적 차원, 나아가 글로벌 차원에 이르기까지 대규모 프로젝트로 수행되고 있음을 알 수 있다.

그러나 상기의 미국, 영국, 일본 그리고 EU의 미래예측 활동이 언제나 효율성이 있는가의 측면에서 본다면 이들 국가들에서의 방식이 무조건 바람직한 것은 아니라고 할 수 있다.

미래예측 활동을 수행하는 주체들에게 주어진 환경과 자원 그리고 메커니즘과 이들을 수용한 방법론의 적용과 이를 수반하는 유비쿼터스 인프라와 같은 다양한 변수들이 각 나라마다 다르기 때문이다. 즉 미국, 영국, 일본과 같은 선진국의 다양한 변수들이 다른 나라와는 분명 다름에도 선진국의 방법을 그대로 모방하는 것은 방법론을 자신들의 나라에 적용하는 것에서 문제가 발생할 수 있다. 예를 들어 실제 동남아 국가들의 '선진국형 미래예측 방법론' 무조건 따라하기식 적용의 실패가 이를 증명해준다.

따라서 특정 국가의 상황목적론적 접근이 가능한 미래예측 방법론 연구 개발이 필요하며, 후진국 및 특정 국가의 미래예측 방법 이전 실패에 대한 교훈을 숙지하여 선진국형 미래예측 모형의 적용이 반드시 바람직한 것이 아니라는 것을 알아야 할 것이다.

결론적으로 각국의 다양한 변수들을 고려하여 미래예측의 특성에서 발생하는 차이를 고려해야 하며, 특히 미래 유비쿼터스 사회의 사회적 기반요소인 정보화 사회의 진전도와 같은 정보화 요소를 고려한 유비쿼터스 미래사회의 미래예측 활동이 필요하다.

2. 유비쿼터스 환경에서 미래예측 활동 분석

(1) 유비쿼터스 환경에서의 미래예측 활동

지금까지 살펴본 유비쿼터스의 측면은 결국 21세기의 미래사회에서 중요한 변화의 원인이 되는 요소이자 중요하게 고려되어야만 하는 요소로서 인식해야 한다. 따라서 이러한 변화해가는 정보통신 환경 속에서 유비쿼터스로의 변화가 어느만큼 준비되어 있는지는 미래예측 활동을 수행하는 주체(국가 혹은 정부)에 있어서 매우 중요한 요소이다. 주체에게 영향을 미치는 환경적 요소가 될 수도 있지만, 주체 자체를 E-Government에서 U-Government로 전환시키는 변화유발요소이기 때문이다. 따라서 미래예측 활동의 주체가 유비쿼터스 환경에 대한 준비도가 미래예측 활동에 있어서 중요하게 고려해야 한다는 점에 대해서는 이의를 제기할 수 없을 것이다.

유비쿼터스 환경이 미래예측 활동에서의 중요성은 IT 기술을 이용하여 정교하게 미래예측을 할 수 있다는 측면을 생각해 볼 수 있다. 유비쿼터스 환경하에서는 IT 기술이 생활 자체에서 누구나, 언제, 어디서나 Anyone, Anytime, Anywhere 활용이 가능하며, 그에 따라 미래예측의 측면에서도 많은 영향을 미칠 수 있다는 점을 고려할 수 있다.

다양한 이해관계자와 전문가들이 언제, 어디서나, 누구나 정부 주도의 미래예측 활동에 영향을 미칠 수 있는 환경이 구축되는 것이다. 정부의 미래예측 활동을 감시할 수 있고, 정부의 미래예측 활동에 자신의 의견을 쉽게 개진할 수 있으며, 자신의 의견에 대한 정부의 대응을 실시간으로 확인할 수 있는 환경이 바로 유비쿼터스 환경에서의 미래예측 활동의 특징으로 예상할 수 있다.

또한 전문가 집단 자체의 자원공유가 더욱 활발해지며, 그 결과로 정부기간 외에 존재하는 집단 사이의 미래예측활동 공동체 형성과 그 집단에서의 결과가 높은 신뢰성을 갖출 수 있는 환경으로 변해갈 수 있다. 그리고 그러한 집단과 정부기관과의 연계 측면도 고려할 수 있다. 즉 미래예측 활동에 있어서 전문가와 비전문가 등의 정책활용 측면에서 공유가 되려면 사이버인프라 측면에서 역량이 필요하며, 그것이 유비쿼터스 시대에서 더욱 가시화될 수 있음을 알 수 있다.

유비쿼터스 미래환경에서 미래예측의 의미에 대해 생각해 본 것을 바탕으로 각 나라들마다 특정한 상황들에 처해 있으며, 그에 따른 다양한 변수들이 그 나라의 미래예측 활동에 많은 영향을 미친다는 것을 고려해서 각 나라들의 미래예측 활동의 분석을 해야 한다. 즉 제3장에서 분류한 각 나라들의 미래예측 활동을 단편적인 분류와 같은 나열이 아니라, 각 나라들의 상황을 분석할 수 있는 분석의 틀이 필요하다.

여기서 각 나라들이 처해 있는 특정한 상황들의 다양한 변수들을 분석하기 위해 Serm모델을 분석의 틀에 기본바탕으로 하겠다. Serm모델이란 주체의 경쟁우위의 원천을 메커니즘 관점에서 경쟁우위 요소를 찾아내는 전략모델이다(조동성, 2004).

이는 주체의 경쟁우위는 주체가 환경 안에서 자원을 활용함으로써 만들어내는 결과물이 산출되는 과정을 메커니즘으로서 인식하고, 이 과정을 통해 주체의 경쟁우위의 원천에 초점을 맞추는 것이라 하겠다.

하지만 Serm모델만으로 분석하였을 경우 각 나라들의 미래예측 활동의 궁극적 바탕인 미래예측 방법론과, 앞에서 중요한 요소로 서술한 미래사회의 기반요소인 유비쿼터스 요소정보화요소를 간과할 수 있다. 따라서 유비쿼터스 미래사회의 미래예측 방법론에 대한 분석을 위해서 Serm모델 기반에 미래예측 방법론이라는 요소와 유비쿼터스 요소정보화요소를 고려하는 모형을 제시하겠다.

여기서 제시하는 모형은 Serm모델이 미래예측 활동이라는 특수한 분야에서 간과할 수 있는 미래예측의 방법론과 유비쿼터스 미래사회의 유비쿼터스 요소정보화 요소를 바탕으로 각 나라의 미래예측 활동을 단순히 분류한 것에서 더 나아가 실질적 분석을 통한 각국의 미래예측 활동의 비교우위점 도출이 가능하다.

이러한 분석을 위한 모형으로 S-erM-et-U모델로 각 나라의 미래예측 활동을 분석하는 분석 틀로서 사용하겠다. 또한 제3장에서 분류한 각 나라의 미래예측 활동을 분석하기 위해서 제3장에서 분류한 기본분류 준거를 S-erM-et-U모델의 구성요소와 대비시키는 것이 필요하다. 이를 통해 S-erM-et-U모델로 제3장에서 분류된 각 나라의 미래예측 활동에서 고려했던 사회적 변수들은 어떤 준거인지를 파악할 수 있으며 또한 간과했던 숨어있는 준거[2)]들을 파악할 수 있을 것이다.

이를 표로 나타내면 다음의 〈표 1〉과 같다.

2) 숨어 있는 준거란 미래예측 활동에 영향을 미칠 수 있는 변수지만 제3장의 분류에서 미처 고려되지 않았던 변수를 말한다. 숨어 있는 준거가 직접적으로 미래예측 활동에 영향을 미칠 수도 있지만, 대부분의 준거는 사회의 기저변수로서 미래예측 활동에 간접적인 영향을 미칠 수 있는 준거들을 고려했음을 밝혀둔다. 본 연구에서는 특정 사용지표를 활용해서 객관적으로 표현할 수 있는 변수들을 숨어 있는 준거로 제시하도록 할 것이다.

표 1

S-erM-et-U 모형의 기본분류 준거와 숨어있는 준거

구 분	조작적 정의	기본분류 준거 (제3장의 분류준거)	숨어있는 준거
주 체 (Subject)	미래예측 활동의 행위자로서 국가가 내재하고 있는 주체적 역량	• 적용수준 • 정책이전 여부	• 국저 사회 위상 • 국제기구 나 위상 • 군사력
환 경 (Environment)	미래예측 활동의 행위자인 국가를 둘러싸고 있는 주변 환경 요소	• 참여수준	• 인구통계적 변수 • 교역규모 • 지속가능 발전능력
자 원 (Resource)	미래예측 활동의 행위자인 국가가 가지고 있으며, 외부로 표현될 수 있는 물리적 · 비물리적 요소	• 참여인원	• 재정적 자원(GDP) • 인적자원(전문가 Pool) • 물적자원(천연자원) • 기업경쟁력
메커니즘 (Mechanism)	미래예측 활동의 행위자인 국가의 다양한 사회적 행위의 표출방식	• 접근방법 • 방식 • 분야	• 정치, 경제체제 • 범사회적 언론매체
방 법 론 (Method)	미래예측 활동의 수행방식 및 목적 등에 대한 변수	• 기법 • 용도 • 예측기간	
Ubiquitous (정보화 요소)	유비쿼터스 미래사회의 기반요소		• ICT 기회성, 인프라, 활용성 • IT 준비지수(WEF)

다음으로는 각 구성요소(주체, 환경, 자원, 메커니즘, 방법론, 정보화 요소)별로 각각에 대한 정의와 기본분류 준거, 숨어 있는 준거에 대해서 서술하도록 하겠다. 여기서 숨어 있는 준거의 경우에는 객관적인 수치 제시가 가능한 지표를 활용할 수 있는 준거를 고려하는 것으로 한정하도록 한다. 단, 메커니즘 요소의 경우에는 주체의 행위가 발생해서 처리과정을 거쳐 결과를 도출하는 것으로 블랙박스Black-Box 내에서 발생하는 정량적 요소임을 감안해야 한다. 따라서 메커니즘 요소에서 숨어 있는 준거는 많이 제시하지 않을 것이며, 제시한 준거는 서술방식을 통하여 접근할 것이다.

다음의 〈표 2〉는 숨어 있는 준거를 평가하기 위한 기준과 그 지표들을 정리한 것이다.

표 2
숨어 있는 준거의 평가 기준 · 지표

구 분	숨어 있는 준거	평가기준 · 지표
주 체 (Subject)	• 국제사회 위상	UN 상임이사국, 안전보장이사회 여부
	• 국가경쟁력	IMD - The World Competitiveness Index
	• 군사력	군사비 지출액(the Military Balance)
환 경 (Environment)	• 인구통계적 변수	각국의 인구수, 나라의 면적
	• 교역규모	무역액(WTO Annual Report)
	• 지속가능 발전능력	UN 인간개발지수
자 원 (Resource)	• 재정적 자원(GDP)	각국의 GDP
	• 인적자원(전문가 Pool)	각국의 세계 100대 대학 내 자국대학 수
	• 물적자원(천연자원)	석유 확인 매장량(대한석유협회)
	• 기업경쟁력	Fortune 세계 500대 기업 내 자국기업 수
메커니즘 (Mechanism)	• 정치, 경제체제	정치체제, 경제체제에 대한 서술
	• 법사회적 언론매체	영향력 있는 언론매체
방 법 론 (Method)	해당사항 없음	해당사항 없음
Ubiquitous (정보화 요인)	• ICT 기회성, 인프라, 활용성	World Information Society Report (UNCTAD, ITU)
	• IT 준비지수	The Networked Readiness Index(WEF)

1) 주 체

주체Subject란 미래예측 활동을 수행하는 행위자로서 국가가 가지고 있는 주체적 역량이라고 할 수 있다. 즉 미래예측 활동을 행하는 주체가 다른 나라와 비교하였을 경우 어느 정도의 경쟁력을 가지고 영향력을 발휘할 수 있거나 미래예측 활동을 하는 데 있어 얼마나 다양한 수단을 동원할 수 있는 능력을 갖추고 있는가와 같은 능력을 의미한다.

제3장에서 분류한 준거들 중에서 주체적 요소로는 적용수준과 정책이전 여부가 있다. 적용수준은 주체의 미래예측 능력이 Local, National, Global 수준과 같이 어느 정도 수준까지 예측할 수 있느냐의 문제가 주체적 요소에 해당할 것이다. 정책이전 여부는 다른 나라의 미래예측 활동에 정책적 영향을 미칠 수 있을 만큼 신뢰되고 파급효과를 가지는 미래예측 활동을 할 수 있다는 것으로 주체적 요소에 해당한다고 하겠다.

주체적 요소의 숨어 있는 준거로는 국제사회 위상, 국가경쟁력, 군사력 등을 꼽을 수 있다. UN 등과 같은 국제사회에서 다른 나라에게 영향을 미칠 수 있는 지위를 가지고 있는 나라의 경우에는 미래예측 활동 역시 다른 나라에 영향을 줄 수 있으며, 적용수준 역시 국가수준에서 머무는 것이 아니라 Global한 초국가 수준의 미래예측 활동이 가능할 것이다. 국가경쟁력은 미래예측 활동을 수행하는 국가가 가지는 대외적 능력의 객관적 수치로서 IMD의 The World Competitiveness Index의 국가경쟁력 지표를 사용하여 정량적 접근을 하겠다. 마지막으로 군사력은 주체로서의 국가가 가지는 물리적 능력을 의미한다. 군사력은 다양한 측정방식으로 평가될 수 있으나, 본 연구에서는 각국의 군사비 지출액을 지표로 사용하겠다.

2) 환 경

환경Environment이란 미래예측 활동의 행위자인 국가를 둘러싸고 있는 주변환경 요소로 정의될 수 있다. 주변 환경요소로서 국가를 둘러싼 국제간 관계도 중요하겠지만, 미래예측이라는 활동에 있어서의 환경이라 함은 궁극적인 미래예측 활동이 정부에 의해 수행되는 것이라는 점에서 정부의 미래예측 활동에 영향을 줄 수 있는 환경적 요소를 고려해야 한다. 따라서 본 연구는 정부의 미래예측 활동을 둘러싼 각 나라의 환경적 요인들을 환경요소로 정의한다.

제3장에서 분류한 준거들 중에서 환경적 요소로는 참여수준이 있다. 이는 전문가만이 참여하는 미래예측 활동이 주류를 이루는 나라에 비해, 다양한 이해관계자가 참여할 수 있는 미래예측 활동을 하는 나라가 존재하는 것으로 이해할 수 있다. 즉 사회적으로 국가의 활동, 국가의 미래예측 활동에 어느 정도의 참여수준이 보장되는지와 같은 참여에 대한 보장을 알 수 있다.

환경적 요인에 포함되는 숨어 있는 준거로는 인구통계적 변수, 교역규모, 지속가능 발전능력이 있다. 인구통계적 변수는 주체를 둘러싼 가장 기본적인 정량적 변수로서 국가의 인구수, 국가의 면적을 지표로 활용할 것이다. 무역규모는 국가의 경제적 환경요소로서 경제규모의 정량적 변수이며 각국의 무역액을 지표로 활용할 것이다. 지속가능 발전능력은 국가가 현재 처해 있는 다양한 환경들을 감안하면서 지속적으로 발전해나갈 수 있는지를 의미하며 인구의 평균수명, 국민 개인의 소득, 교육수준 등 사회적 요인들을 종합적으로 평가하는 것을 의미한다. 이는 UN의 지속가능 발전지수를 지표로 활용할 것이다.

3) 자 원

자원Resource이란 미래예측 활동의 행위자인 국가가 가지고 있으며, 외부로 표현될 수 있는 물리적·비물리적 요소라고 정의할 수 있다. 즉 국가가 미래예측 활동을 수행하는 역량의 바탕이 되는 요소라고 하겠다.

제3장에서 분류한 준거에서 자원적 요소에 포함되는 준거는 참여인원이 있다. 참여인원은 미래예측 활동에서 전문적 능력을 발휘할 수 있는 전문가의 수준과 같은 인적자원의 의미를 가진다.

자원적 요소에 포함되는 숨어 있는 준거로는 재정적 자원GDP, 인적자원전문가 Pool, 물적자원천연자원, 기업경쟁력이 있다. 재정적 자원은 국가가 사용할 수 있는 경제력으로서 GDP 수치를 본 연구의 지표로 활용할 것이다. 인적자원으로서 전문가 Pool은 미래예측 활동과 같은 국가의 활동에 전문지식을 바탕으로 참여할 수 있는 일정 수준의 능력을 갖춘 전문가가 어느 정도 국가에 존재하는가를 의미한다. 전문가 Pool과 같은 인적자원은 정량적 자료의 도출이 어렵기에 '더 타임즈'에서 발표한 '2006년 세계 100대 대학' 내에 자국의 대학수가 얼마나 포함되는가를 통해 간접적으로 평가하겠다. 물적자원천연자원은 국가가 가지는 물리적 자원으로서의 천연자원에 대한 수치로서 다양한 천연자원이 존재한다. 본 연구에서는 다양한 천연자원 중에서 세계경제에서 가장 큰 영향력을 가지는 석유의 매장량을 기준 지표로 사용하겠다. 마지막의 기업경쟁력은 국가가 가지는 민간영역 능력으로서 국제적인 영향력을 미칠 수 있는 기업이 국가가 가지는 능력으로서의 자원이 되겠다. 기업경쟁력 역시 객관적인 정량적 자료를 통한 도출이 어렵기에 'Fortune'에서 발표하는 '세계 500대 기업'에 포함되는 각국의 기업 수로 간접적인 평가를 하겠다.

4) 메커니즘

메커니즘Mechanism이란 미래예측 활동의 행위자인 국가의 다양한 사회적 행위의 표출방식으로 정의할 수 있다. 즉 특정 주체가 다양한 자원을 바탕으로 여러 가지 환경들 속에서 결과물을 산출해내는 방식에 있어서 이루어지는 과정을 의미한다.

제3장에서 분류한 기본적 준거들 중에서는 접근방식, 방식, 분야가 메커니즘에 포함된다. 접근방식은 Top-Down, Middle-Up, Bottom-Up과 같이 사회적 의사소통 방식을 의미하며 방식이란 민간에게 공개하느냐 공개하지 않느냐로서 사회적 의사소통의 개방성을 의미한다. 분야는 미래예측 활동의 결과를 특정분야(정책, 수요, 공급)에 활용하려는 목적으로 미래예측 활동의 과정이 이루어지는 것을 의미한다.[3)]

메커니즘에 포함되는 숨어 있는 준거로는 정치 · 경제체제, 범사회적 언론매체가 있다. 앞에서도 서술했듯이 메커니즘은 과정Process으로서의 의미가 강하기에 정량적 자료를 지표로 활용하는 것보다 정성적인 서술을 통해 접근하겠다. 정치 · 경제체제는 말 그대로 각 국가가 가지고 있는 정치 · 경제체제로서 이러한 정치 · 경제체제가 사회 전반의 기저구조를 구성하는 밑바탕으로서의 역할을 의미한다. 범사회적 언론매체는 사회적 의사소통 구조에 있어서 대중에게 광범위하게 접근할 수 있는 도구로서 언론매체의 역할을 의미한다. 나아가 한 국가의 언론매체가 범세계적인 영향력을 가진다면 한 국가 내에서 메커니즘을 통해 도출된 결론이 다른 나라에까지 파급되는 데 큰 영향을 미칠 수 있게 된다. 이는 미래예측 활동에도 적용될 수 있는 요소로 작용한다고 할 수 있다.

5) 방법론

방법론Method은 미래예측 활동의 수행방식 및 목적 등에 대한 변수라고 정의될 수 있다. 미래예측 활동에 있어서 Serm모델이 간과할 수 있는 요소가 바로 방법론이다. 국가가 미래예측 활동의 주체로서 다양한 자원을 이용하여 여러 가지 환경의 바탕에서 메커니즘 과정을 통해 미래예측 활동의 결과물을 산출한다. 하지만 미래예측 활동은 특정 방법론에 주된 영향을 받으며 방법론에 맞는 상황적합론적 접근이 필요하다. 따라서 방

3) 분야정책, 수요, 공급적 측면와 용도단순추세, 전략기획, 단순평가의 차이점을 명확히 해야 한다. '분야' 항목은 미래예측 활동의 결과가 특정 분야에 적용되는 것을 목적으로 하는 과정에 초점이 있다. 반면에 '용도' 항목은 미래예측 활동의 결과 자체가 목적이라 하겠다.

법론이 Serm모델이 간과하고 있는 미래예측 활동에서 고려해야 할 요소이다.

제3장에서 분류한 기본적 준거들 중에서 기법, 용도, 예측기간이 방법론적 요소에 포함된다. 기법은 시나리오, 델파이, 패널 등의 미래예측 기법 자체를 의미하기에 방법론적 요소에 포함된다. 용도는 미래예측 활동 결과 자체를 의미하며, 이는 미래예측 기법을 통하여 도출한 결론을 의미한다. 예측기간은 5년, 5~15년, 15년 이상으로 설정하여 미래예측 활동을 하는 것으로 방법론에 따른 기간별 접근의 차이를 의미한다.

6) Ubiquitous

Ubiquitous정보화 요인는 유비쿼터스 미래사회의 기반요소라 할 수 있다. 미래사회에 대해서 Drucker(1993)는 산업사회를 지나서 지식사회Knowledge Society나 정보사회Information Society가 될 것이라고 예견했다. 산업사회에서는 IT가 단순히 사람들의 생활에 편의만을 제공하던 시대였지만, 정보사회에서는 IT가 생활의 편의를 넘어서 생활 자체의 패턴을 바꾸고 있다. 즉 정보화 사회에서는 IT가 사람들의 생활에 밀착하는 기술로서로 영향을 미치는 것이 정보화 요인이라 할 수 있다. 이러한 유비쿼터스 요인은 사회의 정보환경Information Environment이나 정보자원Information Resource 또는 메커니즘에서의 정보화Information in Mechanism와 같이 분류되는 하위변수가 아니라 변화하는 사회의 기저변수라 할 수 있다. 그렇기 때문에 미래 유비쿼터스 사회의 미래예측 활동은 Serm모델에서 하나의 하위변수가 아니라 상위변수로 직접적인 영향을 미치는 요인이라 하겠다.

제3장에서 분류한 기본적 준거는 유비쿼터스 요인에 대해서 따로 적용한 것이 없으며, 숨어 있는 준거로는 유비쿼터스 요소인 ICTInformation & Communication Technology에 대한 평가지표로 World Information Society ReportUNCTAD, ITU의 정보화 평가지수인 DOI지표[4]와 WEF[5]의 지표를 활

---

4) DOI–Digital Opportunity IndexITU/UNCTAD 지표: IT기술에 대한 세 개의 카테고리로 정보화 지수를 평가한 지표이다. 세 가지 카테고리는 기회IT기술에 대한 접근성 등의 기회적 측면, 인프라IT기술의 사회적 인프라스트럭처 측면, 활용IT기술을 통한 활용적 측면을 제시하고 있다. 대상국가는 총 180개 국가를 조사하여 결과를 도출하였다(World Information Society Report 2006, UNCTAD, ITUMIC, KADO, 2006).

5) WEF의 네트워크 준비지수-세계 경제포럼에서 2002년 최초로 작성하여 2006년 다섯 번째로 NRIThe Networked Readiness Index 발표하였다. 2006년 현재 115개국을 대상으로 평가

용하여 정량적인 수치를 사용하겠다.

WEF의 네트워크 준비지수는 유비쿼터스 환경에 맞는 유비쿼터스 컴퓨팅 환경의 준비정도가 어느 수준인지를 국가별 개인, 기업, 정부의 ICT 측면에서 그 발전의 준비수준과 발전으로부터 창출되는 이익과 영향을 측정한 지표이기에 유비쿼터스 환경을 측정하는 지표로 활용이 가능하다.

DOI지수는 ICT의 정보화 지수를 측정한 지표이며, WEF의 네트워크 준비지수가 국가경쟁력 측면이 고려된 면이라면, DOI지수는 정보화 자체의 측면을 고려한 지표로서 의미를 가진다. 또한 모바일Mobile이라는 요소를 중요요소로 포함하고 있기에 사회에 영향을 미치는 모바일 요소를 살펴볼 수 있는 지표라 할 수 있다.

지금까지의 S-erM-et-U모형에 대한 내용을 개념도로 나타내면 다음의 [그림 1]과 같다.

그림 1 S-erM-et-U 모델의 개념도

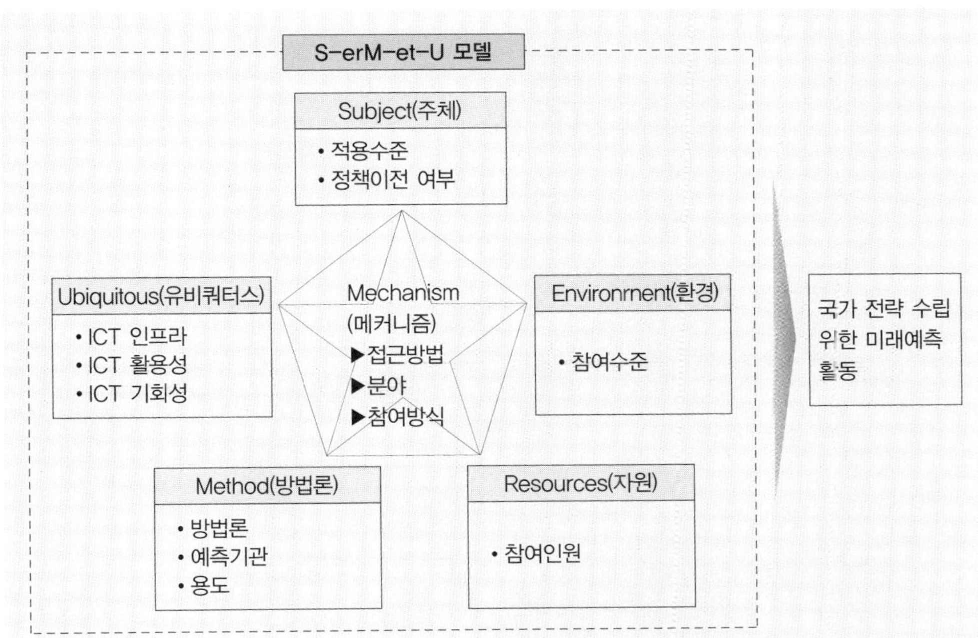

※ Serm 모델 [조동성(2003) 서울대학교 경영학 교수] 재구성함.

하였으며 주요 지수로는 환경부문24개 지표, 준비도 부문22개 지표, 활용도 부문20개 지표 3개 항목으로 구성되어 있다.

3. S-erM-et-U모델을 이용한 미래예측 활동의 분석

S-erM-et-U모델을 이용해서 제3장에서 분류된 나라들의 미래예측 활동의 분석에서는 위에서 언급하였던 미국, 일본, 영국과 같이 정책이전효과 Bandwagon Effect가 발생한 나라를 대상으로 분석해보겠다. 미래예측분야의 선진국으로 인식되는 나라들이 다른 나라의 미래예측 활동에 영향을 주려는 목적이 숨어 있는 그 나라들의 미래예측 활동은 어떠한 변수들에 의해 분석을 통한 설명이 가능하고, 그 결과가 한국의 미래예측 활동에는 어떠한 시사점을 주는지에 대해서 고찰하겠다.

미국, 영국, 일본에 대한 S-erM-et-U모델을 통한 분석결과를 기본분류 준거 및 숨어 있는 준거에 의거 정리하면 다음의 〈표 3〉과 같다.

표 3 S-erM-et-U 모델을 이용한 미국, 영국, 일본의 분석결과

구 분		기본분류 준거	숨어 있는 준거
미국	주 체 (Subject)	적용수준 : Global, National, Local 수준 정책이전 여부 : 발생	국제기구의 주도세력(UN, IMF, OECD, APEC, NATO 등) UN 상임이사국, UN 안전보장이사회 회원국 국가경쟁력 : 1위(IMD 국제경쟁력-2005년)
	환 경 (Environment)	참여수준 : 전문가집단 + 이해관계자 참여	인구 : 약 300백만 명(2004년) 면적 : 약 9,200천㎢ 교역규모 : 20,297억 달러(2003년) 지속가능 발전능력 : 6위(UN 인간개발지수-2002년)
	자 원 (Resource)	참여인원 : 다수	GDP : 11조 6,675억 달러(2004년) 1인당 GDP : 40,047달러 전문가 인력 Pool : 세계 100대 대학 중 33개(하버드대, 스탠퍼드대, 예일대, UC버클리 등) 천연자원 : 294억배럴(가채년수 11.8년-2004년) 기업경쟁력 : Fortune 500대 기업 중 189개(1위)
	메커니즘 (Mechanism)	접근방법 : Top-Down+Middle-Up(국가정보위원회 + 연구소) 방식 : 공개방식 분야 : 정책+수요+공급 측면	정치체제 : 대통령 중심제(연방공화국), 양원제 재정수지 적자의 악화 범국가적 매체 : CNN, 블룸버그, New York Times 등
	방 법 론 (Method)	기법 : 시나리오, 델파이, 패널기법 용도 : 단순추세분석, 전략기획 예측기간 : Long-Term	
	정보화 요소-IT (Ubiquitous)		ICT 기회, 인프라, 활용 : DOI 지표 순위 - 21위(2005년) WEF : 1위(2006년), 5위(2005년)

영국	주 체 (Subject)	적용수준 : Global + National + Local 수준 정책이전 여부 : 발생	UN 상임이사국, UN 안전보장이사회 회원국 국가경쟁력 : 20위(IMD 국제경쟁력 – 2004년)
	환 경 (Environment)	참여수준 : 전문가집단 + 이해관계자 참여	인구 : 약 6,000만 명 면적 : 약 242,910km² 지속가능 발전능력 : 12위(UN 인간개발지수 – 2002년)
	자 원 (Resource)	참여인원 : 다수	GDP : 약 2조1,400억 달러 1인당 GDP : 약 35,600달러 전문가 인력 Pool : 세계 100대 대학 중 15개(캠브리지대, 옥스퍼드대 등) 천연자원 : 45억배럴(가채년수 6년–2004년) 기업경쟁력 : Fortune 500대 기업 중 35개(4위)
	메커니즘 (Mechanism)	접근방법 : Top-Down + Middle-Up (Office of Science and Technology + 산 · 학 · 관 전문가) 방식 : 공개방식 + 온라인 방식 분야 : 정책 + 수요 + 공급 측면	정치체제 : 입헌군주제(의회 민주주의), 양원제 전통적으로 경제의 거방화 정책 범국가적 매체 : BBC The Times, Financial Time, The Guardian
	방 법 론 (Method)	기법 : 시나리오, 델파이, 패널기법 용도 : 단순추세분석, 전략기획 예측기간 : Long-Term	
	정보화 요소-IT (Ubiquitous)		ICT 기회, 인프라, 활용 : DOI 지표 순위 - 21위(2005년) WEF : 1위(2006년), 5위(2005년)
일본	주 체 (Subject)	적용수준 : Global + National + Local 수준 정책이전 여부 : 발생	UN 상임이사국 진출노력 국가경쟁력 : 21위(IMD 국가경쟁력 – 2005년)
	환 경 (Environment)	참여수준 : 전문가집단 + 이해관계자 참여	인구 : 약 130백만 명 면적 : 약 380,000km² 교역규모 : 8,549억 달러 지속가능 발전능력 : 9위(UN 인간개발지수 – 2002년)
	자 원 (Resource)	참여인원 : 다수	GDP : 4조 6,234억 달러 1인당 GDP : 36,522 달러 전문가 인력 Pool : 세계 100대 대학 중 3개(도쿄대 등) 천연자원 : 해당사항 없음 기업 경쟁력 : Fortune 500대 기업 중 82개(2위)
	메커니즘 (Mechanism)	접근방법 : Top-Down + Middle-Up (문부과학성 + 민간연구소) 방식 : 공개방식+비공개방식 + 온라인 방식 분야 : 정책 + 수요 + 공급 측면	정치체제 : 입헌군주제(내각책임제),양원제 2중 형태의 경제구조 : 거대 초국적기업과 영세중소기업의 Dual structure 시장의 폐쇄성 : 공식, 비공식적으로 높은 무역장벽 범국가적 매체 : NHK
	방 법 론 (Method)	기법 : 시나리오 + 델파이 용도 : 전략기획 + 평가 예측기간 : Long-Term	
	정보화 요소-IT (Ubiquitous)		ICT 기회, 인프라, 활용 : DOI 지표 순위 - 2위(2005년) WEF : 16위(2006년), 8위(2005년)

S-erM-et-U모델을 통해 미국, 영국, 일본의 미래예측 활동에 대하여 제3장에서 분류의 기준으로 사용한 기본적 준거와 숨어 있는 준거를 분석해보았다. 다음에서는 미국, 영국, 일본의 미래예측 활동에 대한 기본적 준거와 숨어 있는 준거에 대해서 S-erM-et-U모델을 통해서 분석한 결과의 시사점을 도출하고 이를 우리나라와 비교해보도록 하겠다.

S-erM-et-U모델을 통한 분석의 결과를 살펴보면 미국, 영국, 일본의 미래예측 활동에서 찾을 수 있는 특징이 존재한다.

첫 번째 공통점으로는 자원분야에서 찾을 수 있다. 미래예측 활동에도 많은 전문가들이 참여할 뿐만 아니라 각 국가의 전문가 인력Pool 역시 상당히 크다는 것을 알 수 있다. 본 연구에서 지표로 삼았던 세계 100대 대학 중에서 미국, 영국, 일본 이 세 국가의 세계 100대 대학에 포함되는 대학 수가 51개일 정도로 각 분야의 전문가 인력이 풍부하다는 것을 알 수 있다. 이러한 전문가 인력의 풍부함은 방법론적인 측면에서 다양한 미래예측 기법을 활용하여 다각도로 미래예측의 성과를 최대한 끌어올리려는 노력에 영향을 준다고 하겠다. 또한 높은 GDP 같은 경제수준은 국가의 정책활동에 있어서 재정적 뒷받침의 역할을 할 수 있으며, 이는 미래예측 활동에도 마찬가지 효과를 내는 요소로 작용한다고 볼 수 있다. 그리고 기업경쟁력을 통해서 국제사회에서 나타나는 각 나라의 민간부문의 높은 영향력을 알 수 있다.

두 번째 공통점으로는 미국, 영국, 일본 모두 자원분야의 능력을 바탕으로 국제사회에서 주도적 역할을 하는 것에서 찾을 수 있다. 먼저 미국, 영국, 일본은 경제력과 사회의 민주적 성숙도, 환경적 요소 등의 다방면의 요인을 고려한 지속가능발전능력지표: UN인간개발지수에서 높은 순위에 위치하고 있다. 즉 국가 내부적으로 안정적인 사회구조와 지속적 발전잠재력을 가지고 있다. 이러한 내재적 능력을 바탕으로 미국, 영국이 UN과 같은 국제기구에서 많은 영향력을 행사하고 있으며 일본도 국제사회에서 능력에 맞는 영향력을 행사하기 위한 행보를 보이고 있다. 이는 기업경쟁력과 맞물리며 각 국가의 국제사회에서의 영향력이 민간부문에서의 영향력과 함께 시너지 효과를 일으킨다고 하겠다. 여기에 범국가적 매체가 범세계적 매체로까지 발전하면서 전세계적 영향력이 있는 매체를 바탕으로 언론을 통한 세계무대에서의 우위선점은 미국, 영국, 일본의 국제사회에서의 경쟁력에 더욱 큰 힘이 될 수 있다. 이는 각 국의 미래예측 활동을 더욱 빠르고 신속하게 더 많은 나라들에게까지 영향을 미치는 보도를 할 수 있다는 점에서 미래예측 활동의 시사점을 도출할 수 있다.

이러한 국제사회에서의 주도적 역할은 미래예측 분야에서도 나타난다. 국제사회에서 주도적 역할을 해나가고 있기 때문에 미래예측 활동 역시 초국가적인 글로벌Global한 측면에서 전세계를 주도해나가려는 방향을 가지고 각국의 미래예측 활동이 진행된다는 점이다.[6)]

미래예측 활동을 통해 지속적인 국제사회에서의 경쟁우위를 달성하며 미래예측 활동의 후진국과 같은 다른 나라에 정책이전효과와 같이 지속적인 영향력을 미치려 하는 것이 미국, 영국, 일본의 미래예측 활동 모습이다. 이러한 미래예측 활동 모습은 주체의 능력적 측면에서 초국가적 미래예측 활동을 수행할 수 있는 역량이 되는 국가이기 때문에 초국가적 미래예측 활동을 수행한다고도 이해할 수 있다

세 번째 공통점은 Ubiquitous정보화요소에서 찾을 수 있다. 본 연구에서 사용된 두 지표 사이에 차이는 존재하지만 두 지표에서의 공통적인 특징으로 미국, 영국, 일본 모두 유비쿼터스 사회를 대비한 사회 전반의 준비능력과 IT의 활용에 대한 준비능력에서 지표의 상위권 국가로 평가받고 있을 만큼 IT분야라는 유비쿼터스에 대한 준비에서 강점을 나타내고 있다. 이는 유비쿼터스 미래사회에 미래예측 활동에서도 미국, 영국, 일본이 강점을 가질 수 있는 요소로 작용할 것이다. 기법적인 측면에서 IT기술을 활용한 온라인On-Line 참여의 활성화로 이해관계자의 폭넓은 참여와 온라인On-Line 델파이 기법 등을 통한 더욱 많은 전문가 인력Pool을 상대로 한 미래예측 활동 등이 활성화될 수 있는 기반이 마련될 것이다. 또한 미래예측을 위한 기법과 같은 방법론에만 머무는 것이 아니라, 정보화 요소가 사회 전반에 걸쳐 나타날 수 있는 기반이 갖추어진 만큼 유비쿼터스 미래사회의 변화상을 더 빨리 예측하고 더 빨리 쫓아가고 다른 국가들에 앞서서 선도할 수 있는 위치에까지 올라설 수 있는 것이다.

---

6) 일본의 미래예측 활동의 경우 국내적National인 측면의 특성을 보였지만, 일본의 능력을 바탕으로 한 국제적 위상의 변화와 자국의 미래예측 활동이 다른 나라로 정책이전효과를 노리는 등의 모습에서 점차 Global한 미래예측 활동으로의 변화를 알 수 있다.

02 ●●●

주요국의 미래예측 활동과 우리나라에서의 적용가능성 비교

S-erM-et-U모델을 통한 주요국(미국, 영국, 일본)의 미래예측활동에 대한 분석에서 시사점을 바탕으로 미국, 영국, 일본에서의 미래예측활동의 공통점을 우리나라의 상황과 비교하며 적용가능성에 대하여 생각해보겠다.

미국, 영국, 일본과 같은 미래예측 활동의 선진국과 우리나라에서의 미래예측 활동을 비교를 위해서 S-erM-et-U모델로서 우리나라의 미래예측 활동의 기본분류 준거와 숨어 있는 준거를 분석해보도록 하겠다.

우리나라와 미국, 영국, 일본과의 미래예측 활동에서 근본적인 차이점을 보이는 것은 역시 자원Resource 분야에서 찾을 수 있다. 미국, 영국, 일본에 비해 상대적으로 적은 전문가 인력Pool은 우리나라에게 약점으로 작용할 것이다. 다양한 미래예측 기법을 사용하여 최대한 미래예측 결과의 신뢰성을 높이고자 하더라도 미국, 영국, 일본에 비하면 많은 차이점을 가질 수 있다. 또한 재정적 요소에서도 미래예측 활동에 대한 정부의 지원에서 절대규모가 차이가 날 수밖에 없는 것이 우리나라의 현실이라 하겠다.

국제사회에서의 위상 역시 다른 나라에 비해 높지 못하다고 볼 수 있다. 우리나라가 국제사회 혹은 국제기구 내에서 주도적인 역할을 해나가는 국가 정도의 수준은 아니며, 오히려 북한문제와 같은 국제사회에서 위험요소를 가지고 있는 국가로 평가받는 경우도 있다.

하지만 국가경쟁력 순위에서의 꾸준한 순위성장추세에서도 알 수 있듯이 우리나라의 국제사회에서의 위상이 과거보다 높아지고 있음은 중요

표 4 S-erM-et-U 모델을 이용한 한국의 분석결과

	구 분	기본분류 준거	숨겨있는 준거
한국	주 체 (Subject)	적용수준 : National 정책이전 여부 : 미발생	국제사회 및 국제기구 내에서 주도적인 영향력 발휘하지 못하고 있음 국가경쟁력 : 29위(IMD 국제경쟁력 – 2005년)
	환 경 (Environment)	참여수준 : 전문가집단	인구 : 약 4,700백만 명(2002년) 면적 : 약 9만9천㎢ 교역규모 : 3,726억 달러(2003년) 지속가능 발전능력 : 28위(UN 인간개발지수 – 2002년)
	자 원 (Resource)	참여인원 : 다수	GDP : 6,062억 달러(2003년) 1인당 GDP : 12,030달러 전문가 인력 Pool : 세계 100대 대학 중 1개(서울대) 천연자원 : 해당사항 없음 기업경쟁력 : Fortune 500대 기업 중 11개(9위)
	메커니즘 (Mechanism)	접근방법 : Top-Down + Middle-Up 방식 : 공개방식+온라인 방식 분야 : 수요+공급 측면	정치체제 : 대통령 중심제, 양당제 범국가적 매체 : KBS, 조선일보 (범국가적 영향력 약함)
	방 법 론 (Method)	기법 : 시나리오, 델파이, 용도 : 전략기획 예측기간 : Long-Term	
	정보화 요소-IT (Ubiquitous)		ICT 기회, 인프라, 활용 : DOI 지표 순위 – 1위(2005년) WEF : 14위(2006년), 24위(2005년)

한 변화의 현상이다. 과거에 비해 높아진 국가의 위상을 미래예측 활동에서도 지역 및 국가수준 단위의 미래예측 활동뿐만 아니라 초국가적 수준의 미래예측 활동으로까지 높일 수 있는 노력이 필요할 것이다.

최근 UN 사무총장으로 우리나라 인물이 선출되어서 국제사회에서 위상이 높아졌다. 하지만 이는 국가 전체의 성과라기보다는 개인의 성과에 더 가까운 결과라 할 수 있다. 따라서 개인의 성과를 국가적 성과로서 연계를 통해 초국가적 미래예측 활동에까지 영역을 넓힐 수 있는지를 고민할 필요성이 있다.

국가의 내부 환경요소로서 우리나라는 UN인간개발지수를 지표로 한 지속가능 발전능력에서도 28위에 위치함으로써 미국, 영국, 일본에 비해서 국가 내부적으로도 경제분야, 민주적 성숙도, 환경문제 등에서 아직 안정적인 모습을 갖추지 못했다고 볼 수 있다.

미국, 영국, 일본과 또 하나의 차이점으로는 미래예측 활동이 우리나라에서는 실질적 정책분야로 적용되지 못했다는 것이다. 미래예측 활동이 향후 국가가 나아가야 할 로드맵으로서 역할은 하겠지만 실질적인 영향력을 발휘할 수 있는 정책분야로 적용되지 못한 것이 미국, 영국, 일본과의 차이점이라 할 수 있다.

반면에 Ubiquitous정보화요소는 미국, 영국, 일본과 같이 상위권에 위치하고 있다. 이러한 요소는 유비쿼터스 미래사회의 변화상을 미리 예측하고 선도해나갈 수 있는 기반적 요소로 작용할 수 있으며, 미래예측의 기법적 측면에서도 위에서 언급한 다양한 이해관계자의 참여와 온라인 기법을 통한 효율적인 전문가 사용은 강점이 될 수 있다. 특히 전문가 인력 Pool이 미국, 영국, 일본 등에 비해 부족할 수 있는 단점을 온라인 기법을 활용한 미래예측 기법의 적극적 도입과 같은 IT의 정보화 요소를 활용한다면 유비쿼터스 미래사회에 적극적인 대응방안이 될 수 있다. WEF의 네트워크 준비지수에 있어서는 미국, 영국, 일본과의 차이점을 나타내고 있지만 IT 자체에 초점이 맞춰져 있는 지표인 DOI지수에서는 상위권을 차지한 것에서 유비쿼터스 환경의 발전가능성의 의미를 찾을 수 있다. 또한 모바일Mobile 사회 및 M-Government적 측면에서의 강점을 찾는다면 시간과 장소에 구애받지 않고서도 정부의 미래예측 활동에 다양한 이해관계자 및 전문가들이 접근할 수 있다는 측면을 생각할 수 있다.

모바일 정부M-Government가 구현됨으로써 중앙 행정부처나 지방자치단체의 공무원들이 모바일 기기 및 무선 네트워크를 이용하여 행정 및 민원정보 활용업무를 처리하는 반면에 국민과 기업은 관청 방문 없이 모바일을 이용해 민원을 처리하는 형태로 초기적 모바일 정부의 서비스가 이루어지고 있다(박철우 · 양희동 · 안중호, 2003). 이러한 기술활용을 단순 민원처리 및 해결뿐만 아니라 미래예측 활동이라는 좀 더 거대한 측면의 정부활동으로까지 연계가 가능해지도록 하는 것이 유비쿼터스 사회에서의 미래예측 활동이 가지는 시사점이라 하겠다.

03 ●●●
결 론

1. 연구의 시사점

본 연구는 「미래예측에 대한 다양한 의미」, 「미래예측 활동을 하는 실질적 방법론」, 「각 나라들의 미래예측 활동 현황 및 이에 대한 체계적인 분류」, 「선진국의 미래예측 활동에 대한 분석」과 이에 대한 시사점이 핵심내용을 이루고 있다.

(1) 「미래예측에 대한 다양한 의미」의 시사점

현재 우리나라뿐만 아니라 많은 나라들에서 미래예측이라 함은 과학기술과 같은 특정 분야에서 시계열적, 계량적, 수치적 결과가 도출되는 분야에서 과거와 현재를 고려한 미래상황의 예상 정도로 인식되고 있다.

하지만 다양한 미래예측의 의미에서도 살펴볼 수 있듯이 미래예측이라는 것이 이제는 수치상으로 표현될 수 있는 과학기술 영역에만 머무는 것이 아니다. 사회 전반에 걸쳐서 나타나는 현상을 인식하고, 사회 전반의 변화상에 대한 미래예측 활동에 대한 인식을 재정립해야 한다. 이러한 의미에서 본 연구의 첫 번째 「미래예측에 대한 다양한 의미」는 우리나라에서 유비쿼터스 사회에 대비한 미래예측 활동에 선행해서 미래예측이라는 것에 대한 새로운 개념을 정립할 수 있는 데 시사점이 있다고 하겠다.

(2) 「미래예측 활동을 하는 실질적 방법론」의 시사점

두 번째 시사점은 미래예측 활동을 위한 기법으로서 방법론의 세부적 절차에 대한 분석적 접근이 이루어졌다는 점을 들 수 있다. 하지만 미래예측 활동의 방법론으로는 본 연구에서 주로 다루었던 세 가지 기법델파이 기법, 시나리오기법, 패널기법 이외에도 다양한 기법들이 존재한다. 따라서 수많은 미래예측 방법론의 기법을 모두 다루기에는 한계가 있었다고 하겠다.

(3) 「각 나라들의 미래예측 활동 현황 및 이에 대한 체계적인 분류」의 시사점

세 번째 시사점으로는 먼저 우리나라 이외의 다른 나라들의 미래예측 활동의 현황, 특히 선진국 및 후진국개도국 등 다양한 나라들의 미래예측 활동의 현황을 인식할 수 있었다는 것에서 하나의 시사점을 찾을 수 있다.

또한 각 나라들의 미래예측 활동을 일정한 분류기준에 의해 분류하고 분류된 결과를 바탕으로 특정 시사점을 도출하였다는 것에서 또 다른 시사점을 찾을 수 있다.

(4) 「선진국의 미래예측 활동에 대한 분석」의 시사점

네 번째 시사점으로는 미래예측 활동에서 선진국으로 분류될 수 있는 미국, 영국, 일본의 미래예측 활동에 대해서 Ser-M-et-U모델을 사용해서 선진국의 특징을 도출해냈다. 각 나라들의 미래예측 활동을 일정 기준으로 분류한 것을 바탕으로 분석한 결과에서 선진국의 미래예측 활동 현황이 도출되었다. 도출된 요소를 우리나라의 미래예측 활동과 비교하며 접목할 수 있는 요소를 찾고자 했다.

하지만 본 연구에서 사용한 Ser-M-et-U모델에서의 분석대상이었던 각국의 미래예측 활동에서의 기본적 준거와 숨겨진 준거의 경우 더 많은 준거가 존재할 수 있다는 한계점이 존재한다. 기본적 준거의 경우 다양하게 산재되어 있는 각 국의 미래예측 활동들에 대한 일정 기준을 바탕으로 분류하여 분석하는 데 효율적이었지만, 미처 고려하지 못했던 요소가 더 존재할 수 있을 것이다. 또한 숨겨진 준거의 경우에는 본 연구에서 최대한 정량적 요소의 지표를 숨겨진 준거의 지표로서 활용하고자 했기에 더 많이 존재할 수 있는 정량적 및 정성적 숨겨진 지표가 존재할 수 있을 것이다.

2. 한국의 미래예측 적용 전략

S-erM-et-U모델을 이용한 미래예측의 주요 국가들과 한국의 분석결과를 토대로 한국의 미래예측 전략을 마련하기 위해서는 미래예측을 주도하는 국가단위의 강점Strength, 약점Weakness, 기회Opportunity, 위협Threat을 바탕으로 한 SWOT 전략 모형이 제시될 수 있다.

S-erM-et-U모델을 통해 전략적 우위점·열위점에 대한 파악이 이루어졌기에 파악결과를 바탕으로 전략을 세워 우위점의 강화 및 열위점의 보완이 가능할 것이다. 주로 질적 분석에 역점을 두는 개념 틀로서 SWOT 분석을 통해 우리나라의 미래예측 활동을 위한 전략을 도출할 수 있다.

SWOT은 조직의 목적과 목표를 효과적으로 달성하는 데 유용한 방안으로 인식되고 있다. 대체로 조직이 처한 상황은 유동적이고 상대성을 지니는 경향이 있다. 즉 동일한 상황이라고 하더라도 조직의 강점과 약점에 따라서는 그것이 유리한 기회를 작용할 수 있는 반면, 위협적 요소로 나타날 수도 있다. 또한 정책환경으로부터 위협적인 요소가 시간의 흐름에 따라서 혹은 조직의 대응 전략에 따라서는 기회로 전환될 수 있는 반면, 조직이 쇠퇴 내지 침몰되는 상태를 초래할 수도 있다. 그러므로 지피지기知彼知己라는 경구가 있듯이 이러한 양면성을 최고집행자는 숙지하여 위협을 기회로 약점을 장점으로 전환시킬 수 있는 방안을 마련 할 수 있어야 한다. 또한 SWOT분석은 내·외부 및 긍정적·부정적 요인이 되는 강점, 약점, 기회, 위협요인을 하나의 틀 속에서 결합시킴으로써 현 위치를 평가하고 이를 바탕으로 효과적인 전략을 수립하기 위한 분석기법이기도 하다(어윤대·방호열, 1995). SWOT 분석은 일정 시점에서 주요 환경요인을 기회와 위협으로 분류하고 이들을 전략적 관점에서 조직의 강점·약점과 결합시켜 효과적인 전략을 수립하는 과정이다. 조직이 어떤 전략적 과제를 발견하고자 하는 상황에서 사용될 수 있는 기법인 것이다. 사실상 다른 기법들을 사용하여 얻어진 결과들을 모두 분석으로 통합 또는 흡수할 수 있다는 장점이 있다. 이 방법은 많은 생각이나 아이디어들을 SWOT이라는 이름 아래 정렬시킴으로써 일부 생각이나 아이디어들이 손실되지 않도록 하기 위해 고안된 방법이라 할 수 있다.

우리나라의 미래예측 전략 마련을 위해 앞서의 S-erM-et-U모델에서 나타난 미래예측 주요 국가들과 우리나라의 분석결과 및 제3장에서 논의하였던 우리나라가 지금까지 수행해왔던 과거의 미래예측 활동을 토대로 SWOT 분석을 한 결과는 다음과 같다. SWOT분석에서의 분석대상이 되는 주체는 미래예측 활동을 수행하는 조직으로서의 정부조직을 대상으로 하였다.

표 5 전략 도출을 위한 SWOT 분석

강 점 (S)	약 점 (W)
• Ubiquitous(정보화 요소)는 미국, 영국, 일본과 같이 상위권에 위치(유비쿼터스 미래사회의 변화상을 미리 예측하고 선도해 나갈 수 있는 기반적 요소로 작용) • 다양한 전문가들을 구성하여 한국과학기술 예측조사(2005~2030) 프로젝트 경험 • 과학기술기본법에서 과학기술예측 법제도 마련되어 있음	• 미국, 영국, 일본에 비해 상대적으로 적은 전문가 인력 Pool • 차별화된 미래예측 기법 부재와 기법의 다양성 부족 • 미래예측 수행을 조절하는 전문인력의 부재 및 양성 프로그램 미흡 • 미래예측 활동이 비전차원의 단순한 국가로드맵 정도 수준(정책분야로 적용 가능성 모색되어야 함) • 내부적 경제 분야, 민주적 성숙도, 환경문제 등에서 갈등요소 증감
기 회 (O)	**위 협 (T)**
• 최근 'UN 사무총장' 으로 우리나라 인물이 선출되어서 국제사회에서 위상이 높아짐 • 높아지고 있는 국가경쟁력과 국제적 위상	• 국제사회에서의 북한 핵문제 등과 같은 위험요소 내재(초국가적 수준의 미래예측 활동에 제약) • 미래예측 활동에 대한 정부의 지원 부족

SWOT분석을 이용한 미래예측 전략의 수립

- 초국가적 수준의 미래예측 수행을 위한 전략이 마련되어야 한다. 국가경쟁력 및 국제적 위상이 높아지고 있는 상황에서 'UN 사무총장'으로 우리나라 인물이 선출된 것은 국제적 활동에서 더욱 큰 영향력을 발휘할 수 있는 기회가 된다. 따라서 UN의 미래예측 활동과 연계하는 국내미래예측 활동을 병행하여 아직까지 초국가적 미래예측 활동을 수행해 본 경험이 없는 약점을 보완해가며 초국가적 미래예측 활동의 경험을 쌓아나갈 수 있다.
- 유비쿼터스 시대에 실시간Real Time 미래예측 활동의 수행을 강화해 나갈 수 있다. 유비쿼터스 미래사회에 적극적인 대응방안을 위해 시간적 공간적 제약이 없는 상시 전문가 인력Pool 구성 방안을 마련하는 전략이 필요하다. 온라인 델파이 기법의 적극 활용에서부터 모바일을 통한 다양한 이해관계자들의 미래예측 활동 참여 및 시민의 의견수렴 활동을 병행할 수 있는 전략이 마련될 필요가 있다. 또한 범국가적 차원에서 세계 각지의 이해관계자들 및 전문가들을 온라인 참여를 통해서 효율적으로 활용한다면 인력 Pool의 약점을 보완하는 미래예측활동이 될 수 있다.

  또한 강점을 가진 정보화 요인을 바탕으로 미래예측 활동의 우위 달성을 지속해 나갈 수 있는 정책 홍보와 같은 정책마케팅을 확대하는 전략을 수립할 필요가 있다.
- 주어진 사회 내·외부적 환경과 특정 상황에 맞는 미래예측 기법 마련과 방법론 활용에 대한 전략이 수립되어야 한다. 사회적 대립 및 갈등이 많은 우리나라에서 미래사회에서 부를 창출할 수 있는 분야에 대한 선도적 미래예측 활동의 경우 다양한 갈등이 발생할 수 있다. 이를 관리해나가는 전략이 필요하며, 갈등요소에 대한 지속적인 문제해결 노력을 통한 국가 경영 투명성과 이미지 제고를 위한 전략이 마련되어야 한다.
- 미래예측 전담기구 및 추진체계를 마련하여 중장기 미래예측 활동

에 대한 전략을 강화할 필요가 있다. 향후 새로운 사회문화적 미래예측의 측면에서 필요한 전담기구 및 추진체계를 마련하는 전략이 필요할 것이다. 특히 외국의 추진체계 선례를 따르는 것도 중요하겠지만, 이미 마련되어 있는 과학기술예측의 법·제도를 활용하여 내부적인 벤치마킹의 전략도 고려될 수 있다.

- 각 분야의 해당 전문가별 DB를 구축하고 미래예측 활동과 관련된 전문가 및 이해관계자 대상의 교섭력을 강화하는 전략이 마련되어야 한다. 상시 소통이 가능한 전문가와 이해관계자의 DB 구축 및 그들과의 교섭력 증가는 신속한 미래예측 활동에 도움을 줄 수 있다. 또한 시나리오 및 패널 워크숍과 같은 미래예측 기법에서의 수행을 진행하기 위한 전문 매니저인력을 양성하는 것이 전문가만큼이나 중요하기에 전문인력 양성을 위한 전략이 필요할 것이다. 그리고 다양한 이해관계자들의 요구Need에 적극적으로 부응할 수 있는 특정상황별로 접근 가능한 미래예측 워크숍을 마련하고 방법론에 있어서의 다양한 미래예측 기법을 개발할 필요가 있다.
- 미래예측 활동을 통한 결과가 단순추세 예측에서 벗어나 실제 정책에 투입되기 위한 책임기관 마련과 수행기관의 일원화가 필요하다. 따라서 미래예측 활동의 추진체계와 같은 조직적 측면에서 다양한 정부기관 및 민간연구소에 산재되어 있는 각 미래예측 기관들을 통합 조정할 수 있는 책임기관의 설치를 고려하거나, 정부 주도의 미래예측 활동 수행기관을 일원화하는 전략을 생각해 볼 수 있다.

3. 우리나라의 미래예측 방법론 적용방안

현재 우리나라의 기술·공급적 수준, 사회니즈·수요적 수준에서의 미래예측 활동에서의 방법론을 적용하는 측면에서 미래예측 방법론의 문제점이 무엇이며 그에 대한 해결방안은 어떠할 것인지에 대한 접근이 필요하다. 먼저 우리나라의 미래예측 활동의 전반적인 특성에서의 문제점을 짚어봐야 할 것이다. 이러한 문제점과 그에 대한 해결방안에 대해 고민

하고 구체적인 방법론에서의 미래예측 기법적 측면의 고민을 살펴보도록 하겠다.

(1) 미래예측 활동의 문제점과 해결방안

1) 공학적 시각과 사회적 시각의 조화 필요

미래예측 방법론에서 사회와 공학의 동시 접근이 이루어져야 함에도 기술예측조사와 미래 사회 시나리오가 분리되어 진행되고 있는 실정이다. 형식적으로 미래예측 방법론이 동시에 진행된 것처럼 보이지만, 실제는 기술예측 조사는 공학적인 접근이 주가 되었으며, 미래사회 변화모습의 시나리오 작성에는 실제 사회적 접근이라기보다는 기술변화에 대한 단순한 시나리오를 작성한 수준이다.

따라서 진행초기 단계에서 마무리 단계까지 공학적 기술예측 조사가 이루어지는 내내 기술의 발전으로 이루어질 사회의 다양한 변화에 대해 모색하는 방안이 강구될 필요성이 있다. 기술 발전이 가져다 줄 긍정적인 측면과 부정적인 측면에서의 법제도적 접근도 함께 모색할 수 있는 방안이 마련되어야 할 것이다.

2) 미래예측 기법의 부재

국가 수준의 미래예측 보고서를 살펴보던 평균적으로 3개 이상의 미래예측 기법이 활용된 것을 알 수 있다. 하지만 한국과학기술기획평가원의 미래예측 방법론에서는 전문가만을 활용한 델파이 기법 하나만 활용되었다.

따라서 다양한 미래예측 기법을 마련하는 것이 필수적으로 필요하다. 미래예측 조사시 3개 이상의 기법 마련되어 있어야 하며, 우리나라의 상황에 맞는 미래예측 기법이 어떠한 것인지에 대한 연구가 선행되어야 할 것이다.

3) 다양한 이해관계자 참여부족

현재 국가기술예측 조사에서는 한국과학기술기획평가원, 한국학술진흥재단, 한국과학재단에 등록된 박사학위 이상의 전문가 집단들이 참여하였는데, 실제 앞서 언급했던 외국문헌에서는 다양한 이해관계자들의 참여를 강조하고 있음을 알 수 있다.

따라서 전문가집단, 시민집단, 민간기업의 연구개발R&D집단, 세계전문가집단 등 경쟁력 있는 다양한 이해관계자들을 모두 포괄할 수 있는 지식 Pool이 없다는 문제를 해결할 필요성이 있다.

4) 전문적으로 예측하고 기획하는 사람들 부재

미래예측 방법론을 체계적으로 연구하고 적용할 수 있는 미래예측 전담 연구원들이 부족하다.

따라서 미래예측 방법론만 연구하고 미래예측 수행기관에게 방법론에 대해 가이드할 수 있는 미래예측 방법론 연구전담 인력의 양성이 필요할 것이다.

실제 국가 미래예측 진행시에 전문가와 이해관계자 Pool을 조직하고 원활한 예측 프로젝트를 진행할 수 있는 매니저 역할을 수행할 수 있는 능력을 갖춘 인력이 전문가의 인력 Pool 만큼이나 중요하다.

5) 사이버 인프라를 적극 활용할 수 있는 미래예측 방법론 마련

우리나라의 초고속 인터넷 환경을 적극적으로 활용하여 실시간 미래예측 포탈 사이트를 활용하여 다양한 이해관계자들의 의견을 종합할 수 있는 방안이 마련될 필요성이 있다.

국가 미래예측 사회변화에 대해서 시나리오 기법을 적용할 경우에는 누리꾼들의 다양한 의견을 종합할 수 있는 사이버 공간을 마련하고, 이에 대한 기획을 준비하면서부터 국정홍보효과를 동시에 모색해야 할 것이다. 물론 인터넷의 익명성 측면을 고려한 역효과 방지를 위한 철저한 사전·사후관리가 필요하다. 또한 기존 정부기관의 CIO조직들이 가지는 사이버 인프라 측면에서의 미래 전략적 관리 방안의 일환으로 적극적인 미래예측 활동을 주도할 수 있는 역량을 배양할 수 있는 프로그램을 통해 기존 조직들의 역량을 강화할 필요가 있다. 기존 정부기관의 CIO조직들이 사이버 인프라 자체에 관심을 가지는 측면에서 더 나아가, 향후 역량 강화 프로그램을 통해 사이버 인프라가 미래예측 활동에 적용될 수 있는 목적이 아닌 수단으로서 활용가치를 높일 수 있는 역량 강화가 필요하다.

6) 과거의 백데이터에 대한 체계적인 관리

미래예측에서 미래의 기술과 사회변화의 흐름을 알기 위해서는 과거 데이터들의 중요성을 간과해서는 안 된다.

따라서 국가 기술예측에서 중요하게 논의되는 과제들의 데이터를 특별 관리하여 미래예측 방법론에 활용할 수 있는 제도적 기반 마련이 절실하다.

7) 미래예측 프로젝트에 참여하는 이해관계자들의 인식강화

미래예측 프로젝트에 참여하는 인원들은 자신들이 미래예측 활동을 수행하는 데 있어서 목표, 역할, 임무scoping 측면를 숙지해야 할 것이다. 미래예측 방법론은 실제 현장에서 적용 가능한 방법론을 도출하기 위해 논의되는 것이다. 따라서 중앙정부, 지방정부, 기술을 주도하는 민간 사업기관, 기술의 효과로 혜택받는 일반 시민들의 입장에서 미래예측 방법론을 적용한다는 것은 서로 다른 이해관계로 인해 그 결과가 다를 수 있다.

따라서 미래예측 프로젝트에 참가할 User들이 우선 그 프로젝트에 대한 목표와 역할 그리고 임무를 먼저 숙지시키고, 미래예측 방법론의 표준 매뉴얼 보급 및 교육이 프로젝트 수행 이전에 선행되어야 한다.

8) 포괄맥락적(STEEPV) 접근 방식의 사용 권장

STEEPV[7)] 방식은 사람들에게 사회, 기술, 경제, 환경, 정치 그리고 가치에 기초한 요소들이라는 제목하에 요소들과 이슈를 밝히도록 요청하는 것이다. 이것은 광범위한 이슈들이 고려되도록 하기 위한 유용한 자극요소이면서 방법이다. 따라서 미래예측 활동에서 체계를 잡기 위해 필수적으로 고려되어야 할 필요가 있다.

(2) 미래예측 방법론에서 기법적 측면의 시사점

현재 기법적 측면에서의 우리나라의 미래예측 방법론은 위에서도 열거했듯이 델파이 기법과 시나리오 서술 기법만으로 구성되어 있다. 외국의 미래예측 보고서와 외국문헌 등을 통해서 비교해 볼 때 국가 수준의

---

7) Social, Technology, Economics, Ecological, Folitics, Values & Norms.

미래예측 방법론으로서 적당하다고 판단할 수는 없다. 미래예측 방법론 체계 정립이 무엇보다 다시 재고될 필요가 있다고 할 수 있다.

따라서 현재 미래예측 방법론에서 모색되고 있는 기법은 총 33개 정도이다. 미래예측 기법 중에서 어느 것이 좋은 방법이고, 몇 가지를 선정하는 것이 옳은 것인지는 판단할 수 없다. 하지만 여기서 먼저 고민되어야 할 것은 우리나라 환경과 상황에 맞는 미래예측 방법론을 보유하고 있는지에 대한 성찰이 선행되어야 할 것이다. 국가에서 발표하는 비전들은 시장과 시민들이 외면하고 있는 현실에서 '모두 함께' 미래예측 활동에 참여하고 활용할 수 있는 시스템에 관한 접근이 이루어져야 할 것으로 보인다.

다만 다행스러운 것은 미래예측에 대한 시대의 요구에 부응하여 미래예측에 관심을 가지는 이들과 각 부처에 미래전략전담 조직이 신설되고 있어 이들의 앞으로의 역량을 기대할 수 있을 것이다. 문제는 기존의 미래연구에서는 미래에 대한 예측의 실패와 과정에서의 시행착오에 대한 리스크가 존재하지 않았으나 바람직한 미래를 설계하지 못하면 국가 생존에도 영향을 줄 수 있는 시대로 변화하였다. 따라서 미래예측에 대한 전반적인 공감대를 시작으로 중장기적으로 우리의 모습을 내다볼 수 있는 법제도적 기반 마련에 심혈을 기울여야 할 것이다.

결론적으로 국가 전략 수립 등을 위한 미래예측 방향을 정리하면 다음과 같다.

- 다양한 사회의 변화상에 대한 예측기법의 미흡에 따라 미래예측기법 활용에 있어 단순하고 획일화된 기법에서 탈피하여 상황론적 접근이 가능한 예측기법의 마련이 요구된다. 이는 기술·공급적 측면, 니즈·수요적 측면 그리고 국가 정책적 측면에서 다각적으로 접근하고 미래예측 조사결과가 정부, 시장 그리고 시민사회 등 다방면에 활용되기 위해서 반드시 고려되어야 한다.
- 영국과 미국을 포함한 미래예측 주도 국가들의 활동 참여 범위에서 전문가 영역이 확대되고 있는 추세를 감안할 때 우리도 제한된 전문가만이 아니라 비전문가들의 지식과 활동에 대한 참여, 즉 다양한 이해관계자들의 참여를 강조하는 네트워크 형성이 필요하다.

- 미래예측의 결과는 단순추세, 전략기획, 비전형성, 평가 등의 다양한 목적으로 활용해야 한다. 이러한 기획, 추세 그리고 평가를 내포하는 다양한 미래예측활동은 앞으로 국가의 정책결정과정에 있어 중요한 요소이다. 또한 현재 급변하는 사회 문화 환경 안에서 시대의 흐름을 올바로 읽고 판단하기 위한 다양한 용도로서의 미래예측 결과 활용은 국가 경쟁력 제고를 위해서도 반드시 필요하다.
- 무엇보다 우리나라의 특수한 상황을 반영한 미래예측 방법론이 마련되어 있지 않은 상태에서 국가의 경제적 환경, 사회적 환경, 문화적 환경, 예측대상과 고객층, 이용 가능한 예산 및 기간, 활용 가능한 전문가 인원 수와 참여 정도, IT 활용요소 등의 다양한 상황론적 기준을 충분히 고려하여 접근할 수 있는 미래예측 방법론의 정교화 작업이 검토되어야 한다.
- 산재해 있는 미래예측 기구 및 활동에 있어 통합된 하나의 체계를 위한 미래예측 전담기구 또는 상시 미러예측 위원회가 필요하다. 현재 과학기술기본법에서만 수립되어 있는 기술예측 활동 근거를 범국가적 차원의 전략 수립을 마련하기 위한 정책-수요-공급을 통합하는 미래예측 활동에 대한 추진체계와 법제도 마련이 필요하다.
- 국가 미래예측 활동에 있어 방법론에 대한 연구는 미래예측 전문가 양성, 미래예측 활동을 위한 사이버 인프라 구축, 그리고 국가의 미래예측 활동에 필요한 예산지원 등 정책적 차원에서의 지원들이 선행되어야 한다.

사단법인 국가미래정책포럼 소개

사단법인 국가미래정책포럼Korea Future Forum, KFF은 미래세대의 창조적이고 생산적인 미래전략수립 및 미래지향적인 국정운영시스템의 바람직한 개발과 작동을 위해 미래예측 전문가 네트워크와 싱크탱크 역할 수행을 목적으로 설립되었다.

2007년 7월 12일 기획예산처 산하 비영리사단법인으로 설립된 국가미래정책포럼은 국가전략수립에 있어서 미래예측에 대한 전문성과 통합적 안목을 지원하기 위한 연구와 대안제시 및 교육을 포함한 관련 사업을 수행한다. 국가미래정책포럼은 국가미래정책연구원을 중심으로 모든 사업과 활동을 수행하고 있다.

국가미래정책포럼은 우리나라의 대학, 전문기관, 산업체 등 곳곳에 자리하는 세계적 수준의 지식인들을 중심으로 사회 각 분야의 지식인 융합과 지식 네트워크의 구성이라는 새로운 자각운동을 시작하고자 설립되었다. 이 조직을 통하여 우리나라가 당면하고 있는 문제를 미래지향적으로 조명하고 대안을 제시함으로써 보다 미래지향적인 논쟁거리를 제공하고 국정운영에 있어 미래의 비전에 바탕을 둔 정책수립과 집행이 이루어지게 하는 촉매가 될 것이다.

국가미래정책포럼의 이사장은 오명 건국대학교 총장, 국가미래정책연구원의 원장은 김성태 성균관대학교 국정관리대학원장이 맡고 있다.

사단법인 국가미래정책포럼(Korea Future Forum)
우) 110-809 서울시 종로구 동숭동 130-47, 동영빌딩2층
TEL : 02-741-3559, Fax : 02-744-6428
후원계좌 : 우리은행 1005-501-204744(예금주 : 사단법인국가미래정책포럼)
http://www.koreafuture.org

저 자 약 력

- 서울대학교 졸업(문학사)
- 미국 위스콘신 메디슨 주립대학교 졸업(정치학석사)
- 미국 조지아대학교 졸업(행정학박사)
- 충남대학교 교수 역임
- 영국 맨처스터대학교 객원교수 역임
- OECD PUMA 정부대표 역임
- 한국지역정보화학회 회장 역임
- 각종 고등고시 출제위원

- 홍조근장훈장
- 한국정책학회 학술상(우수논문)

현, 성균관대학교 국정관리대학원 · 행정대학원 원장
중앙인사위원회 심사평가위원
중앙공무원교육원 겸임교수
UN거버넌스 센터 자문위원
대한민국국회 과학기술정보통신위원회 정책자문위원
사단법인 국가미래정책포럼 국가미래정책 연구원 원장

정보정책론: 이론과 전략(법문사, 2003) 외 다수 저서와 논문

또다른 미래를 향하여 : 국정관리를 위한 미래예측과 미래전략

2007년 11월 1일 초판 인쇄
2007년 11월 3일 초판 1쇄 발행

저 자 김 성 태
발행인 배 효 선
발행처 도서출판 法 文 社
413-832 경기도 파주시 교하읍 문발리 526-3
등 록 1957년 12월 12일 제2-76호(윤)
전 화 (031)955-6500~6 Fax (031)955-6525
e-mail(영업): bms@bobmunsa.co.kr
(편집): edit66@bobmunsa.co.kr
홈페이지 http : //www.bobmunsa.co.kr
조 판 한 미 문 화 사

정가 15,000원 ISBN 978-89-18-02278-9